REGIME JURÍDICO
DOS TÍTULOS DE CRÉDITO

COMPILAÇÃO ANOTADA
COM JURISPRUDÊNCIA

PAULA QUINTAS
Professora do Ensino Superior
Mestre em Direito
Advogada

HELDER QUINTAS
Advogado

REGIME JURÍDICO
DOS TÍTULOS DE CRÉDITO

COMPILAÇÃO ANOTADA
COM JURISPRUDÊNCIA

ALMEDINA

TÍTULO:	REGIME JURÍDICO DOS TÍTULOS DE CRÉDITO COMPILAÇÃO ANOTADA COM JURISPRUDÊNCIA
AUTOR:	PAULA QUINTAS E HELDER QUINTAS
EDITOR:	LIVRARIA ALMEDINA – COIMBRA www.almedina.net
DISTRIBUIDORES:	LIVRARIA ALMEDINA ARCO DE ALMEDINA, 15 TELEF. 239 851900 FAX 239 851901 3004-509 COIMBRA – PORTUGAL LIVRARIA ALMEDINA – PORTO RUA DE CEUTA, 79 TELEF. 22 2059773 FAX 22 2039497 4050-191 PORTO – PORTUGAL EDIÇÕES GLOBO, LDA. RUA S. FILIPE NERY, 37-A (AO RATO) TELEF. 21 3857619 FAX 21 3844661 1250-225 LISBOA – PORTUGAL LIVRARIA ALMEDINA ATRIUM SALDANHA LOJA 31 PRAÇA DUQUE DE SALDANHA, 1 TELEF. 21 371269/0 atrium@almedina.net
EXECUÇÃO GRÁFICA:	G.C. – GRÁFICA DE COIMBRA, LDA. PALHEIRA – ASSAFRAGE 3001-453 COIMBRA Email: producao@graficadecoimbra.pt SETEMBRO, 2000
DEPÓSITO LEGAL:	155918/00

Toda a reprodução desta obra, por fotocópia ou outro qualquer processo, sem prévia autorização escrita do Editor, é ilícita e passível de procedimento judicial contra o infractor.

PREFÁCIO

A presente publicação emerge de um ensejo compilador que pretende agregar num só volume os regimes jurídicos do cheque e das letras e livranças, que, como é sabido, constituem o principal universo normativo dos chamados títulos de crédito.

Ora, neste ramo do Direito Comercial têm os nossos tribunais vindo a desempenhar um importante papel não só na interpretação e consolidação de alguns conceitos jurídicos pantanosos, como também na dissipação de algumas dúvidas inerentes à concretude de qualquer diploma legal. Esta tarefa é bem manifesta na abundante jurisprudência entretanto dada a conhecer, a qual selectivamente, mas não exaustivamente, se insere, atendendo ao carácter de *manual* que a obra pretende assumir. A recolha e a inserção realizadas à luz da mais recente jurisprudência sobre a matéria produzida, encarnam os trilhos decisórios seguidos pelo poder judicial. A escolha talvez não tenha sido a melhor, mas confessam os AA., foi a escolha possível!

Por outro lado, a lei como fonte *primus,* e elemento integrador de toda e qualquer Ordem Jurídica, apenas se personifica e ganha ressonância com a sua aplicação prática.

Os acórdãos seguem em anotação ao artigo a que dizem respeito, tarefa que no art. 11.º do Regime Jurídico Penal do Cheque (pedra angular de todo o regime do crime de emissão de cheque sem provisão), foi especialmente dificultada, pelo que foram os AA. forçados a esquartejar a anotação àquele dispositivo em diversos capítulos e algumas secções, autónomos entre si, embora inter-relacionados, incluindo-se em cada um deles a respectiva jurisprudência.

Procuramos, assim, proporcionar um estudo metodológico-comparativo de toda a problemática que subjaz ao crime de emissão de cheque sem provisão.

Ainda no que concerne à jurisprudência produzida em torno deste tipo legal de crime foram inseridas algumas decisões judiciais tomadas ainda em vigência do primitivo regime jurídico-penal do cheque, aprovado pelo Decreto-Lei n.º 454/91, de 28.12, o qual também se insere em nota ao regime actual, não por rasgo de sentimentalismo saudosista, outrossim por força de toda a problemática relacionada com a sucessão de leis penais.

Inseriu-se ainda e com carácter pontual outros regimes jurídicos que necessariamente se articulam com os ora publicados, apresentando-se aqueles em nota de texto, nomeadamente, alguns preceitos do Código Penal Português, dos Códigos de Processo Penal e Civil, e a recente Lei da Amnistia.

Na perspectiva de permitir uma compreensão globalizante das diferentes matérias, a compilação contém uma *levíssima brisa* de notas pontuais, na sua maioria de natureza remissiva.

ABREVIATURAS

Ac.	—	Acórdão
BMJ	—	Boletim do Ministério da Justiça
CC	—	Código Civil
CMVM	—	Código do Mercado de Valores Mobiliários
CIS	—	Código do Imposto do Selo
CP	—	Código Penal
CPC	—	Código de Processo Civil
CPP	—	Código de Processo Penal
CJ	—	Colectânea de Jurisprudência
CECSP	—	Crime de Emissão de Cheque sem Provisão
DR	—	Diário da República
RJPC	—	Regime Jurídico-Penal do Cheque
LUC	—	Lei Uniforme do Cheque
LULL	—	Lei Uniforme das Letras e Livranças
RC	—	Relação de Coimbra
RE	—	Relação de Évora
RJCP	—	Regime Jurídico do Cheque sem Provisão
RL	—	Relação de Lisboa
RP	—	Relação do Porto
STJ	—	Supremo Tribunal de Justiça
T	—	Tomo
TC	—	Tribunal de Círculo
TCA	—	Tribunal Central Administrativo

PARTE I

LETRAS E LIVRANÇAS

1) LEI UNIFORME SOBRE LETRAS E LIVRANÇAS
(Carta de confirmação e ratificação de 07.06.1930)

Lei uniforme relativa às letras e livranças
[Anexo I à Convenção de Genebra de 07.06.1930] (1)

TÍTULO I – DAS LETRAS

CAPÍTULO I – Da emissão e forma da letra

Art 1.º (Requisitos da letra)

A letra contém:

1. A palavra «letra» inserta no próprio texto do título e expressa na língua empregada para a redacção desse título;
2. O mandato puro e simples de pagar uma quantia determinada;
3. O nome daquele que deve pagar (sacado);
4. A época do pagamento;
5. A indicação do lugar em que se deve efectuar o pagamento;
6. O nome da pessoa a quem ou à ordem de quem deve ser paga;
7. A indicação da data em que e do lugar onde a letra é passada;
8. A assinatura de quem passa a letra (sacador).

---

(1) As epígrafes dos artigos não constam do texto oficial.

JURISPRUDÊNCIA:

I – A não aposição do carimbo respectivo, sobre os dizeres manuscritos identificadores da sociedade a que se segue a assinatura do seu gerente, não obsta se considere validamente aceite a letra em que tais dizeres foram escritos.

II – A falta de indicação do tomador, obsta a que o respectivo escrito, se possa considerar como "letra", por omissão de um dos seus requisitos essenciais.

III – Nesta hipótese tal escrito não pode funcionar como título executivo.

(Ac. R.L., de 18.01.96, in CJ, Ano XXI, T. I, p. 98).

I – Se por convenção expressa, se estipula que o lugar de pagamento da letra é no estrangeiro, os tribunais portugueses são incompetentes para a execução.

II – É matéria de direito processual a convenção pela qual as partes escolhem o lugar de cumprimento da obrigação.

(Ac. S.T.J., de 06.12.93, in BMJ, 432, p. 176).

Art. 2.º (Falta de algum dos requisitos)

O escrito em que faltar algum dos requisitos indicados no artigo anterior não produzirá efeito como letra, salvo nos casos determinados nas alíneas seguintes:

A letra em que se não indique a época do pagamento entende-se pagável à vista.

Na falta de indicação especial, o lugar designado ao lado do nome do sacado considera-se como sendo o lugar do pagamento, e, ao mesmo tempo, o lugar do domicílio do sacado.

A letra sem indicação do lugar onde foi passada considera-se como tendo-o sido no lugar designado ao lado do nome do sacador.

JURISPRUDÊNCIA:

I – Constando determinada data como sendo da emissão da letra, não pode o sacador, a quem a letra foi entregue pelo sacado em data anterior, apresentá-la antes daquela data a uma instituição bancária para, através do desconto, obter um financiamento.

Art. 3.º — Lei Uniforme sobre Letras e Livranças

II – Se a instituição bancária efectuou a operação de desconto inadvertidamente, terá de sofrer as inerentes consequências, não tendo legitimidade para accionar o aceitante, por não poder ser considerada portadora legítima da letra.

(Ac. R.P., de 24.09.98, in BMJ, 479, p. 715).

I – A data de emissão de uma letra é elemento essencial e tem de constar do documento dito letra, pelo menos quando é accionado.

II – Um aval «ao subscritor» numa letra (não livrança) tem de fazer concluir que, avalizado, foi o sacador.

(Ac. S.T.J., de 05.02.98, in BMJ, 474, p. 497).

I – As letras a que falte a indicação da data da emissão estão feridas de nulidade por falta de um elemento essencial, não podendo valer como letras de câmbio em sentido jurídico e, portanto, como títulos executivos.

II – O avalista, em embargos, pode opor essa nulidade ao exequente, portador do título, visto o vício não residir numa qualquer obrigação cambiária, mas na própria formação do documento que a titula.

(Ac. R.P., de 27.01.98, in BMJ, 473, p. 563).

I – Tendo sido usada apenas a firma social no saque e endosso de uma letra por sociedade por quotas, esse saque e endosso não a vinculam.

II – Mas a irregularidade do saque e do endosso não afectam a validade da obrigação do sacado.

III – A este competia a prova de que o portador da letra a tinha adquirido agindo com má fé ou com culpa grave.

(Ac. R.P., de 08.07.94, in CJ, Ano XIX, T. IV, p. 177).

V. ainda *Ac. STJ, de 01.10.98, in BMJ, 480, p. 482* (em anotação ao art. 10.º), inserido a pág. 14.

Art. 3.º (Modalidades do saque)

A letra pode ser à ordem do próprio sacador.
Pode ser sacada sobre o próprio sacador.
Pode ser sacada por ordem e conta de terceiro.

Art. 4.º (Pagamento no domicílio de terceiro)

A letra pode ser pagável no domicílio de terceiro, quer na localidade onde o sacado tem o seu domicílio, quer noutra localidade.

Art. 5.º (Estipulação de juros)

Numa letra pagável à vista ou a um certo termo de vista pode o sacador estipular que a sua importância vencerá juros. Em qualquer outra espécie de letra a estipulação de juros será considerada como não escrita.

A taxa de juro deve ser indicada na letra; na falta de indicação, a cláusula de juros é considerada como não escrita.

Os juros contam-se da data da letra, se outra data não for indicada.

Art. 6.º (Divergências na indicação do montante)

Se na letra a indicação da quantia a satisfazer se achar feita por extenso e em algarismos, e houver divergência entre uma e outra, prevalece a que estiver feita por extenso.

Se na letra a indicação da quantia a satisfazer se achar feita por mais de uma vez, quer por extenso, quer em algarismos, e houver divergências entre as diversas indicações, prevalecerá a que se achar feita pela quantia inferior.

Art. 7.º (Independência das assinaturas válidas)

Se a letra contém assinaturas de pessoas incapazes de se obrigarem por letras, assinaturas falsas, assinaturas de pessoas fictícias ou assinaturas que por qualquer outra razão não poderiam obrigar as pessoas que assinaram a letra, ou em nome das quais ela foi assinada, as obrigações dos outros signatários nem por isso deixam de ser válidas.

Art. 8.º (Representação sem poderes ou com excesso de poder)

Todo aquele que apuser a sua assinatura numa letra, como representante duma pessoa, para representar a qual não tinha de facto poderes,

Art. 10.º   *Lei Uniforme sobre Letras e Livranças*   13

fica obrigado em virtude da letra e, se a pagar, tem os mesmos direitos que o pretendido representado. A mesma regra se aplica ao representante que tenha excedido os seus poderes.

Art. 9.º (Responsabilidade do sacador)

O sacador é garante tanto da aceitação como do pagamento da letra.

O sacador pode exonerar-se da garantia da aceitação; toda e qualquer cláusula pela qual ele se exonere da garantia do pagamento considera-se como não escrita.

Art. 10.º (Violação do acordo de preenchimento)

Se uma letra incompleta no momento de ser passada tiver sido completada contrariamente aos acordos realizados, não pode a inobservância desses acordos ser motivo de oposição ao portador, salvo se este tiver adquirido a letra de má fé ou, adquirindo-a, tenha cometido uma falta grave.

JURISPRUDÊNCIA:

A – Letras

I – O preenchimento de título cambiário em branco com violação do pacto de preenchimento configura uma falsidade material, determinante da perda de eficácia probatória do documento no que respeita à parte falsificada.

II – Demonstrando-se, em embargos de executado, apenas o preenchimento abusivo parcial da livrança, o subscritor continua a responder na medida da responsabilidade apurada.

(Ac. STJ., de 09.11.99, in CJ, A. VII, T. III, p. 84).

I – O preenchimento abusivo da letra em branco na qual se funda a acção executiva constitui facto impeditivo do direito do portador exequente, cuja prova, nos termos do artigo 342.º, n.º 2, do Código Civil, compete ao executado embargante.

II – O artigo 53.º da Lei Uniforme sobre Letras e Livranças deve ser interpretado no sentido de que a dispensa de protesto por falta de pagamento relativamente ao aceitante vale igualmente em relação ao seu avalista (cfr. também o artigo 32.º da mesma Lei Uniforme).

(Ac. S.T.J., de 01.10.98, in BMJ, 480, p. 482).

O avalista de uma letra só pode opor a excepção do abuso de preenchimento, no domínio das relações imediatas, se, juntamente com o sacador e o aceitante, tiver sido parte no facto de preenchimento.

(Ac. R.P., de 07.07.98, in BMJ, 479, p. 715).

I – Quem assina uma letra em branco atribui àquele a quem a entrega o direito de a preencher nos termos acordados.

II – Quem dá aval a uma letra em branco fica vinculado ao acordo de preenchimento havido entre os intervenientes iniciais.

III – As palavras "por aval ao subscritor" podem ser escritas por pessoa diferente do avalista.

IV – Não é necessário protesto para ser accionado o avalista do aceitante.

(Ac. R.L., de 02.04.98, in CJ, Ano XXIII, T. II, p. 124).

I – A letra em branco deve ser preenchida de harmonia com os termos convencionados pelas partes (acordo expresso) ou com as cláusulas do negócio determinante da sua emissão (acordo tácito).

II – No domínio das relações imediatas, é livremente oponível ao portador da letra a inobservância de algum daqueles acordos, mas o respectivo ónus da prova cabe ao obrigado cambiário (artigo 342.º, n.º 2, do Código Civil).

III – Na acção executiva, a alegação e prova dos factos respeitantes ao preenchimento abusivo da letra deve ser feita nos embargos de executado (artigos 812.º e seguintes do Código de Processo Civil).

(Ac. S.T.J., de 28.05.96, in BMJ, 457, p. 401).

I – Pode existir letra em branco sem ter havido contrato de preenchimento além de que, a existir, não precisa de ser expresso.

II – O momento decisivo para se verificar se o terceiro adquirente da letra procedeu conscientemente em detrimento do devedor, é o da aquisição da letra ao portador.

(Ac. R.L., de 16.05.96, in CJ, Ano XXI, T. III, p. 92).

Art. 10.º Lei Uniforme sobre Letras e Livranças 15

O valor probatório da letra terá de ser ilidido por aquele a quem se exige o cumprimento da obrigação, mostrando este que essa letra, que foi assinada quando o título estava em branco, não se acha preenchida em conformidade com o ajustado entre o sacador e o aceitante.

(Ac. R.P., de 14.06.94, in BMJ, 438, p. 552).

Recai sobre o devedor o ónus da alegação e prova relativamente ao abuso do preenchimento.

(Ac. R.P., de 14.06.94, in CJ, Ano XIX, T. III, p. 232).

B – Livranças (Ex vi art. 77.º)

O facto de o exequente inscrever, abusivamente, em livrança em branco, importância superior à quantia em dívida, não inutiliza a livrança nem a faz perder o carácter de título executivo, apenas originando a redução da quantia exequenda ao valor de que, efectivamente, o tomador era credor no momento do vencimento do título.

(Ac. R.E., de 18.09.97, in BMJ, 469, p. 676).

No domínio das relações imediatas, o preenchimento de uma livrança por montante superior ao que resulta da relação subjacente não torna a livrança nula, mantendo-se a sua validade pelo montante decorrente da relação subjacente.

(Ac. R.P., de 08.04.97, in BMJ, 466, p. 589).

I – No domínio das relações imediatas o preenchimento de uma livrança feito pelo tomador por valor superior ao resultante do contrato de preenchimento não torna a livrança nula mantendo a sua validade relativamente ao montante resultante do mesmo contrato, quer quanto ao tomador, quer quanto o subscritor e respectivo avalista.

II – A excepção de preenchimento abusivo não interfere na totalidade da dívida, confinando-se aos limites desse preenchimento.

III – Se o subscritor inicial entregou a livrança em branco de quantia e o detentor imediato a preencher por quantia superior ao convencionado, a livrança vale segundo a quantia inferior, aproveitando-se os actos jurídicos praticados.

IV – É que a obrigação cartular está sujeita ao regime comum das obrigações e a nossa lei estabelece no artigo 292.º do Código Civil que a nulidade ou anulação parcial não determina a invalidade de todo o negócio, salvo quando se mostre que este não teria sido concluído sem a parte viciada, excepção que não se verifica no caso dos autos.

V – De resto, mesmo no domínio das relações mediatas, segundo o artigo 10.º da Lei Uniforme aplicável à livrança por força do artigo 77.º, se uma letra incompleta no momento de ser passada tiver sido completada contrariamente aos acordos realizados, é certo que não pode a inobservância desses acordos ser motivo de oposição do portador, mas ressalvando a hipótese de ter adquirido a letra de má fé ou, ao adquiri-la, ter cometido falta grave.

(Ac. S.T.J., de 17.12.92, in BMJ, 422, p. 398).

CAPÍTULO II – Do endosso

Art. 11.º (Formas de transmissão)

Toda a letra de câmbio, mesmo que não envolva expressamente a cláusula à ordem, é transmissível por via de endosso.

Quando o sacador tiver inserido na letra as palavras «não à ordem», ou uma expressão equivalente, a letra só é transmissível pela forma e com os efeitos de uma cessão ordinária de créditos.

O endosso pode ser feito mesmo a favor do sacado, aceitante ou não, do sacador, ou de qualquer outro co-obrigado. Estas pessoas podem endossar novamente a letra.

JURISPRUDÊNCIA: *(Ex vi art. 77.º)*

I – A menção «valor à cobrança» aposta no verso de uma livrança em seguida à indicação dum estabelecimento bancário constitui um endosso impróprio, traduzindo um simples negócio jurídico-cambiário de procuração, pelo que não transmite ao banco endossado a propriedade do título do crédito, nem os direitos a ele inerentes.

II – O endossante, no caso de a livrança não ter sido paga, é legítimo portador do título para efeitos de execução.

(Ac. R.P., de 05.06.97, in BMJ, 468, p. 478).

Art. 12.º (Modalidades do endosso)

O endosso deve ser puro e simples. Qualquer condição a que ele seja subordinado considera-se como não escrita.

O endosso parcial é nulo.

O endosso ao portador vale como endosso em branco.

Art. 13.º (Forma do endosso)

O endosso deve ser escrito na letra ou numa folha ligada a esta (anexo). Deve ser assinado pelo endossante.

O endosso pode não designar o beneficiário, ou consistir simplesmente na assinatura do endossante (endosso em branco). Neste último caso, o endosso para ser válido deve ser escrito no verso da letra ou na folha anexa.

JURISPRUDÊNCIA: *(Ex vi art. 77.º)*

> (...) III – Uma carta que não está ligada, por cola, à livrança, não constitui folha anexa ou *allongue* da mesma.
>
> *(Ac. R.L., de 10.11.98, in CJ, Ano XXIII, T. V, p. 87).*

Art. 14.º (Efeitos do endosso. Endosso em branco)

O endosso transmite todos os direitos emergentes da letra.

Se o endosso for em branco, o portador pode:

1.º Preencher o espaço em branco, quer com o seu nome, quer com o nome de outra pessoa;

2.º Endossar de novo a letra em branco ou a favor de outra pessoa;

3.º Remeter a letra a um terceiro, sem preencher o espaço em branco e sem a endossar.

JURISPRUDÊNCIA:

> I – A um endosso em branco pode seguir-se um outro também em branco, sucedendo isto quando o adquirente de uma letra por endosso

em branco, a endossa a outrem, sem indicação do beneficiário e sem preencher o endosso anterior a seu favor.

II – Neste caso o último endossatário em branco não deixará de poder justificar ser o legítimo portador do título através dos diversos endossos anteriores, ainda que em branco.

(Ac. R.C., de 13.04.99, in BMJ, 486, p. 371).

Art. 15.º (Responsabilidade do endossante)

O endossante, salvo cláusula em contrário, é garante tanto da aceitação como do pagamento da letra.

O endossante pode proibir um novo endosso, e, neste caso, não garante o pagamento às pessoas a quem a letra for posteriormente endossada.

Art. 16.º (Requisitos da legitimidade do portador)

O detentor de uma letra é considerado portador legítimo se justifica o seu direito por uma série ininterrupta de endossos, mesmo se o último for em branco. Os endossos riscados consideram-se, para este efeito, como não escritos. Quando um endosso em branco é seguido de um outro endosso, presume-se que o signatário deste adquiriu a letra pelo endosso em branco.

Se uma pessoa foi por qualquer maneira desapossada de uma letra, o portador dela, desde que justifique o seu direito pela maneira indicada na alínea precedente, não é obrigado a restituí-la, salvo se a adquiriu de má fé ou se, adquirindo-a, cometeu uma falta grave.

JURISPRUDÊNCIA:

I – Se o sacador recebeu letra de câmbio do endossante por não ter sido pago, pode instaurar a execução, desde que alegue na petição executiva os factos constitutivos da execução, que justificam a detenção do título de crédito.

II – Provados estes factos fica demonstrada a sua legitimidade.

(Ac. S.T.J., de 09.12.93, in CJ, Ano I, T. II, p. 178).

Art. 17.º (Excepções inoponíveis ao portador)

As pessoas accionadas em virtude de uma letra não podem opor ao portador as excepções fundadas sobre as relações pessoais delas com o sacador ou com os portadores anteriores, a menos que o portador, ao adquirir a letra, tenha procedido conscientemente em detrimento do devedor.

JURISPRUDÊNCIA:

A – Letras

I – Tendo o executado/aceitante oposto embargos à execução contra si movida afirmando a falsidade das assinaturas do aceite das letras executadas, é sobre o embargado/exequente que recai o ónus de provar a autenticidade daquelas assinaturas, por ter sido quem apresentou as letras em juízo e estas serem documentos particulares.

II – Tendo o único quesito que constituía o questionário sido formulado sem ter em conta aquele ónus da prova, quanto às assinaturas apostas nos aceites das letras executadas, há que anular o julgamento e subsequentes actos, incluindo a sentença, formular-se novo quesito respeitando o apontado ónus da prova e seguirem-se os ulteriores termos do processo até ser produzida nova sentença.

(Ac. R.L., de 23.11.99, in CJ, A. XXIV, T. V., p. 98).

O carácter de favor do aceite pode ser invocado pelo firmante nas relações imediatas relativamente ao favorecimento.

(Ac. R.L., de 21.10.97, in BMJ, 470, p. 665).

I – O princípio cartular da literalidade não rege os deveres e ónus processuais dos interessados, mas sim as soluções substantivas.

II – Havendo algum facto deficientemente articulado em petição inicial executiva, não tendo havido indeferimento liminar desta nem convite ao seu aperfeiçoamento, mas tendo ocorrido uma clarificação da factualidade causal, na contestação dos embargos à execução, a acção executiva deve prosseguir para comprovação factual relevante para a decisão daqueles embargos.

(Ac. S.T.J., de 30.09.97, in BMJ, 469, p. 611).

20 Regime Jurídico dos Títulos de Crédito Art. 17.º

I – Nas acções que têm como causa de pedir a letra em obrigação cambiária resultante do título há que distinguir o campo das relações imediatas do campo das relações mediatas.

II – No primeiro, a letra não entrou ainda em circulação e as partes são os subscritores da letra, não havendo interesses de terceiros a proteger.

III – No segundo, o título entrou em circulação e o portador da letra não é o sujeito da relação cartular.

IV – Por sua vez, o endosso é um acto jurídico unilateral mediante o qual o seu autor emite uma declaração de vontade dirigida ao sacado, ordenando-lhe um pagamento em termos idênticos à ordem enunciada pelo sacador emitente do título – cfr. acórdão do Supremo Tribunal de Justiça de 16 de Dezembro de 1996, Boletim do Ministério da Justiça, n.º 362, pág. 568.

V – O endosso transfere para o endossante o direito de crédito ao pagamento do montante da letra e o de dispor do crédito cambiário a qualquer título, sendo os direitos cambiários transmitidos com autonomia, adquirindo-os o endossado independentemente das excepções derivadas das convenções extracartulares em geral, das excepções causais acaso oponíveis a um titular anterior e do facto de não ser titular do crédito um dos sujeitos da cadeia cambiária, conforme resulta do disposto nos artigos 16.º e 17.º da Lei Uniforme sobre Letras e Livranças, ficando o portador da letra colocado na posição de credor originário – cfr. Prof. A. Vaz Serra, Revista de Legislação e de Jurisprudência, ano 11.º, págs. 54 e 55.

(Ac. R.L., de 24.06.97, in BMJ, 468, p. 458).

I – Podendo as letras ser assinadas por procuradores ou gerentes, isto é, por representantes de outrem, quem o fizer deve declarar a qualidade em que o faz, indicando a pessoa do representado, ou seja, a pessoa em cuja esfera jurídica se irão produzir as consequências do acto de aposição dessas assinaturas; se o não fizer, é ele mesmo quem fica pessoalmente vinculado por essas assinatura ou, mais concretamente, é ele que fica cambiariamente obrigado com a colaboração da sua assinatura no título.

II – Por isso deve considerar-se parte legítima numa execução fundada em letra de câmbio em que figure como sacada uma sociedade comercial quem assina no lugar do aceite sem qualquer indicação de qualidade e da relação com a sociedade sacada.

(Ac. R.E., de 12.06.97, in BMJ, 468, p. 496).

Art. 17.º   *Lei Uniforme sobre Letras e Livranças*   **21**

I – O aceitante pode opôr ao Banco a quem o tomador endossou as letras aceites para cobrança, excepções fundadas sobre relações pessoais aceitante-tomador.

II – Já não podem ser opostas essas excepções se a letra foi endossada como garantia.

(Ac. R.L., de 17.04.97, in CJ, Ano XXII, T. II, p. 108).

No caso de a execução, quanto ao aceitante/ /executado/embargante, vier a ser extinta, nomeadamente por o embargado não fazer prova da autenticidade da sua assinatura, a obrigação não deixa de ser válida quanto aos demais signatários da letra.

(Ac. R.E., de 14.11.96, in BMJ, 461, p. 543).

I – Em execução instaurada, com base em letra de câmbio, pelo sacador contra o aceitante, pode este deduzir, por embargos à execução, como sua defesa, excepções fundadas nas suas relações pessoais para provar não ter o título correspondência com um débito real.

II – Como facto extintivo do direito cambiário do portador do título é sobre o executado que incide o ónus de alegar e provar a inexistência de causa justificativa da aposição da sua assinatura no lugar destinado ao aceite.

III – A alegação feita pelo sacador – exequente, no requerimento inicial da acção executiva instaurada contra o aceitante, de que a letra tem subjacente uma «transacção comercial» e a inserção desta expressão no rosto do título são irrelevantes para efeitos executivos, tendo apenas efeitos fiscais.

(Ac. R.P., de 21.10.96, in CJ, Ano XXI, T. V, p. 183).

I – Pode considerar-se como uma garantia de subscrição do favor; dada a literalidade dos títulos de crédito, nenhuma imposição existe, porém, de expressamente se fazer declaração nesse sentido.

II – O facto de uma assinatura de favor não traduzir uma responsabilidade do favorecente para com o favorecido não implicará uma excepção invocável por aquele contra terceiro portador que não tenha tido qualquer tipo de intervenção no acordo de favorecimento, embora tenha conhecimento da situação existente.

III – É legítimo, portanto, concluir-se que, ainda que terceiros conheçam a convenção extracambiária entre o firmante de favor e o favorecido, podem sempre exigir àquele o pagamento da letra, porque não devem ser considerados, só por esse motivo, possuidores de má fé.

(Ac. S.T.J., de 28.05.96, in BMJ, 457, p. 393).

I – Verifica-se a nulidade prevista na alínea c) do n.º 1 do artigo 668.º do Código de Processo Civil, quando os fundamentos invocados pelo julgador deveriam conduzir a resultado oposto ao da sentença.

II – A subscrição cambiária de favor tem uma função de garantia atípica, normalmente precedida de uma convenção.

III – Nesta convenção de favor são partes aquela que assume o compromisso de subscrever o título (favorecente) e aquela a quem a subscrição aproveita (favorecido).

IV – O favorecente não pretende obrigar-se perante o favorecido, a quem nada deve, mas tão-só perante terceiro portador do título.

V – Resulta como efeito natural da convenção de favor, entre o favorecente e terceiro, a posição de um obrigado cambiário.

VI – A manifestação mais simples e habitual da subscrição de favor é aquela em que a subscrição cambiária do favorecente se destina à obtenção pelo favorecido de crédito em operação de desconto do título.

(Ac. S.T.J., de 26.04.95, in BMJ, 446, p. 296).

I – No regime do art. 17.º do L.U.L.L. não se incluiu a invocação da falsidade da assinatura do executado.

II – Trata-se de uma excepção *in rem* relativa que pode ser oposta, por aquele a quem é atribuída a assinatura, a qualquer possuidor do título, esteja ou não de boa fé.

(Ac. R.C., de 11.05.93, in CJ, Ano XVIII, T. III, p. 33).

B – Livranças (Ex vi art. 77.º)

I – A factualidade essencial reflectida em formal título executivo integra a causa de pedir executiva.

II – Se duas livranças explicitam que se reportam a contratos de empréstimo, o significado destas integra-se no entendimento daquelas, como é o caso, no plano das relações imediatas.

III – A data do vencimento aposta em livrança é facto; o enquadramento e alcance da exigibilidade é Direito; distinção clara à luz da relevância jurídica de uma condição suspensiva.

Art. 17.º — Lei Uniforme sobre Letras e Livranças

IV – Convencionando-se que haveria exigibilidade se a mutuária deixasse de ser funcionária da mutuante tal exigibilidade ocorre logo que a referida mutuária, ao propor acção laboral contra o empregador, declara que não quer ser reintegrada, já que faz cessar o pressuposto de que dependia contratualmente a não exigibilidade.

V – Sobre a executada embargante incide o ónus da prova do prematuro preenchimento das datas dos vencimentos.

VI – Se as datas de vencimento dos títulos executivos forem posteriores à cessação do pressuposto referido em IV, não são prematuras.

(Ac. S.T.J., de 27.01.98, in CJ, Ano VI, T. I, p. 40).

I – A nulidade por falta de forma de contrato de mútuo, subjacente à subscrição de livrança, não afecta, mesmo no domínio das relações imediatas, a obrigação cambiária.

II – O prazo de prescrição da orbigação cambiária titulada por livrança emitida em branco quanto à época de pagamento conta-se a partir da data posteriormente nela aposta pelo tomador, conforme o acordo firmado com os subscritores.

(Ac. R.L., de 13.07.95, in BMJ, 449, p. 429).

I – O exequente de uma livrança é legitimado por ser o seu portador, conforme os artigos 46.º e 77.º da Lei Uniforme sobre Letras, Livranças e Cheques. Ou seja,

II – A circunstância de ser portador jurídico de uma livrança deve traduzir-se pelo uso dessa mesma livrança, oferecendo-a à execução.

III – Caso contrário – usando uma cópia – e de acordo com o princípio da boa fé e da confiança jurídica, o executado não só se exporia a nova execução, como provavelmente, não receberia, pagando, o próprio título a que teria direito, inclusive para o eventual exercício do direito de regresso, segundo os artigos 49.º, 50.º e 77.º da Lei Uniforme. Donde, no caso do processo.

IV – Salvo ocorrência de caso de força maior, não pode ser reconhecida exequibilidade a fotocópias de livranças, ainda que autenticadas.

(Ac. S.T.J., de 27.09.94, in BMJ, 439, p. 605).

No domínio das relações imediatas, pode invocar-se a obrigação causal da emissão de livrança dada à execução, mesmo que as cláusulas estipuladas não constem do título e colidam com os preceitos privativos do direito cambiário.

(Ac. R.L., de 03.06.93, in BMJ, 428, p. 668).

V. ainda *Ac. R.L., de 03.06.93, in BMJ, 428, p. 668* (em anotações ao art. 34.º LULL) inserido a págs. 41.

Art. 18.º (Endosso por procuração)

Quando o endosso contém a menção «valor a cobrar» (*valeur en recouvrement*), «para cobrança» (*pour encaissement*), «por procuração» (*par procuration*), ou qualquer outra menção que implique um simples mandato, o portador pode exercer todos os direitos emergentes da letra, mas só pode endossá-la na qualidade de procurador.

Os co-obrigados, neste caso, só podem invocar contra o portador as excepções que eram oponíveis ao endossante.

O mandato que resulta de um endosso por procuração não se extingue por morte ou sobrevinda incapacidade legal do mandatário.

JURISPRUDÊNCIA: *(Ex vi art. 77.º)*

I – A menção «valor à cobrança» aposta no verso de uma livrança em seguida à indicação dum estabelecimento bancário constitui um endosso impróprio, traduzindo um simples negócio jurídico-cambiário de procuração, pelo que não transmite ao banco endossado a propriedade do título de crédito, nem os direitos a ele inerentes.

II – O endossante, no caso de a livrança não ter sido paga, é legítimo portador do título para efeitos de execução.

(Ac. R.P., de 05.06.97, in BMJ, 468, p. 478).

Art. 19.º (Endosso em garantia)

Quando o endosso contém a menção «valor em garantia», «valor em penhor» ou qualquer outra menção que implique uma caução, o portador pode exercer todos os direitos emergentes da letra, mas um endosso feito por ele só vale como endosso a título de procuração.

Os co-obrigados não podem invocar contra o portador as excepções fundadas sobre as relações pessoais deles com o endossante, a menos que o portador, ao receber a letra, tenha procedido conscientemente em detrimento do devedor.

Art. 20.º (Endosso posterior ao vencimento)

O endosso posterior ao vencimento tem os mesmos efeitos que o endosso anterior. Todavia, o endosso posterior ao protesto por falta de pagamento, ou feito depois de expirado o prazo fixado para se fazer o protesto, produz apenas os efeitos de uma cessão ordinária de créditos.

Salvo prova em contrário, presume-se que um endosso sem data foi feito antes de expirado o prazo fixado para se fazer o protesto.

CAPÍTULO III – Do aceite

Art. 21.º (Apresentação ao aceite)

A letra pode ser apresentada, até ao vencimento, ao aceite do sacado, no seu domicílio, pelo portador ou até por um simples detentor.

JURISPRUDÊNCIA:

> A mera assinatura do gerente, aposta no lugar do aceite de uma letra de câmbio, sem qualquer indicação dessa qualidade, ou respeitante à especificação da sociedade, não é susceptível de vincular esta; devendo-se entender que a subscrição da letra se fez a título meramente individual.
>
> *(Ac. S.T.J., de 22.06.99, in CJ, A. VII, T. II, p. 159).*

I – Presume-se ser aceite do sacado a simples assinatura aposta em sentido transversal, na parte anterior da letra.

II – A aposição de duas assinaturas sobre a firma social da sociedade sacada, no local destinado ao aceite, vincula aquela como aceitante, ainda que sem a menção da qualidade de gerentes.

> *(Ac. R.C., de 18.05.99, in BM, 487, p. 371).*

No domínio das relações imediatas, obriga a sociedade o aceite aposto pelo seu representante, sem menção desta qualidade, desde que a sacada seja a sociedade.

(Ac. R.L., de 03.12.98, in CJ, Ano XXIII, T. V, p. 112).

Está bem posta uma execução contra as pessoas que se apresentam a subscrever uma letra como aceitantes, mesmo que o sacado seja outro.

(Ac. R.P., de 24.11.98, in CJ, Ano XXIII, T. V, p. 201).

    I – Em actos escritos, incluindo uma letra de câmbio, o gerente de uma sociedade por quotas só vincula a sociedade, apondo a sua assinatura com a indicação dessa qualidade.

   II – Não há incompatibilidade entre a exigência de forma para a declaração negocial e a possibilidade da respectiva declaração se fazer tacitamente, desde que a forma tenha sido observada quanto aos factos de que a declaração se deduz.

  III – Uma assinatura numa letra, no lugar destinado ao aceite, sobreposta com o carimbo de uma sociedade por quotas, acompanhada pela identificação dessa sociedade pela sua firma social, sede, telefone e número de contribuinte, é bastante para se considerar tacitamente declarado que o assinante interveio na qualidade de gerente, em representação da mesma sociedade.

  IV – No regime do art. 17.º da L.U. não se inclui a invocação da falsidade dessa assinatura.

   V – Por ser uma excepção «*in rem*» relativa, pode ser oposta a qualquer possuidor do título, esteja ou não de boa fé, por aquele a quem é atribuída a assinatura.

(Ac. R.P., de 09.11.98, in CJ, Ano XXIII, T. V, p. 179).

    I – Uma sociedade por quotas só ficará vinculada, nos termos do artigo 260.º, n.º 4, do Código das Sociedades Comerciais, quando os gerentes, em actos escritos, apõem a sua assinatura com a indicação dessa qualidade.

   II – A obrigação do avalista mantém-se no caso de a obrigação do avalizado ser nula por qualquer razão que não seja um vício de forma.

  III – A inexistência da obrigação do avalizado não é um vício de forma para os efeitos do artigo 32.º, § 2.º, da Lei Uniforme sobre Letras e Livranças.

(Ac. S.T.J., de 26.03.98, in BMJ, 475, p. 718).

Art. 21.º　　　*Lei Uniforme sobre Letras e Livranças*　　　27

O aceite de uma letra por uma sociedade tem de ser antecedido da qualidade de quem a representa para ser transmissível e ter força de título executivo.

(Ac. R.P., de 03.03.98, in BMJ, 475, p. 772).

I – Tratando-se de actos escritos, incluindo os títulos de crédito, uma sociedade comercial por quotas, só fica vinculada, se o gerente ou gerentes fizerem acompanhar a aposição da sua assinatura com a menção dessa qualidade.

II – Uma assinatura em título de crédito sobre o carimbo de uma sociedade comercial, acompanhada da identificação manuscrita dessa sociedade (nome morada) estabelece a presunção, clara, de que a assinatura pertence ao gerente dessa mesma sociedade.

III – Neste caso, não existe razão para indeferimento liminar da petição inicial, no que respeita a tal sociedade, quando demandada.

(Ac. R.L., de 20.11.97, in CJ, Ano XXII, T. V, p. 93).

I – A vinculação de uma sociedade em certos escritos, como é o caso das livranças, pressupõe a referência à sociedade representada feita de modo inequívoco e a assinatura do(s) gerente(s) com a indicação dessa qualidade.

II – Não resultando da livrança que a mesma tenha sido subscrita pela sociedade que foi demandada na acção executiva, não tem valor de executivo quanto à sociedade por não consubstanciar nenhuma obrigação cambiária por si assumida.

(Ac. R.P., de 05.06.97, in BMJ, 468, p. 470).

I – A assinatura dum gerente duma sociedade por quotas aposta na folha anterior duma letra, no lugar do aceite, sem se dizer a qualidade em que o faz, não vincula a sociedade, em virtude da menção dessa qualidade ser intrínseca à própria validade do documento, sendo, por isso, o aceite nulo.

II – Ocorrendo tal situação, não pode, todavia, o gerente ser pessoalmente obrigado, por o sacado não ser ele, mas a sociedade por quotas.

(Ac. R.P., de 05.05.97, in BMJ, 467, p. 635).

Sendo a sacada uma sociedade e vindo a letra a ser assinada no lugar do aceite por subscritor que, ainda que representante daquela, não indica a qualidade (de representante) em que a subscreve e que não lhe acrescenta a palavra aceite ou outra equivalente, é o aceite nulo por falta de forma e não ficam vinculados ao pagamento nem a sociedade sacada nem quem assinou a letra.

(Ac. R.L., de 14.12.95, in BMJ, 452, p. 480).

I – Após a vigência do Código das Sociedades Comerciais a «assinatura da firma social» não é susceptível de vincular a socie-dade às obrigações do aceite, que, por isso, é nulo.

II – Sendo nulo, por vício de forma, a obrigação do aceitante, não pode subsistir a obrigação dos avalistas.

(Ac. S.T.J., de 03.05.95, in BMJ, 447, p. 515).

A assinatura dos gerentes de uma sociedade por quotas – ainda que sem a menção de tal qualidade – apostas numa letra, no lugar do aceite e sob o carimbo da firma, vincula aquela como aceitante.

(Ac. R.L., de 26.04.95, in BMJ, 446, p. 342).

I – Não tem força executiva contra a sociedade uma livrança subscrita pelo seu gerente sem menção dessa qualidade.

II – Não obstante, esse facto não invalida a obrigação do avalista da executada, já que a obrigação deste funciona como obrigação autónoma em relação ao avalizado.

(Ac. R.C., de 06.01.94, in CJ, Ano XIX, T. I, p. 5).

Para que o aceite vincule pessoa colectiva necessário se tornava que os seus gerentes ou representantes assinassem o título, no lugar respectivo, com indicação dessa qualidade.

(Ac. R.L., de 07.10.93, in CJ, Ano XVIII, T. IV, p. 144).

Nos termos do artigo 260.º, n.º 4, do Código das Sociedades Comerciais, os gerentes só vinculam a sociedade, em actos escritos, como o aceite de letras, se, além de aporem a sua assinatura pessoal, mencionarem a qualidade de gerente da sociedade.

(Ac. R.P., de 14.06.93, in BMJ, 428, p. 682).

Art. 24.º   *Lei Uniforme sobre Letras e Livranças*   29

I – É nula como aceite a assinatura, no lugar respectivo, de quem não é sacado se desacompanhada da palavra "aceite" ou outra equivalente.

II – Sacada uma letra sobre uma sociedade e assinada no lugar do aceite por um seu representante com a sua assinatura pessoal desacompanhada da palavra "aceite", nem a sociedade sacada fica obrigada pela letra, por não ser no aceite usada a sua firma, nem aquele representante, por falta de forma do aceite.

(Ac. R.L., de 03.06.93, in CJ, Ano XVIII, T. II, p. 121).

Art. 22.º (Estipulações relativas ao aceite)

O sacador pode, em qualquer letra, estipular que ela será apresentada ao aceite, com ou sem fixação de prazo.

Pode proibir na própria letra a sua apresentação ao aceite, salvo se se tratar de uma letra pagável em domicílio de terceiro, ou de uma letra pagável em localidade diferente da do domicílio do sacado, ou de uma letra sacada a certo termo de vista.

O sacador pode também estipular que a apresentação ao aceite não poderá efectuar-se antes de determinada data.

Todo o endossante pode estipular que a letra deve ser apresentada ao aceite, com ou sem fixação de prazo, salvo se ela tiver sido declarada não aceitável pelo sacador.

Art. 23.º (Prazo para apresentação ao aceite)

As letras a certo termo de vista devem ser apresentadas ao aceite dentro do prazo de um ano das suas datas.

O sacador pode reduzir este prazo ou estipular um prazo maior.

Esses prazos podem ser reduzidos pelos endossantes.

Art. 24.º (Segunda apresentação da letra)

O sacado pode pedir que a letra lhe seja apresentada uma segunda vez no dia seguinte ao da primeira apresentação. Os interessados somente podem ser admitidos a pretender que não foi dada satisfação a este pedido no caso de ele figurar no protesto.

O portador não é obrigado a deixar nas mãos do aceitante a letra apresentada ao aceite.

Art. 25.º (Forma do aceite)

O aceite é escrito na própria letra. Exprime-se pela palavra «aceite» ou qualquer outra palavra equivalente; o aceite é assinado pelo sacado. Vale como aceite a simples assinatura do sacado aposta na parte anterior da letra.

Quando se trate de uma letra pagável a certo termo de vista, ou que deva ser apresentada ao aceite dentro de um prazo determinado por estipulação especial, o aceite deve ser datado do dia em que foi dado, salvo se o portador exigir que a data seja a da apresentação. À falta de data, o portador, para conservar os seus direitos de recurso contra os endossantes e contra o sacador, deve fazer constatar essa omissão por um protesto, feito em tempo útil.

JURISPRUDÊNCIA:

> A falsidade da assinatura aposta no lugar do aceitante pode ser oposta pela pessoa a quem é atribuída a qualquer possuidor do título.
>
> *(Ac. R.C., de 11.05.93, in BMJ, 427, p. 599).*

Art. 26.º (Modalidades do aceite)

O aceite é puro e simples, mas o sacado pode limitá-lo a uma parte da importância sacada.

Qualquer outra modificação introduzida pelo aceite no enunciado da letra equivale a uma recusa de aceite. O aceitante fica, todavia, obrigado nos termos do seu aceite.

Art. 27.º (Lugar de pagamento)

Quando o sacador tiver indicado na letra um lugar de pagamento diverso do domicílio do sacado, sem designar um terceiro em cujo domi-

Art. 30.º   *Lei Uniforme sobre Letras e Livranças*   31

cílio o pagamento se deva efectuar, o sacado pode designar no acto do aceite a pessoa que deve pagar a letra. Na falta desta indicação, considera-se que o aceitante se obriga, ele próprio, a efectuar o pagamento no lugar indicado na letra.

Se a letra é pagável no domicílio do sacado, este pode, no acto do aceite, indicar, para ser efec-tuado o pagamento, um outro domicílio no mesmo lugar.

Art. 28.º (Obrigações do aceitante)

O sacado obriga-se pelo aceite a pagar a letra à data do vencimento.

Na falta de pagamento, o portador, mesmo no caso de ser ele o sacador, tem contra o aceitante um direito de acção resultante da letra, em relação a tudo o que pode ser exigido nos termos dos artigos 48.º e 49.º.

Art. 29.º (Anulação de aceite)

Se o sacado, antes da restituição da letra, riscar o aceite que tiver dado, tal aceite é considerado como recusado. Salvo prova em contrário, a anulação do aceite considera-se feita antes da restituição da letra.

Se, porém, o sacado tiver informado por escrito o portador ou qualquer outro signatário da letra de que a aceita, fica obrigado para com estes, nos termos do seu aceite.

CAPÍTULO IV – Do aval

Art. 30.º (Função do aval)

O pagamento de uma letra pode ser no todo ou em parte garantido por aval.

Esta garantia é dada por um terceiro ou mesmo por um signatário da letra.

JURISPRUDÊNCIA: *(Ex vi art. 77.º)*

I – O vínculo estritamente cambiário que pela livrança é titulado, não pode ser estabelecido entre co-avalistas, designadamente para efeitos de direito de regresso entre eles.

II – Porém, uma vez que, face à actual lei processual a livrança é título executivo – art. 46.º, c), do CPC na redacção vigente – o portador podia usá-la antes do pagamento contra qualquer dos co-responsáveis, designadamente os avalistas.

III – Entre estes vigoram as regras de direito comum, designadamente as do regime jurídico da fiança.

IV – Assim, havendo pagamento da livrança por um dos co-avalistas, fica este sub-rogado nos direitos do credor contra os restantes, em termos análogos aos estabelecidos para o regime da fiança.

(Ac. STJ, de 07.07.99, in CJ, A. VII, T. III, p. 14).

I – O aval é um negócio cambiário unilateral concebido como promessa de pagar o título e garantindo o pagamento do devedor por quem é dado.

II – O sistema legal é no sentido de que uma pessoa que assina no rosto da livrança sem indicação da qualidade em que o faz (aval incompleto ou em branco), e se não for o sacador, é considerado avalista do subscritor. Trata-se de uma presunção legal.

III – A assinatura de uma pessoa que não vincula nem representa a sociedade sacadora, por debaixo de outras assinaturas, no rosto do título, que responsabilizam a sociedade, tem de ser havida como prestação de aval.

(Ac. STJ, de 13.10.93, in BMJ, 430, p. 462).

Art. 31.º (Forma do aval)

O aval é escrito na própria letra ou numa folha anexa.

Exprime-se pelas palavras «bom para aval» ou por qualquer fórmula equivalente; é assinado pelo dador do aval.

O aval considera-se como resultando da simples assinatura do dador aposta na face anterior da letra, salvo se se trata das assinaturas do sacado ou do sacador.

O aval deve indicar a pessoa por quem se dá. Na falta de indicação, entender-se-á ser pelo sacador.

JURISPRUDÊNCIA:

I – O artigo 31.º, IV, da Lei Uniforme sobre Letras e Livranças só é aplicável quando o aval não indique a pessoa do avalizado, sendo certo que a indicação desta pessoas não tem que ser feita *expressis verbis*, podendo concluir-se de circunstâncias que com toda a probabilidade revelem quem é a pessoa avalizada, nos termos do artigo 217.º do Código Civil.

II – Há, assim, que interpretar as declarações dos dadores dos avales em ordem a alcançar o respectivo sentido que possa revelar juridicamente.

III – No domínio das relações jurídicas imediatas, entre sacador, sacado-aceitante e avalista, estabelecer se este quis dar o aval pelo sacador ou pelo sacado-aceitante constitui, antes de mais, matéria de facto, sem prejuízo de o resultado interpretativo que se alcance poder ser censurado pelo Supremo se esse resultado não coincidir com um sentido que um declaratário razoável e honesto, colocado na posição do real declaratário, não pudesse deduzir do comportamento do declarante.

(Ac. STJ, de 18.05.99, in BMJ, 487, p. 334).

I – Não se indicando no aval, a pessoa por quem se dá, entender-se-á ser pelo sacador, mesmo no domínio das relações imediatas.

II – Ainda que assim se não entenda, o avalista, não sendo indicado o avalizado, é parte ilegítima na execução contra si instaurada pelo sacador com base numa letra de que conste o respectivo aval.

(Ac. R.L., de 05.02.98, in BMJ, 474, p. 534).

I – O assento de 1 de Fevereiro de 1966 (Diário do Governo, n.º 44, de 22 de Fevereiro de 1966) estabeleceu que, mesmo no domínio das relações imediatas, o aval que não indique o avalizado, é sempre prestado a favor do sacador.

II – Conforme preceitua o artigo 31.º, n.º 4, da Lei Uniforme, uma letra que não indique o nome do avalizado funciona como prova de que tal aval foi prestado a favor do sacador, se a assinatura do dador do aval for aposta na face anterior da letra (e não no verso).

III – Quem tiver aposto, nestes termos, a sua assinatura, é avalista do sacador qualquer que tenha sido a sua intenção, trata-se de uma presunção *juris et de jure* que não admite prova em contrário, face ao próprio princípio da literalidade da letra de câmbio.

34 *Regime Jurídico dos Títulos de Crédito* *Art. 31.º*

IV – Mesmo que as instâncias dêem como provados factos materiais contra uma disposição expressa da lei, como a indicada na conclusão anterior, cabe nos poderes de censura do Supremo Tribunal de Justiça, perante o disposto nos artigos 722.º, n.º 2, e 729.º, n.º 2, do Código de Processo Civil, retirar conclusão diferente.

V – Dado como provado que o aval foi prestado a favor do sacador, conclui-se que este sacador (exequente) não pode demandar o executado (embargante e seu avalista), pois o avalista não responde perante o seu avalizado, ficando apenas pessoalmente obrigado perante o credor do avalizado, à semelhança com o que se passa no artigo 627.º, n.º 1, do Código Civil, relativamente ao fiador.

VI – Porém, após a revogação do artigo 2.º do Código Civil, pelo artigo 4.º, n.º 2, do Decreto-Lei n.º 329-A/95, de 12 de Dezembro, aquele «assento», mencionado na conlusão I, ao deixar de ter força obrigatória geral, deixou de vincular os tribunais.

VII – Donde, pese embora o princípio da literalidade – que não distingue entre relações mediatas e imediatas – a verdadeira finalidade e sentido da norma só pode ter em vista as relações mediatas, uma vez que, quanto às imediatas, valeria o princípio geral da oponibilidade das excepções fundadas na obrigação causal – o que, no caso do acórdão, não pode deixar de significar que a embargada podia demonstrar, como demonstrou, que o aval da embargante não foi prestado a seu favor.

VIII– É, pois, inaceitável a doutrina do assento, no âmbito das relações imediatas, face, agora, à ausência de força vinculativa, que deixou de ter, após a revogação do citado artigo 2.º do Código Civil.

(Ac. S.T.J., de 14.10.97, in CJ, Ano V, T. III, p. 637).

I – A assinatura na face anterior da letra, sem qualquer outra menção, faz presumir *juris et de jure* que é dado aval pelo sacador, não tendo qualquer valor jurídico, salvo o de endosso, a assinatura aposta, sem menção, no verso.

II – Cabe ao portador da letra o ónus de prova do contrato de preenchimento.

III – Provando-se apenas a aposição pelos executados da sua assinatura no verso da letra, não respondem como avalistas.

(Ac. S.T.J., de 14.10.97, in CJ, Ano V, T. III, p. 68).

No domínio das relações imediatas, é admissível a prova no sentido de apurar a favor de quem é dado o aval, sempre que o avalista não faça qualquer menção da letra ou use a expressão «à subscritora».

Ac. R.P., de 20.03.97, in BMJ, 465, p. 646).

Art. 31.º   *Lei Uniforme sobre Letras e Livranças*   35

A responsabilização como avalista, em título cartular, através de uma assinatura, pressupõe que esta é efectivada na face anterior do título, a não ser que se trate de sacado ou sacador (ou subscritor).

(Ac. R.L., de 20.02.97, in CJ, Ano XXII, T. I, p. 131).

I – Deve ser aceite como aval válido, o que é aposto numa letra com os seguintes dizeres: "Dou o meu aval à firma subscritora desta livrança".

II – No contrato de locação financeira não se pode fazer valer o direito à resolução e pedir-se, ao mesmo tempo, o pagamento de tudo o que foi contratado, ou seja, as prestações ou rendas vincendas, como se tal resolução não existisse.

(Ac. R.C., de 23.11.93, in CJ, Ano XVIII, T. V, p. 38).

I – A lei não exige que, no caso de mais de um avalista, a assinatura de cada um seja precedida da expressa declaração de que pretende dar aval e por quem o presta.

II – Assim, ao assinar por baixo da expressão plural «damos o nosso aval à subscritora», constante da face posterior da livrança, a embargante fez seu o respectivo conteúdo e, consequentemente, obrigou-se como avalista da subscritora, sendo indiferente que entre aquela declaração e a sua assinatura figure a de outro avalista, *in casu*, o seu próprio cônjuge.

III – Ao afirmar que a embargante fez sua a referida declaração (ilação que cabe perfeitamente no seu normal sentido por corresponder à percepção de um declaratário comum, colocado na posição do real declaratário), manteve-se a Relação no âmbito da matéria de facto, como tal insindicável pelo Supremo Tribunal de Justiça, que deve acatar essa ilação, nos termos dos artigos 729.º do Código de Processo Civil e 29.º da Lei n.º 38/87, de 23 de Dezembro (Lei Orgânica dos Tribunais Judiciais).

(Ex vi art. 77.º)
(Ac. S.T.J., de 24.04.96, in BMJ, 456, p. 457).

V. ainda *Ac. STJ de 05.02.98, in BMJ, 474, p. 497* (em anotação ao art. 2.º), inserido a pág. 11.

Art. 32.º (Direitos e obrigações do avalista)

O dador de aval é responsável da mesma maneira que a pessoa por ele afiançada.

A sua obrigação mantém-se, mesmo no caso de a obrigação que ele garantiu ser nula por qualquer razão que não seja um vício de forma.

Se o dador de aval paga a letra, fica sub-rogado nos direitos emergentes da letra contra a pessoa a favor de quem foi dado o aval e contra os obrigados para com esta em virtude da letra.

JURISPRUDÊNCIA:

A – Letras

I – Declarando o embargante, em documento que assinou, renunciar ao prazo legal de prescrição em vigor para as letras de câmbio, mantendo-se plenamente válido e eficaz o aval que nelas prestou, tal declaração implicou o reconhecimento da sua dívida cambiária, interrompendo o prazo prescricional em curso.

II – O avalista não pode defender-se com as excepções do avalizado, salvo no que respeita à do pagamento.

(Ac. STJ, de 27.04.99, in CJ, A. VII, T. II, p. 69).

I – O direito de acção do portador da letra de câmbio contra o avalista do aceitante não depende do protesto por falta de pagamento.

II – Instaurada a acção executiva cinco dias antes do termo do prazo de prescrição do direito de crédito incorporado na letra de câmbio que lhe serviu de título executivo, interrompe-se auqele prazo no fim desse quinquénio, não obstante a citação do executado ter ocorrido depois de terminado aquele prazo prescricional por razões de organização judiciária.

(Ac. R.L., de 25.03.99, in BMJ, 485, p. 479).

I – As operações de banco são actos de comércio por natureza.

II – Sendo a natureza do aval determinada pela natureza da obrigação subjacente, é comercial o aval prestado em letra ou livrança destinada a garantir o reembolso de empréstimo concedido por um banco ao aceitante da letra ou subscritor da livrança.

Art. 32.º **Lei Uniforme sobre Letras e Livranças** 37

III – A obrigação desse avalista é autónoma e não goza do benefício de excussão prévia.

(Ac. R.P., de 02.03.99, in BMJ, 485, p. 485).

O avalista que tiver pago a livrança só poderá exigir o pagamento aos co-avalistas se não tiver conseguido obtê-lo por parte do avalisado.

(Ac. R.P., de 05.01.99, in BMJ, 483, p. 275).

I – O avalista, não sendo sujeito da relação jurídica subjacente, mas apenas garante do pagamento do valor da letra por parte de um dos subscritores, não pode discutir, em embargo de executado, aquela relação, que, para ele, não é imediata.

II – A obrigação do avalista subsiste mesmo no caso de a obrigação subjacente ser nula, salvo se o for por vício de forma.

(Ac. R.P., de 31.03.98, in BMJ, 475, p. 769).

A qualidade de garante próprio do avalista e a sua responsabilidade só se subtraem à obrigação do pagamento da livrança, na hipótese de esta não obedecer aos requisitos legais, sob o ponto de vista formal, ou quando a livrança tenha sido paga.

(Ac. R.C., de 03.02.98, in BMJ, 474, p. 557).

I – O artigo 1200.º, n.º 1, alínea b), do Código de Processo Civil, revogado pelo Decreto-Lei n.º 132/93, de 23 de Abril, durante a sua vigência nunca abrangeu os avales de dívidas.

II – O legítimo possuidor de letras avalizadas que descontou e não lhe foram pagas tem legitimidade para requerer a insolvência do avalista desses títulos.

(Ac. S.T.J., de 25.02.97, in BMJ, 464, p. 49).

O protesto por falta de pagamento de uma letra não é necessário para accionar o avalista do aceitante.

(Ac. S.T.J., de 14.05.96, in BMJ, 457, p. 387).

38 Regime Jurídico dos Títulos de Crédito Art. 32.º

Para se poder accionar o avalista do aceitante ou do subscritor da livrança não é necessário a apresentação da letra (ou da livrança) a protesto.

(Ac. R.E., de 09.05.96, in BMJ, 457, p. 469. No mesmo sentido, Ac. R.C. de 14.03.95, in BMJ, 454, p. 628, não inserido na presente compilação).

I – A obrigação do avalista é materialmente autónoma.

II – A responsabilidade que o aval implica incide sempre sobre o avalista e, consequentemente, sobre o património pessoal deste.

III – É inócuo que o aval garanta a obrigação de sociedade comercial de que o avalista é sócio, já que é sempre património deste que serve de suporte à garantia concedida.

IV – Não é admissível o aval condicional.

V – Não isenta o avalista do facto de o mesmo ter cedido a sua quota na socie-dade executada.

VI – O protesto não é matéria não subtraída à disponibilidade da prova, pelo que não pode ser conhecida oficiosamente.

(Ac. R.L., de 27.06.95, in CJ, Ano XX, T. III, p. 141).

A inexistência da própria obrigação da sociedade avalizada não contende com obrigação autónoma dos avalistas.

(Ac. R.C., de 06.01.94, in BMJ, 433, p. 631).

B – Livranças

A subscrição de livrança por sociedade por quotas mediante assinaturas dos gerentes sem indicação desta qualidade (artigo 260.º, n.º 4, do Código das Sociedades Comerciais) não constitui vício de forma para os efeitos do artigo 32.º, alínea II, da Lei Uniforme sobre Letras e Livranças; pelo que a invalidade da obrigação cambiária não prejudica a validade do aval dado à subscritora.

(Ac. S.T.J., de 14.01.98, in BMJ, 473, p. 511).

A assinatura aposta no canto superior esquerdo de uma livrança significa, pelo princípio da literalidade, que o respectivo assinante prestou o seu aval ao subscritor, pelo que, sendo responsável

Art. 32.º　　　*Lei Uniforme sobre Letras e Livranças*　　　39

solidário com este pelo pagamento da quantia constante do título, tem legitimidade para ser demandado na acção executiva.

(Ac. R.P., de 17.03.97, in BMJ, 465, p. 647).

A obrigação do avalista de uma livrança em que inexiste vício de forma mantém-se, mesmo que a obrigação garantida seja nula.

(Ac. R.P., de 07.10.96, in BMJ, 460, p. 802).

O portador de uma livrança não perde o direito de acção contra o avalista do subscritor daquela pelo facto de não ter no prazo legal feito o protesto por falta de pagamento.

(Ac. R.L., de 23.05.96, in BMJ, 457, p. 434).

V. ainda *Ac. R.P., de 18.12.95, in BMJ, 452, p. 490* (em anotação ao art. 46.º C.P.C.), inserido a págs. 68.

(...). II – O aval de favor reconduz-se a uma relação de garantia que está na base do artigo 32.º da Lei Uniforme sobre Letras e Livranças – «o dador de aval é responsável da mesma maneira que a pessoa por ele afiançada» –, permitindo compreender que a responsabilidade do avalista não possa exceder a do avalizado e implicando que a dívida resultante do aval deva considerar-se civil ou comercial, conforme a natureza da relação subjacente à subscrição do título pelo avalizado.

III – Prestado o aval pelo cônjuge executado ao subscritor de uma livrança tendo subjacente um empréstimo mercantil – logo, um acto de comércio de harmonia com os preceitos conjugados dos artigos 2.º e 362.º do Código Comercial –, a dívida exequenda emerge, por seu turno, de acto de comércio, pelo que, nos termos do artigo 10.º do mesmo Código, não há lugar à moratória estabelecida no n.º 1 do artigo 1696.º do Código Civil.

(Ac. S.T.J., de 04.11.93, in BMJ, 431, p. 488).

V. ainda *Ac. R.P., de 07.07.98, BMJ, 479, p. 715* (em anotação ao art. 10.º), *a pág. 14; Ac. S.T.J. de 26.03.98, in BMJ, 475, p. 718,* (em anotação ao art. 21.º) inserido a págs. 26; *Sentença do Juiz de Círculo de Tomar de 12.05.97, in CJ, Ano XXII, T. III. p. 299* (em anotação ao art. 75.º), a pág. 72; *Ac. S.T.J. de 27.09.94,* in *BMJ, 439, p. 605* (em anotação ao art. 17.º), inserido a pág. 23; *Ac. R.P. de 19.05.94*, in *BMJ, 437, p. 586* (em anotação ao art. 44.º), inserido a pág. 54; *Ac. R.C. de 14.12.93*, in *BMJ, 432, p. 440* (em anotação ao art. 44.º), inserido a pág. 54; e *Ac. S.T.J. de 07.01.93*, in *BMJ, 423, p. 554* (em anotação ao art. 44.º), inserido a pág. 54;

CAPÍTULO V – Do vencimento

Art. 33.º (Modalidades do vencimento)

Uma letra pode ser sacada:
À vista;
A um certo termo de vista;
A um certo termo de data;
Pagável no dia fixado.
As letras, quer com vencimentos diferentes, quer com vencimentos sucessivos, são nulas.

Art. 34.º (Vencimento da letra à vista)

A letra à vista é pagável à apresentação. Deve ser apresentada a pagamento dentro do prazo de um ano, a contar da sua data. O sacador pode reduzir este prazo ou estipular um outro mais longo. Estes prazos podem ser encurtados pelos endossantes.

O sacador pode estipular que uma letra pagável à vista não deverá ser apresentada a pagamento antes de uma certa data. Nesse caso, o prazo para a apresentação conta-se dessa data.

JURISPRUDÊNCIA:

A – Letras

I – Em princípio, as letras e as livranças à vista devem ser apresentadas a pagamento dentro de um ano a contar da sua data e vencem-se no dia dessa apresentação.

Art. 34.º — *Lei Uniforme sobre Letras e Livranças* — 41

  II – Porém, pode haver um prazo convencional resultante da soma de um prazo inicial de interdição (fixado pelo sacador da letra ou pelo portador inicial da livrança) com aquele prazo de um ano.

 III – Aliás, o sacador da letra e o portador inicial da livrança podem abreviar ou alongar o referido prazo de um ano, mas os endossantes só o podem encurtar.

 IV – Nas relações imediatas, nada impede que correspondesse ao estabelecimento de um prazo de prescrição a dependência de existência de incumprimento pelos mutuários na relação fundamental.

  V – Aliás, mesmo passados os prazos normais, sempre de mantêm as responsabilidades dos aceitantes e dos subscritores das livranças, e dos respectivos avalistas, salvo prescrição.

(Ac. R.L., de 21.04.94, in CJ, Ano XIX, T. II, p. 126).

B – Livranças (Ex vi art. 77.º)

Nas relações imediatas, à falta da indicação da época de pagamento da livrança, vale a propósito o acordo extracartular firmado, não se aplicando no artigo 34.º da Lei Uniforme Relativa às Letras e Livranças relativamente ao prazo de apresentação a pagamento (ver artigo 77.º da mesma lei).

(Ac. R.L., de 27.06.96, in BMJ, 458, p. 386).

   I – Havendo vários executados, a dedução dos embargos por todos, ou por cada um deles, pode ser feita até ao termo do prazo que começou a correr em último lugar.

  II – Uma livrança, apesar de estar em branco, a época de vencimento, vale como título executivo e, nas relações imediatas, pode invocar-se convenção extracartular que afaste o prazo supletivo de um ano fixado no artigo 34.º da Lei Uniforme sobre Letras, Livranças e Cheques.

 III – O portador da livrança que a deu à execução, apenas pode reclamar juros desde a data do vencimento.

(Ac. R.L., de 03.06.93, in BMJ, 428, p. 668).

Art. 35.º (Vencimento de letra a certo termo de vista)

O vencimento de uma letra a certo termo de vista determina-se, quer pela data do aceite, quer pela do protesto.

Na falta de protesto, o aceite não datado entende-se, no que respeita ao aceitante, como tendo sido dado no último dia do prazo para a apresentação ao aceite.

Art. 36.º (Vencimento noutros casos especiais)

O vencimento de uma letra sacada a um ou mais meses de data ou de vista será na data correspondente do mês em que o pagamento se deve efectuar. Na falta de data correspondente, o vencimento será no último dia desse mês.

Quando a letra é sacada a um ou mais meses e meio de data ou de vista, contam-se primeiro os meses inteiros.

Se o vencimento for fixado para o princípio, meado ou fim do mês, entende-se que a letra será vencível no primeiro, no dia quinze, ou no último dia desse mês.

As expressões «oito dias» ou «quinze dias» entendem-se, não como uma ou duas semanas, mas como um prazo de oito ou quinze dias efectivos.

A expressão «meio mês» indica um prazo de quinze dias.

Art. 37.º (Vencimento no caso de divergências de calendários)

Quando uma letra é pagável num dia fixo num lugar em que o calendário é diferente do do lugar de emissão, a data do vencimento é considerada como fixada segundo o calendário do lugar do pagamento.

Quando uma letra sacada entre duas praças que têm calendários diferentes é pagável a certo termo de vista, o dia da emissão é referido ao dia correspondente do calendário do lugar de pagamento, para o efeito da determinação da data do vencimento.

Os prazos de apresentação das letras são calculados segundo as regras da alínea precedente.

Estas regras não se aplicam se uma cláusula da letra, ou até o simples enunciado do título, indicar que houve intenção de adoptar regras diferentes.

Art. 39.º *Lei Uniforme sobre Letras e Livranças* 43

CAPÍTULO VI – **Do pagamento**

Art. 38.º (Prazo para a apresentação a pagamento)

O portador de uma letra pagável em dia fixo ou a certo termo de data ou de vista deve apresentá-la a pagamento no dia em que ela é pagável ou num dos dois dias úteis seguintes.

A apresentação da letra a uma câmara de compensação equivale a apresentação a pagamento.

JURISPRUDÊNCIA:

Os prazos dos artigos 38.º e 44.º da Lei Uniforme são sucessivos (o prazo para o protesto só se conta a partir do termo do prazo de 3 dias em que a letra podia ser paga).

(Ac. R.C., de 24.05.94, in BMJ, 437, p. 597).

Ao fixar um prazo para o pagamento da letra e um prazo para o protesto pelo seu não pagamento, a lei tem necessariamente de aceitar que decorra por inteiro o primeiro prazo, só depois, se tal se justificar, começando a correr prazo para o protesto.

(Ac. R.P., de 02.12.93, in BMJ, 432, p. 429).

Art. 39.º (Direito do sacado que paga. Pagamento parcial)

O sacado que paga uma letra pode exigir que ela lhe seja entregue com a respectiva quitação.

O portador não pode recusar qualquer pagamento parcial.

No caso de pagamento parcial, o sacado pode exigir que desse pagamento se faça menção na letra e que dele lhe seja dada quitação.

JURISPRUDÊNCIA:

(...). III – A reforma de uma letra para deferir o seu pagamento, visa, em princípio, substituir as obrigação incicial cartular por uma nova obrigação cambiária, deixando a primeira letra desactivada, sem validade.

IV – No caso de reforma de uma letra em que só houve cobertura integral da letra reformada, esta não deve ser devolvida pelo portador ao devedor e serve de título executivo para recuperar o valor remanescente.

(Ac. R.E., de 14.01.99, in CJ, A. XXIV, T. I., p. 259).

I – A reforma das letras equivale ao seu pagamento, e, como tal, não pode o exequente exigir o seu pagamento.

II – A partir dessa mesma reforma, o exequente passou a ser apenas legítimo portador das letras da reforma.

(Ac. R.E., de 21.12.96, in BMJ, 461, p. 546).

I – O elemento fundamental da reforma de uma letra é a sua substituição por outra, o que poderá ser motivado por diversas circunstâncias como a amortização parcial do débito, o simples diferimento da data do vencimento, a alteração do montante, a intervenção de novos subscritores ou a eliminação de algum dos anteriores.

II – A simples reforma não implica a extinção, por novação, da primitiva obrigação cambiária, sendo indispensável, para esse efeito, a alegação e prova de expressa ou inequívoca manifestação de vontade no sentido de se contrair uma nova obrigação em substituição da antiga.

III – Tal declaração negocial não se presume, designadamente se não houve restituição do título inicial ou se este contém alguma garantia especial não incluída no novo título. Também o facto de ter havido pagamento parcial de uma letra, acompanhado ou não de reforma ou da menção nela expressa, não lhe retira a força de título executivo.

(Ac. S.T.J., de 26.03.96, in BMJ, 455, p. 522).

Art. 40.º (Pagamento antes do vencimento e no vencimento)

O portador de uma letra não pode ser obrigado a receber o pagamento dela antes do vencimento.

O sacado que paga uma letra antes do vencimento fá-lo sob sua responsabilidade.

Aquele que paga uma letra no vencimento fica validamente desobrigado, salvo se da sua parte tiver havido fraude ou falta grave. É obrigado a verificar a regularidade da sucessão dos endossos, mas não a assinatura dos endossantes.

NOTA:
Sobre esta matéria versam os artigos 119.º a 130.º do Código do Notariado que a seguir se transcrevem:

SUBSECÇÃO VI – **Protestos**

Artigo 119.º (Letras não admitidas a protesto)

1 – Não são admitidas a protesto:

a) As letras a que falte algum dos requisitos do artigo 1.º da Lei Uniforme Relativa às Letras e Livranças, quando a falta não possa ser suprida nos termos do artigo 2.º do mesmo diploma;

b) As letras escritas em língua que o notário não domine, quando o apresentante não as fizer acompanhar de tradução.

2 – A tradução das letras deve ser devolvida ao apresentante, não se aplicando à mesma o disposto no n.º 3 do artigo 44.º.

Artigo 120.º (Lugar de protesto)

1 – A letra deve ser protestada no cartório notarial da área do domicílio nela indicado para o aceite ou pagamento ou, na falta dessa indicação, no cartório notarial do domicílio da pessoa que a deve aceitar ou pagar, incluindo a que for indicada para aceitar em caso de necessidade.

2 – Se for desconhecido o sacado ou o seu domicílio, a letra deve ser protestada no cartório a cuja área pertença o lugar onde se encontre o apresentante ou portador no momento em que devia ser efectuado o aceite ou o pagamento.

3 – Nos casos previstos nos artigos 66.º e 68.º da Lei Uniforme Relativa às Letras e Livranças, a letra deve ser protestada no cartório do domicílio da pessoa que for indicada como detentora do original.

Artigo 121.º (Prazo)

1 – A apresentação para protesto deve ser feita até uma hora antes do termo do último período regulamentar de serviço, nos prazos seguintes:

a) Por falta de aceite de letras pagáveis em dia fixo ou a certo termo da data, ou de letras sacadas a certo termo de vista, até ao dia em que podem ser apresentadas ao aceite;

b) Por falta de data no aceite de letras pagáveis a certo termo de vista ou que, por estipulação especial, devam ser apresentadas ao aceite no prazo determinado, até ao fim do prazo para a apresentação a protesto por falta de aceite;

c) Por falta de pagamento de letras nas condições da alínea a), num dos dois dias úteis seguintes àquele ou ao último daqueles em que a letra é pagável;

d) Por falta de pagamento de letras pagáveis à vista, dentro do prazo em que podem ser apresentadas a pagamento;

e) Nos casos dos artigos 66.º e 68.º da Lei Uniforme Relativa às Letras e Livranças, quando o portador quiser.

2 – Os protestos produzem efeitos desde a data da apresentação.

Artigo 122.º (Diferimento do prazo)

1 – Nos casos previstos na primeira alínea do artigo 24.º e na parte final da terceira alínea do artigo 44.º da Lei Uniforme Relativa às Letras e Livranças, se a apresentação da letra para aceite ou pagamento tiver sido feita no último dia do prazo, a apresentação a protesto pode fazer-se ainda no dia imediato.

2 – O fim do prazo para apresentação e protesto é transferido para o dia útil imediato, sempre que coincida com dia em que estejam encerrados os cartórios notariais ou as instituições de crédito.

3 – O fim de todos os prazos a que se reportam o presente artigo e o artigo anterior é diferido, para os estabelecimentos bancários e respectivos correspondentes nacionais, até ao dia imediato.

Artigo 123.º (Recusa de protesto)

A apresentação de letras depois de expirado o prazo legal não é fundamento de recusa de protesto.

Artigo 124.º (Apresentação de letras)

1 – O apresentante deve entregar a letra acompanhada das cartas-aviso necessárias às notifica-ções a efectuar, devidamente preenchidas e estampilhadas.

2 – As cartas-aviso a que se refere o número anterior obedecem a modelo aprovado.

3 – A apresentação das letras é registada no livro próprio, segundo a ordem da sua entrega no cartório notarial.

4 – Apresentada a letra, nela devem ser anotados o número e a data da apresentação e aposta a rubrica do notário.

Artigo 125.º (Notificações)

1 – No dia da apresentação ou no 1.º dia útil imediato, o notário deve notificar o facto a quem deva aceitar ou pagar a letra, incluindo todos os responsáveis perante o portador.

2 – As notificações são feitas mediante a expedição, sob registo do correio, das cartas-aviso que tiverem sido entregues juntamente com a letra, sendo arquivados no maço próprio os talões dos registos.

Artigo 126.º (Prazo e ordem dos protestos)

1 – Decorridos cinco dias sobre a expedição da carta para notificação, e até ao 10.º dia a contar da apresentação, devem ser lavrados, pela ordem da apresentação, os instrumentos de protesto das letras que não tenham sido retiradas pelos apresentantes.

2 – O notário deve lavrar o protesto contra todos os obrigados cambiários.

Artigo 127.º (Instrumento de protesto)

1 – O instrumento de protesto deve conter os seguintes elementos:

a) Identificação da letra mediante a menção da data de emissão, nome do sacador e montante;

b) Anotação das notificações a que se refere o artigo 125.º ou a menção das que não foram efectuadas por falta de cumprimento do disposto no n.º 1 do artigo 124.º;

c) Menção da presença ou da falta das pessoas notificadas e, bem assim, das razões que tenham dado para não aceitar ou não pagar;

d) Declaração do notário, relativamente ao fundamento do protesto, e indicação das pessoas a requerimento de quem e contra quem ele é feito;

e) Data da apresentação da letra;

f) Assinatura das pessoas notificadas que tenham comparecido, ou declaração de que não assinam por não saberem, não poderem ou não quererem fazê-lo.

2 – As razões da falta de aceite ou de pagamento podem ser indicadas em declaração escrita, que os notificados devem remeter ao notário, ficando arquivada.

3 – Os declarantes podem requerer pública-forma do instrumento de protesto, sendo igual faculdade conferida aos notificados que tenham declarado verbalmente as razões da falta de aceite ou de pagamento.

4 – O instrumento de protesto deve ser expedido mediante o preenchimento de impresso de modelo aprovado por despacho do director-geral dos Registos e do Notariado, podendo ser submetido a tratamento informático, mediante despacho da mesma entidade.

Artigo 128.º (Letras retiradas)

Se a letra for retirada pelo apresentante antes de protestada deve mencionar-se o levantamento e a respectiva data, ao lado do registo da apresentação.

Regime Jurídico dos Títulos de Crédito

Artigo 129.º (Recibo de entrega e devolução de letras)

1 – Da entrega das letras apresentadas a protesto deve ser entregue um recibo ao apresentante, em impresso de modelo aprovado, por ele preenchido.

2 – A restituição das letras é feita contra a devolução do recibo de entrega, que é inutilizado.

3 – No caso de extravio do recibo entregue, a devolução da letra deve fazer-se contra recibo do apresentante, que fica arquivado.

Artigo 129.º-A (Estabelecimento bancário)

1 – Quando a apresentação para protesto seja efectuada por estabelecimento bancário em cartório privativo do protesto de letras, deve ser entregue uma relação dos títulos a protestar, elaborada em duplicado, da qual conste o nome e a residência ou sede do apresentante, do aceitante ou sacado e do sacador, bem como a indicação da espécie do título, do respectivo montante e do fundamento do protesto.

2 – A relação referida no número anterior pode ser elaborada por processo informático e deve conter espaços reservados para a anotação do número de ordem e da data da apresentação, da data do protesto ou do levantamento da letra e da respectiva data.

3 – O original da relação, que se destina a ser arquivado no cartório privativo, substitui, para todos os efeitos, o registo da apresentação dos títulos a protesto.

4 – O duplicado da relação é devolvido ao apresentante, após nele ter sido aposta nota do recebimento do original, e substitui o recibo referido no n.º 1 do artigo 129.º.

Artigo 129.º-B (Notificações a efectuar pelos estabelecimentos bancários)

1 – Incumbe ao estabelecimento bancário promover a notificação de quem deva aceitar ou pagar a letra, incluindo todos os responsáveis perante o portador, no dia em que a letra foi apresentada ou no 1.º dia útil imediato.

2 – As notificações são efectuadas mediante expedição, sob registo do correio, de cartas-aviso contendo os elementos essenciais do modelo referido no n.º 2 do artigo 124.º.

3 – No prazo de três dias a contar da expedição das cartas-aviso, o estabelecimento bancário deve apresentar no cartório privativo cópias das mesmas, acompanhadas dos respectivos talões de registo.

4 – Sempre que tal se justifique, pode ser efectuado registo colectivo das cartas-aviso referidas no n.º 2.

Artigo 129.º-C

Em caso de urgência fundamentada, o instrumento de protesto pode ser lavrado sem subordinação à ordem referida no n.º 1 do artigo 126.º.

Art. 41.º   *Lei Uniforme sobre Letras e Livranças*   49

Artigo 130.º (Protesto de outros títulos)

Ao protesto de livranças, cheques, extractos de factura, ou de outros títulos que a lei sujeite a protesto, é aplicável o disposto nos artigos anteriores, em tudo o que não seja contrário à natureza desses títulos e à disciplina especial a que estão sujeitos.

Atender ainda ao art. 6.º do Capítulo II (Tabelamento de actos) da Portaria n.º 996/98, de 25.11, que aprovou as tabelas de emolumentos dos actos dos registos e do notariado:

«1 – Por cada instrumento de protesto de títulos de crédito:
a) Se o valor do título de crédito não exceder 100 000$ – 500$;
b) Se for superior a 100 000$ e não exceder 1 000 000$ – 1000$;
c) Se for superior a 1 000 000$ – 1500$.
2 – Pelo levantamento de cada título antes de protestado – 500$.
3 – Pela informação, dada por escrito, referente a registo lavrado no livro de protestos de títulos de crédito, por cada título – 1000$.»

E, por último, à Portaria n.º 474/98, de 04.08 que fixou a participação emolumentar mínima do notário e dos oficiais dos cartórios privativos do protesto de letras:

"1.º Ao notário e aos oficiais dos cartórios privativos do protesto de letras fica assegurada, como mínimo, uma participação emolumentar calculada sobre uma receita mensal líquida de 20 000 contos.
2.º São revogados os n.os 5.º da Portaria n.º 669/90, de 14 de Agosto, e 3.º da Portaria n.º 670/90, da mesma data, no que se refere aos cartórios privativos do protesto de letras.
3.º A presente portaria entra em vigor no 1.º dia do mês seguinte ao da sua publicação".

Art. 41.º (Moeda de pagamento)

Se numa letra se estipular o pagamento em moeda que não tenha curso legal no lugar do pagamento, pode a sua importância ser paga na moeda do país, segundo o seu valor no dia do vencimento. Se o devedor está em atraso, o portador pode, à sua escolha, pedir que o pagamento da importância da letra seja feito na moeda do país ao câmbio do dia do vencimento ou ao câmbio do dia do pagamento.

A determinação do valor da moeda estrangeira será feita segundo os usos do lugar de pagamento. O sacador pode, todavia, estipular que a soma a pagar seja calculada segundo um câmbio fixado na letra.

As regras acima indicadas não se aplicam ao caso em que o sacador tenha estipulado que o pagamento deverá ser efectuado numa certa moeda especificada (cláusula de pagamento efectivo numa moeda estrangeira).

Se a importância da letra for indicada numa moeda que tenha a mesma denominação mas valor diferente no país de emissão e no de pagamento, presume-se que se fez referência à moeda do lugar de pagamento.

Art. 42.º (Consignação em depósito)

Se a letra não for apresentada a pagamento dentro do prazo fixado no artigo 38.º, qualquer devedor tem a faculdade de depositar a sua importância junto da autoridade competente, à custa do portador e sob a responsabilidade deste.

CAPÍTULO VII – **Da acção por falta de aceite e falta de pagamento**

Art. 43.º (Direitos de acção do portador)

O portador de uma letra pode exercer os seus direitos de acção contra os endossantes, sacador e outros co-obrigados:
No vencimento:
Se o pagamento não foi efectuado.
Mesmo antes do vencimento:
1.º Se houver recusa total ou parcial de aceite;
2.º Nos casos de falência do sacado, quer ele tenha aceite, quer não, de suspensão de pagamentos do mesmo, ainda que não constatada por sentença, ou de ter sido promovida, sem resultado, execução dos seus bens;
3.º Nos casos de falência do sacador de uma letra não aceitável.

JURISPRUDÊNCIA:

A – Letras

I – A posse da letra de câmbio é condição indispensável ao exercício do direito nela mencionado.
II – A fotocópia de uma letra, ainda que autenticada, não tem incorporada, como a própria letra, a obrigação cambiária.

Art. 43.º   Lei Uniforme sobre Letras e Livranças   51

III – O facto de alguém ser portador legítimo de uma letra deve traduzir-se pelo uso da própria letra, apresentando-a à execução.

IV – Não pode servir de fundamento à execução a fotocópia autenticada de uma letra, salvo ocorrência de caso de força maior, que torne impossível ao exequente o uso do original da letra.

(Ac. R.P., de 15.06.98, in *CJ, Ano XXIII, T. III, p. 194).*

O portador de uma letra não pode instaurar execução mediante a junção de uma simples certidão daquele título.

(Ac. R.P., de 04.12.95, in *BMJ, 452, p. 489).*

Só o original da letra pode ser accionado ou executado, e não uma sua cópia, autenticada ou não.

(Ac. R.L., de 10.11.94, in *BMJ, 441, p. 388).*

I – As cópias de letra de câmbio, mesmo autenticadas, não podem, legalmente, servir de fundamento à execução.

II – No caso de existência de cópias a que se referem os artigos 67.º e 68.º da Lei Uniforme, só o portador do original, e não também o portador da cópia, pode reclamar o pagamento.

III – A posse da letra é condição indispensável ao exercício do direito nela mencionado e, por isso, os exequentes para efectivarem o seu direito cambiário carecem de estar na posse da respectiva letra, não bastando a sua fotocópia, ainda que certificada pelo notário, pois que a fotocópia não tem incorporada, como a letra, a obrigação cambiária.

IV – Os exequentes asseguram a legitimidade das partes na acção, desde que eles próprios se identifiquem como titulares do direito subjectivo ao pagamento da quantia exequenda.

(Ac. S.T.J., de 10.11.93, in *BMJ, 431, p. 495).*

I – É princípio geral de direito cambiário o de que a posse da letra é condição indispensável ao exercício do direito nela mencionado e, por isso, o exequente para efectivar o direito cambiário deve estar de posse da letra, não bastando a sua fotocópia, ainda que certificada por notário.

II – Os exequentes, marido e mulher, asseguram a legitimidade das partes na acção executiva desde que se identifiquem como titulares do direito subjectivo ao pagamento da quantia pedida.

(Ac. S.T.J., de 10.11.93, in CJ, Ano I, T. III, p. 127).

B – Livranças (Ex vi art. 77.º)

O portador de uma livrança não pode exercer os seus direitos de acção com a simples certidão ou fotocópia certificada da livrança.

(Ac. R.P., de 12.10.95, in BMJ, 450, p. 561).

A perda do direito de acção por falta de protesto, integra excepção peremptória de que o Tribunal não pode conhecer oficiosamente.

(Ac. R.E., de 09.12.93, in BMJ, 432, p. 451).

Art. 44.º (Protesto por falta de aceite ou de pagamento)

A recusa de aceite ou de pagamento deve ser comprovada por um acto formal (protesto por falta de aceite ou falta de pagamento).

O protesto por falta de aceite deve ser feito nos prazos fixados para a apresentação ao aceite. Se, no caso previsto na alínea 1.ª do artigo 24.º, a primeira apresentação da letra tiver sido feita no último dia do prazo, pode fazer-se ainda o protesto no dia seguinte.

O protesto por falta de pagamento de uma letra pagável em dia fixo ou a certo termo de data ou de vista deve ser feito num dos dois dias úteis seguintes àquele em que a letra é pagável. Se se trata de uma letra pagável à vista, o protesto deve ser feito nas condições indicadas na alínea precedente para o protesto por falta de aceite.

O protesto por falta de aceite dispensa a apresentação a pagamento e o protesto por falta de pagamento.

No caso de suspensão de pagamentos do sacado, quer seja aceitante, quer não, ou no caso de lhe ter sido promovida, sem resultado, execução dos bens, o portador da letra só pode exercer o seu direito de acção após a apresentação da mesma ao sacado para pagamento e depois de feito o protesto.

Art. 44.º **Lei Uniforme sobre Letras e Livranças** 53

No caso de falência declarada do sacado, quer seja aceitante, quer não, bem como no caso de falência declarada do sacador de uma letra não aceitável, a apresentação da sentença de declaração de falência é suficiente para que o portador da letra possa exercer o seu direito de acção.

JURISPRUDÊNCIA:

A – Letras

I – A recusa do pagamento de letra deve ser acompanhada por um acto formal e autêntico – protesto por falta de pagamento – que é não só um meio de prova, mas também um acto conservatório indispensável.

II – A falta de protesto atempado conduz à perda ou extinção da acção de regresso do portador, a menos que este esteja dispensado de o fazer, seja por motivo voluntário, seja por razão legal.

III – A falta de protesto, quando exigível, integra uma excepção peremptória, que, por se referir a direitos disponíveis, só pode operar desde que expressamente invocada pelo devedor cambiário.

IV – Na medida em que essa excepção não pode ser conhecida oficiosamente pelo tribunal, a petição executiva nunca pode ser liminarmente indeferida com fundamento na falta de protesto da letra.

(Ac. S.T.J., de 04.12.96, in CJ, Ano IV, T. III, p. 124).

I – O prazo de dois dias para protesto por falta de pagamento das letras pagáveis em dia fixo só se inicia depois de decorridos os três dias em que estes títulos são pagáveis.

II – É constitucional o diferimento do termo do prazo de protesto consignado no art. 133.º n.º 3 do Cód. do Notariado (onde se prolonga por mais um dia o prazo fixado no art. 44.º da L.U.L.L.).

(Ac. R.L., de 06.10.94, in CJ, Ano XIX, T. V, p. 100).

B – Livranças (Ex vi art. 77.º)

O portador de livrança não carece de a submeter a protesto por falta de pagamento para exercer os seus direitos de acção relativamente ao avalista do subscritor.

(Ac. R.L., de 09.11.95, in BMJ, 451, p. 494).

Não é necessário o protesto da livrança por falta de pagamento para accionar o avalista do subscritor.

(Ac. R.P., de 19.05.94, in BMJ, 437, p. 586).

I – Para o exercício da acção cambiária contra o obrigado principal – o aceitante – é desnecessário o protesto, bastando a apresentação do título a pagamento, na data do vencimento.
II – A expressão «outras despesas», constante do artigo 48.º, n.º 3, da Lei Uniforme sobre Letras e Livranças, não compreende o pagamento de honorários do mandatário.

(Ac. R.P., de 09.05.94, in BMJ, 437, p. 574).

É desnecessário, relativamente ao avalista subscritor da livrança, o protesto por falta de pagamento.

(Ac. R.C., de 14.12.93, in BMJ, 432, p. 440).

O protesto por falta de pagamento de uma livrança não é necessário para accionar o avalista do aceitante.

(Ac. S.T.J., de 07.01.93, in BMJ, 423, p. 554).

V. ainda *Ac. R.L., de 23.05.96,* in *BMJ, 457, p. 434* (em anotação ao art. 32.º), inserido a pág. 39.

Art. 45.º (Aviso da falta de aceite ou de pagamento)

O portador deve avisar da falta de aceite ou de pagamento o seu endossante e o sacador dentro dos quatro dias úteis que se seguirem ao dia do protesto ou da apresentação, no caso de a letra conter a cláusula «sem despesas». Cada um dos endossantes deve, por sua vez, dentro dos dois dias úteis que se seguirem ao da recepção do aviso, informar o seu endossante do aviso que recebeu, indicando os nomes e endereços dos que enviaram os avisos precedentes, e assim sucessivamente até se chegar ao sacador. Os prazos acima indicados contam-se a partir da recepção do aviso precedente.

Quando, em conformidade com o disposto na alínea anterior, se avisou um signatário da letra, deve avisar-se também o seu avalista dentro do mesmo prazo de tempo.

No caso de um endossante não ter indicado o seu endereço, ou de o ter feito de maneira ilegível, basta que o aviso seja enviado ao endossante que o precede.

A pessoa que tenha de enviar um aviso pode fazê-lo por qualquer forma, mesmo pela simples devolução da letra.

Essa pessoa deverá provar que o aviso foi enviado dentro do prazo prescrito. O prazo considerar-se-á como tendo sido observado desde que a carta contendo o aviso tenha sido posta no correio dentro dele.

A pessoa que não der o aviso dentro do prazo acima indicado não perde os seus direitos; será responsável pelo prejuízo, se o houver, motivado pela sua negligência, sem que a responsabilidade possa exceder a importância da letra.

Art. 46.º (Cláusula que dispensa o protesto)

O sacador, um endossante ou um avalista pode, pela cláusula «sem despesas», «sem protesto», ou outra cláusula equivalente, dispensar o portador de fazer um protesto por falta de aceite ou falta de pagamento, para poder exercer os seus direitos de acção.

Essa cláusula não dispensa o portador da apresentação da letra dentro do prazo prescrito nem tão-pouco dos avisos a dar. A prova da inobservância do prazo incumbe àquele que dela se prevaleça contra o portador.

Se a cláusula foi escrita pelo sacador, produz os seus efeitos em relação a todos os signatários da letra; se for inserida por um endossante ou por um avalista, só produz efeito em relação a esse endossante ou avalista. Se, apesar da cláusula escrita pelo sacador, o portador faz o protesto, as respectivas despesas serão de conta dele. Quando a cláusula emanar de um endossante ou de um avalista, as despesas do protesto, se for feito, podem ser cobradas de todos os signatários da letra.

Art. 47.º (Responsabilidade solidária dos signatários)

Os sacadores, aceitantes, endossantes ou avalistas de uma letra são todos solidariamente responsáveis para com o portador.

O portador tem o direito de accionar todas estas pessoas, individualmente ou colectivamente, sem estar adstrito a observar a ordem por que elas se obrigaram.

O mesmo direito possui qualquer dos signatários de uma letra quando a tenha pago.

56   *Regime Jurídico dos Títulos de Crédito*   *Art. 48.º*

A acção intentada contra um dos co-obrigados não impede de accionar os outros, mesmo os posteriores àquele que foi accionado em primeiro lugar.

JURISPRUDÊNCIA:

(Ex vi art. 77.º):

I – A responsabilidade do avalista não é subsidiária da do avalizado, é antes uma responsabilidade solidária, nos termos do artigo 47.º da Lei Uniforme sobre Letras e Livranças.

II – O dador do aval não pode valer-se perante o portador da livrança da defesa que compete ao avalizado e, portanto, não pode opor àquele a relação subjacente existente entre o mutuante, portador da livrança, e o mutuário, que a subscreveu.

(Ac. R.L., de 06.04.95, in BMJ, 446, p. 342).

Art. 48.º (Direitos do portador contra o demandado)

O portador pode reclamar daquele contra quem exerce o seu direito de acção:

1.º O pagamento da letra não aceite ou não paga, com juros se assim foi estipulado;

2.º Os juros à taxa de 6 por cento desde a data do vencimento.

3.º As despesas do protesto, as dos avisos dados e as outras despesas.

Se a acção for interposta antes do vencimento da letra, a sua importância será reduzida de um desconto. Esse desconto será calculado de acordo com a taxa oficial de desconto (taxa do Banco) em vigor no lugar do domicílio do portador à data da acção.

JURISPRUDÊNCIA:

A – Letras

O assento n.º 4/92 não se aplica às letras de câmbio emitidas em França para serem pagas em Portugal, relativamente às quais vigorar,

Art. 49.º   *Lei Uniforme sobre Letras e Livranças*   **57**

nos termos do artigo 48.º, n.º 2, da Lei Uniforme sobre Letras e Livranças, a taxa de juro de 6% ao ano.

(Ac. R.P., de 07.10.96, in BMJ, 460, p. 808).

A taxa de 6% a que aludia o n.º 2 do artigo 48.º da Lei Uniforme sobre Letras e Livranças foi substituída, nos termos consagrados no assento n.º 4/92, pela taxa de juros legais emergente do artigo 559.º do Código Civil, e não pelos juros moratórios especiais a que se refere o § 3.º do artigo 102.º do Código Comercial.

(Ac. R.L., de 22.06.95, in BMJ, 448, p. 423).

B – Livranças (Ex vi art. 77.º)

O imposto de selo que incide sobre os juros de mora do capital das letras e livranças está abrangido nas «outras despesas» indicadas no n.º 3 do art. 48.º da Lei Uniforme.

(Ac. R.C., de 29.11.94, in CJ, Ano XIX, T. V, p. 55).

I – Numa execução, tendo por base uma livrança, não podem ser pedidos os juros remuneratórios do contrato de financiamento, que justificou a emissão da livrança.

II – Mas já pode ser pedido o montante do imposto de selo que incide sobre os juros dessa livrança.

(Ac. R.L., de 17.03.94, in CJ, Ano XIX, T. II, p. 89).

Nas letras e livranças emitidas e pagáveis em Portugal é aplicável, em cada momento, aos juros moratórios a taxa que decorre do disposto no artigo 4.º do Decreto-Lei n.º 262/83, de 16 de Junho, e não a prevista nos n.os 2 dos artigos 48.º e 49.º da Lei Uniforme sobre Letras e Livranças.

(Assento S.T.J., n.º 4/92, de 17.12, in DR n.º 290, I-A, p. 5819 (13.07.92) e BMJ, 419, p. 75).

Art. 49.º (Direitos de quem pagou)

A pessoa que pagou uma letra pode reclamar dos seus garantes:

1.º A soma integral que pagou;

2.º Os juros da dita soma, calculados à taxa de 6 por cento, desde a data em que a pagou;
3.º As despesas que tiver feito.

JURISPRUDÊNCIA:

I – Em princípio,os juros de mora das obrigações cambiárias são os juros legais previstos no artigo 559.º do Código Civil e portaria para que remete, por força do artigo 4.º do Decreto-Lei n.º 262/83.

II – Todavia, e se do próprio título – letra – constar que ela provém de uma relação mercantil – fornecimento de mercadorias da sacadora ao aceitante, com menção das respectivas facturas – nada obsta a que na respectiva execução e sendo a sacadora uma empresa comercial, peça ela os juros de mora supletivos a que alude o artigo 102.º, § 3.º, do Código Comercial, atinentes à obrigação subjacente.

(Ac. R.C., de 07.07.98, in BMJ, 479, p. 725).

I – A taxa de juros moratórios aplicável numa letra emitida num país e pagável noutro, ambos signatários da Convenção de Genebra de 7 de Junho de 1930, que aprovou a Lei Uniforme sobre Letras e Livranças, é a de 6% prevista no artigo 49.º, n.º 2, da Lei Uniforme.

II – Tendo sido pedidos na acção executiva juros moratórios de acordo com o artigo 4.º do Decreto-Lei n.º 262/83, de 16 de Junho, verifica-se ineptidão do requerimento inicial a qual, todavia, apenas tem como consequência a rejeição do pedido de juros, na parte excedente à taxa a que a letra de câmbio exequenda dá legalmente direito.

(Ac. R.P., de 04.07.95, in BMJ, 449, p. 441).

Art. 50.º (Direito à entrega da letra. Eliminação de endossos)

Qualquer dos co-obrigados, contra o qual se intentou ou pode ser intentada uma acção, pode exigir, desde que pague a letra, que ela lhe seja entregue com o protesto e um recibo.

Qualquer dos endossantes que tenha pago uma letra pode riscar o seu endosso e os dos endossantes subsequentes.

JURISPRUDÊNCIA:

I – Se o Banco onde uma letra foi objecto de desconto não restituir a letra ao sacador que a veio a pagar, por incumprimento do aceitante, e, por lapso, a envia antes a este último, deve indemnizar o primeiro pelo prejuízo causado.

II – O prejuízo a ressarcir equivale ao montante titulado pela letra, independentemente daquele sacador poder demonstrar, ou não, que em consequência da perda da letra ficou irremediavelmente impedido de obter o pagamento a que tinha direito por força da relação subjacente.

(Ac. R.C., de 02.11.99, in CJ, A. XXIV, T. IV, p. 55).

I – A restituição do título cam-biário e a sua posse pelo devedor faz presumir o cumprimento, pelo que cabe à parte contrária provar o não pagamento.

II – O recibo ou quitação não representa a única forma legal de prova de pagamento de letra.

(Ac. R.P., de 09.05.96, in CJ, Ano XXI, T. III, p. 195).

Art. 51.º (Pagamento total no caso de aceite parcial)

No caso de acção intentada depois de um aceite parcial, a pessoa que pagar a importância pela qual a letra não foi aceite pode exigir que esse pagamento seja mencionado na letra e que dele lhe seja dada quitação. O portador deve, além disso, entregar a essa pessoa uma cópia autêntica da letra e o protesto, de maneira a permitir o exercício de ulteriores direitos de acção.

Art. 52.º (Direito de ressaque)

Qualquer pessoa que goze do direito de acção pode, salvo estipulação em contrário, embolsar-se por meio de uma nova letra (ressaque) à vista, sacada sobre um dos co-obrigados e pagável no domicílio deste.

O ressaque inclui, além das importâncias indicadas nos artigos 48.º e 49.º, um direito de corretagem e a importância do selo do ressaque.

Se o ressaque é sacado pelo portador, a sua importância é fixada segundo a taxa para uma letra à vista, sacada do lugar onde a primitiva

60   *Regime Jurídico dos Títulos de Crédito*   *Art. 54.º*

letra era pagável sobre o lugar do domicílio do co-obrigado. Se o ressaque é sacado por um endossante, a sua importância é fixada segundo a taxa para uma letra à vista, sacada do lugar onde o sacador do ressaque tem o seu domicílio sobre o lugar do domicílio do co-obrigado.

Art. 53.º (Extinção do direito de acção)

Depois de expirados os prazos fixados:
para a apresentação de uma letra à vista ou a certo termo de vista;
para se fazer o protesto por falta de aceite ou por falta de pagamento;
para a apresentação a pagamento no caso da cláusula «sem despesas»;
o portador perdeu os seus direitos de acção contra os endossantes, contra o sacador e contra os outros co-obrigados, à excepção do aceitante.

Na falta de apresentação ao aceite no prazo estipulado pelo sacador, o portador perdeu os seus direitos de acção, tanto por falta de pagamento como por falta de aceite, a não ser que dos termos da estipulação se conclua que o sacador apenas teve em vista exonerar-se da garantia do aceite.

Se a estipulação de um prazo para a apresentação constar de um endosso, somente aproveita ao respectivo endossante.

Art. 54.º (Prorrogação dos prazos por motivo de força maior)

Quando a apresentação da letra ou o seu protesto não puder fazer-se dentro dos prazos indicados por motivo insuperável (prescrição legal declarada por um Estado qualquer ou outro caso de força maior), esses prazos serão prorrogados.

O portador deverá avisar imediatamente o seu endossante do caso de força maior e fazer menção desse aviso, datada e assinada, na letra ou numa folha anexa; para o demais são aplicáveis as disposições do artigo 45.º.

Desde que tenha cessado o caso de força maior, o portador deve apresentar sem demora a letra ao aceite ou a pagamento, e, caso haja motivo para tal, fazer o protesto.

Se o caso de força maior se prolongar além de trinta dias a contar da data do vencimento, podem promover-se acções sem que haja necessidade de apresentação ou protesto.

Para as letras à vista ou a certo termo de vista, o prazo de trinta dias conta-se da data em que o portador, mesmo antes de expirado o prazo para a apresentação, deu o aviso do caso de força maior ao seu endossante; para as letras a certo termo de vista, o prazo de trinta dias fica acrescido do prazo de vista indicado na letra.

Não são considerados casos de força maior os factos que sejam de interesse puramente pessoal do portador ou da pessoa por ele encarregada da apresentação da letra ou de fazer o protesto.

CAPÍTULO VIII – Da intervenção

1. — Disposições gerais

Art. 55.º (Modalidades da intervenção)

O sacador, um endossante ou um avalista podem indicar uma pessoa para em caso de necessidade aceitar ou pagar.

A letra pode, nas condições a seguir indicadas, ser aceita ou paga por uma pessoa intervindo por um devedor qualquer contra quem existe direito de acção.

O interveniente pode ser um terceiro, ou mesmo o sacado, ou uma pessoa já obrigada em virtude da letra, excepto o aceitante.

O interveniente é obrigado a participar, no prazo de dois dias úteis, a sua intervenção à pessoa por quem interveio. Em caso de inobservância deste prazo, o interveniente é responsável pelo prejuízo, se o houver, resultante da sua negligência, sem que as perdas e danos possam exceder a importância da letra.

2. — Aceite por intervenção

Art. 56.º (Admissibilidade e efeitos do aceite por intervenção)

O aceite por intervenção pode realizar-se em todos os casos em que o portador de uma letra aceitável tem direito de acção antes do vencimento.

Quando na letra se indica uma pessoa para em caso de necessidade a aceitar ou a pagar no lugar do pagamento, o portador não pode exercer o seu direito de acção antes do vencimento contra aquele que indicou essa pessoa e contra os signatários subsequentes, a não ser que tenha apresentado a letra à pessoa designada e que, tendo esta recusado o aceite, se tenha feito o protesto.

Nos outros casos de intervenção, o portador pode recusar o aceite por intervenção. Se, porém, o admitir, perde o direito de acção antes do vencimento contra aquele por quem a aceitação foi dada e contra os signatários subsequentes.

Art. 57.º (Forma do aceite por intervenção)

O aceite por intervenção será mencionado na letra e assinado pelo interveniente. Deverá indicar por honra de quem se fez a intervenção; na falta desta indicação, presume-se que interveio pelo sacador.

Art. 58.º (Responsabilidade do aceitante por intervenção)

O aceitante por intervenção fica obrigado para com o portador e para com os endossantes posteriores àquele por honra de quem interveio da mesma forma que este.

Não obstante o aceite por intervenção, aquele por honra de quem ele foi feito e os seus garantes podem exigir do portador, contra o pagamento da importância indicada no artigo 48.º, a entrega da letra, do instrumento do protesto e, havendo lugar, de uma conta com a respectiva quitação.

3. — Pagamento por intervenção

Art. 59.º (Admissibilidade do pagamento por intervenção)

O pagamento por intervenção pode realizar-se em todos os casos em que o portador de uma letra tem direito de acção à data do vencimento ou antes dessa data.

O pagamento deve abranger a totalidade da importância que teria a pagar aquele por honra de quem a intervenção se realizou.

O pagamento deve ser feito o mais tardar no dia seguinte ao último em que é permitido fazer o protesto por falta de pagamento.

Art. 60.º (Apresentação aos intervenientes e protesto)

Se a letra foi aceita por intervenientes tendo o seu domicílio no lugar do pagamento, ou se foram indicadas pessoas tendo o seu domicílio no mesmo lugar para, em caso de necessidade, pagarem a letra, o portador deve apresentá-la a todas essas pessoas e, se houver lugar, fazer o protesto por falta de pagamento o mais tardar no dia seguinte ao último em que era permitido fazer o protesto.

Na falta de protesto dentro deste prazo, aquele que tiver indicado pessoas para pagarem em caso de necessidade, ou por conta de quem a letra tiver sido aceita, bem como os endossantes posteriores, ficam desonerados.

Art. 61.º (Efeito da recusa do pagamento por intervenção)

O portador que recusar o pagamento por intervenção perde o seu direito de acção contra aqueles que teriam ficado desonerados.

Art. 62.º (Prova do pagamento por intervenção)

O pagamento por intervenção deve ficar constatado por um recibo passado na letra, contendo a indicação da pessoa por honra de quem foi feito. Na falta desta indicação presume-se que o pagamento foi feito por honra do sacador.

A letra e o instrumento do protesto, se o houve, devem ser entregues à pessoa que pagou por intervenção.

Art. 63.º (Direito do interveniente que paga. Preferência entre os intervenientes)

O que paga por intervenção fica sub-rogado nos direitos emergentes da letra contra aquele por honra de quem pagou e contra os que são obrigados para com este em virtude da letra. Não pode, todavia, endossar de novo a letra.

Os endossantes posteriores ao signatário por honra de quem foi feito o pagamento ficam desonerados.

Quando se apresentarem várias pessoas para pagar uma letra por intervenção, será preferida aquela que desonerar maior número de obrigados. Aquele que, com conhecimento de causa, intervier contrariamente a esta regra, perde os seus direitos de acção contra os que teriam sido desonerados.

CAPÍTULO IX – **Da pluralidade de exemplares e das cópias**

1. — Pluralidade de exemplares

Art. 64.º (Saque por várias vias)

A letra pode ser sacada por várias vias.

Essas vias devem ser numeradas no próprio texto, na falta do que, cada via será considerada como uma letra distinta.

O portador de uma letra que não contenha a indicação de ter sido sacada numa única via pode exigir à sua custa a entrega de várias vias. Para este efeito o portador deve dirigir-se ao seu endossante imediato, para que este o auxilie a proceder contra o seu próprio endossante e assim sucessivamente até se chegar ao sacador. Os endossantes são obrigados a reproduzir os endossos nas novas vias.

Art. 65.º (Efeito do pagamento de uma das vias)

O pagamento de uma das vias é liberatório, mesmo que não esteja estipulado que esse pagamento anula o efeito das outras. O sacado fica, porém, responsável por cada uma das vias que tenham o seu aceite e lhe não hajam sido restituídas.

O endossante que transferiu vias da mesma letra a várias pessoas e os endossantes subsequentes são responsáveis por todas as vias que contenham as suas assinaturas e que não hajam sido restituídas.

Art. 66.º (Consequências do envio ao aceite de uma das vias)

Aquele que enviar ao aceite uma das vias da letra deve indicar nas outras o nome da pessoa em cujas mãos aquela se encontra. Essa pessoa é obrigada a entregar essa via ao portador legítimo doutro exemplar.

Se se recusar a fazê-lo, o portador só pode exercer o seu direito de acção depois de ter feito constatar por um protesto:

1. Que a via enviada ao aceite lhe não foi restituída a seu pedido;
2. Que não foi possível conseguir o aceite ou o pagamento de uma outra via.

2. — *Cópias*

Art. 67.º (Direito de obtenção de cópias)

O portador de uma letra tem o direito de tirar cópias dela.

A cópia deve reproduzir exactamente o original, com os endossos e todas as outras menções que nela figurem. Deve mencionar onde acaba a cópia.

A cópia pode ser endossada e avalizada da mesma maneira e produzindo os mesmos efeitos que o original.

V. *Acórdão R.P. de 15.06.98*, in *CJ, Ano XXIII, T. III, p. 194* (em anotação ao art. 43.º), inserido a págs. 34; e *Acórdão da R.P., de 04.12.95*, in *BMJ, 452, p. 489* (em anotação ao art. 43.º), inserido a págs. 34.

Art. 68.º (Requisitos das cópias)

A cópia deve indicar a pessoa em cuja posse se encontra o título original. Esta é obrigada a remeter o dito título ao portador legítimo da cópia.

Se se recusar a fazê-lo, o portador só pode exercer o seu direito de acção contra as pessoas que tenham endossado ou avalizado a cópia, depois de ter feito constatar por um protesto que o original lhe não foi entregue a seu pedido.

Se o título original, em seguida ao último endosso feito antes de tirada a cópia, contiver a cláusula: «daqui em diante só é válido o endosso na cópia» ou qualquer outra fórmula equivalente, é nulo qualquer endosso assinado ulteriormente no original.

CAPÍTULO X – Das alterações

Art. 69.º (Efeitos da alteração do texto da letra)

No caso de alteração do texto de uma letra, os signatários posteriores a essa alteração ficam obrigados nos termos do texto alterado; os signatários anteriores são obrigados nos termos do texto original.

CAPÍTULO XI – Da prescrição

Art. 70.º (Prazos de prescrição)

Todas as acções contra o aceitante relativas a letras prescrevem em três anos a contar do seu vencimento.

As acções do portador contra os endossantes e contra o sacador prescrevem num ano, a contar da data do protesto feito em tempo útil, ou da data do vencimento, se se trata de letra contendo a cláusula «sem despesas».

As acções dos endossantes uns contra os outros e contra o sacador prescrevem em seis meses a contar do dia em que o endossante pagou a letra ou em que ele próprio foi accionado.

NOTA:

Para a necessária conjugação com o preceituado na lei adjectiva, transcreve-se de seguida o art. 46.º do C.P.C. (Espécies de títulos executivos):

"À execução apenas podem servir de base:

a) As sentenças condenatórias;

b) Os documentos exarados ou autenticados por notário que importem constituição ou reconhecimento de qualquer obrigação;

c) Os documentos particulares, assinados pelo devedor, que importem constituição ou reconhecimento de obrigações pecuniárias, cujo montante seja determinado ou determinável nos termos do artigo 805.º, ou de obrigação de entrega de coisas móveis ou de prestação de facto;

d) Os documentos a que, por disposição especial, seja atribuída força executiva."

JURISPRUDÊNCIA:

Tendo a execução por base não a livrança mas sim a escritura da constituição de hipoteca, sendo esta, por conseguinte, o título executivo, não é invocável a prescrição para o direito de acção com base em livrança vencida e não paga.

(Ac. STJ, de 04.05.99, in BMJ, 487, p. 237).

No caso de as letras, invocadas como título executivo, estipularem o pagamento em dólares americanos, e não tiver sido afastada expressamente a possibilidade de o devedor pagar em moeda nacional, a forma de processo executivo própria é a execução para pagamento de quantia certa.

(Ac. R.P., de 22.02.99, in BMJ, 484, p. 440).

É admissível a instauração de execução para pagamento de quantia certa, com base em fotocópia autenticada de letra de câmbio, extraída de execução pendente contra outro devedor, conforme aos artigos 387.º, n.º 1, do Código Civil e 67.º a Lei Uniforme sobre Letras, Livranças e Cheques.

(Ac. STJ, de 15.12.98, in BMJ, 482, p. 181).

Os modelos normalizados de livranças criados pelas portarias emandas em execução do artigo 118.º do Regulamento do Imposto do Selo – na redacção do artigo 1.º do Decreto-Lei n.º 387-G/87, de 30 de Dezembro – não revestem a natureza de requisito essencial nos termos e para os efeitos dos artigos 75.º e 76.º da Lei Uniforme sobre Letras e Livranças.
Não deixa, pois, de valer como livrança e de constituir o título executivo tipificado no artigo 46.º, alínea c), do Código de Processo Civil, pelo facto de haver sido exarado em impresso de letras, um escrito provido de todos os requisitos enunciados no citado artigo 75.º.

(Ac. STJ, de 03.12.98, in BMJ, 482, p. 250).

I – Embora a fotocópia autenticada de uma letra de câmbio tenha a força probatória do original, tal cópia não pode, em princípio, servir de título executivo, por a posse da letra ser condição indispensável do exercício do direito nela mencionado.

II – Todavia, nos casos excepcionais em que se prove ser impossível a utilização do original, deve considerar-se a existência de caso de força maior justificativo do uso da fotocópia autenticada.

(Ac. R.P., de 15.06.98, in BMJ, 478, p. 453).

I – Dada à execução uma letra e alegada pelo executado e verificada a sua prescrição,não mais pode ter força executiva como «letra».

II – Pode, porém, servir ainda de título executivo como documento particular assinado pelo devedor se do título constar a causa da relação jurídica subjacente.

(Ac. R.P., de 02.06.98, in BMJ, 478, p. 459).

A acção do avalista contra o avalizado (subscritor da livrança) prescreve no prazo de 3 anos.

(Ex vi art. 77.º)
(Ac. R.C., de 21.02.95, in BMJ, 444, p. 719).

I – A letra não vale como título executivo relativamente à pessoa cujo nome nela não figura nem nela teve qualquer intervenção.

II – Instaurada execução contra o avalista e o cônjuge não subscritor do título, procedem os embargos de executado deduzidos por este último, ainda que o regime de bens seja o da comunhão geral.

(Ac. R.P., de 18.12.95, in BMJ, 452, p. 490).

I – Para que as letras de câmbio revistam força de título executivo, exige-se que retenham as condições mínimas estabelecidas na alínea c) última parte do artigo 46.º do Código de Processo Civil para a exequibilidade dos escritos particulares inominados, ou seja, que demonstrem uma obrigação de pagamento e estejam assinados pelo devedor.

II – A falta de algum deste requisitos, mormente a falta de assinatura do pretenso devedor, inutiliza fatalmente a letra como título executivo, tornando-a inexequível, que conduz ao indeferimento *in limine* do respectivo requerimento inicial. E que constitui também fundamento legal de embargos nos termos dos artigos 813.º, alínea a), e 815.º, n.º 1, do código citado.

(Ac. R.E., de 01.04.93, in BMJ, 426, p. 550).

Art. 71.º   *Lei Uniforme sobre Letras e Livranças*   69

As cópias ou fotocópias autenticadas das letras não podem servir de fundamento à execução.

(Ac. S.T.J., de 23.03.93, in CJ, Ano I, T. II, p. 27).

I – O disposto no art. 311.º, n.º 1 do Cód. Civil, pelo qual o direito reconhecido por sentença passada em julgado fica sujeito ao prazo ordinário de prescrição, é aplicável às obrigações cambiárias.

II – Esse prazo é invocável não só pelo portador da letra, autor da acção de condenação, como por um dos condenados naquela sentença, na acção de regresso exercida contra outro.

(Ac. S.T.J., de 02.02.93, in CJ, Ano I, T. I, p. 112).

V. ainda *Ac. STJ, de 07.07.99, in CJ, A. VII, T. III, p. 14* (em anotação ao art. 30.º LULL), a pág. 32; *Ac. STJ, de 27.04.99, in CJ, A. VII, T. II, p. 69* (em anotação ao art. 32.º LULL), a pág. 36, *Ac. R.P. de 27.01.98, in BMJ, 473, p. 563* (em anotação ao art. 2.º L.U.L.L.), inserida a págs. 11; *Ac. S.T.J. de 28.05.96, in BMJ, 457, p. 401* (em anotação ao art. 10.º L.U.L.L.), a págs. 14; *Ac. R.L. de 18.01.96, in CJ, Ano XXI, T. I, p. 98* (em anotação ao art. 1.º L.U.L.L.), inserido a págs. 10 e *Ac. R.L. de 03.06.93 in BMJ, 428, p. 668* (em anotação ao art. 34.º *ex vi* art. 76.º), a págs. 41.

Art. 71.º (Beneficiários da interrupção da prescrição)

A interrupção da prescrição só produz efeito em relação à pessoa para quem a interrupção foi feita.

JURISPRUDÊNCIA:

I – O processo de reforma de títulos tem como objectivo apenas a reconstituição dos mesmos.

II – Em tal processo não há que discutir a validade e eficácia do título.

III – Em processo de embargos de executado pode discutir-se a prescrição dos títulos reformados.

IV – Prescritos os títulos antes de instaurada a acção de reforma dos mesmos não há lugar a suspensão ou interrupção do prazo prescricional, já que tal prazo se havia esgotado.

(Ac. R.L., de 07.12.95, in CJ, Ano XX, T. V, p. 138).

70 *Regime Jurídico dos Títulos de Crédito* *Art. 72.º*

Por força do disposto no artigo 71.º da Lei Uniforme sobre Letras e Livranças, aplicável por via do seu artigo 78.º, a interrupção da prescrição da obrigação cambiária contra o subscritor de uma livrança não produz efeito em relação ao respectivo avalista.

(Assento S.T.J. n.º 5/95, de 28.03.95, in DR n.º 117/95, I-B, p. 3125, de 20.05.95; e in BMJ, 445, p. 52).

É aplicável ao avalista o disposto no artigo 71.º da Lei Uniforme (e, por isso, a interrupção de prescrição quanto ao subscritor da livrança não vale contra o respectivo avalista).

(Ac. R.C., de 28.09.93, in BMJ, 429, p. 897).

I – O prazo de prescrição das acções do portador da letra contra o sacador está sujeito ao instituto da interrupção, nos termos dos arts. 323.º e sgts. do C. Civil.

II – A interrupção só pode dar-se por facto que actue sobre o prazo em curso enquanto a renúncia só é admitida depois de haver decorrido o prazo prescricional.

III – Por isso, uma declaração não datada não tem eficácia interruptiva da prescrição já que, de outra forma, nunca seria possível afirmar que aquele prazo foi interrompido por aquele acto.

(Ac. R.C., de 12.01.93, in CJ, Ano XVIII, T. I, p. 21).

CAPÍTULO XII – Disposições gerais

Art. 72.º (Prorrogação de prazos que findam em dia feriado)

O pagamento de uma letra cujo vencimento recai em dia feriado legal só pode ser exigido no seguinte primeiro dia útil. Da mesma maneira, todos os actos respeitantes a letras, especialmente a apresentação ao aceite e o protesto, somente podem ser feitos em dia útil.

Quando um desses actos tem de ser realizado num determinado prazo, e o último dia desse prazo é feriado legal, fica o dito prazo prorrogado até ao primeiro dia útil que se seguir ao seu termo.

Art. 73.º (Contagem do prazo)

Os prazos legais ou convencionais não compreendem o dia que marca o seu início.

Art. 74.º (Inadmissibilidade de dias de perdão)

Não são admitidos dias de perdão, quer legal, quer judicial.

TÍTULO II – DA LIVRANÇA

Art. 75.º (Requisitos da livrança)

A livrança contém:
1. A palavra «livrança» inserta no próprio texto do título e expressa na língua empregada para a redacção desse título;
2. A promessa pura e simples de pagar uma quantia determinada;
3. A época do pagamento;
4. A indicação do lugar em que se deve efectuar o pagamento;
5. O nome da pessoa a quem ou à ordem de quem deve ser paga;
6. A indicação da data em que e do lugar onde a livrança é passada;
7. A assinatura de quem passa a livrança (subscritor).

JURISPRUDÊNCIA:

I – A livrança não perde o seu valor quando, composta por escrito de duas folhas, a assinatura do subscritor consta apenas na segunda (artigo 75.º da Lei Uniforme sobre Letras e Livranças).

II – Tal título, ainda que não respeite o modelo e o formato do impresso imposto nos termos do IRS e fixado pelas Portarias n.º 142/88, de 4 de Março, n.º 545/88, de 12 de Agosto, e n.º 233/89, de 27 de Março, não deixa de ser uma livrança, uma vez que reúne os requisitos essenciais previstos no artigo 75.º da Lei Uniforme sobre Letras e Livranças, não havendo qualquer razão para lhe recusar a qualidade de título executivo da dívida que nela está incorporada.

72 *Regime Jurídico dos Títulos de Crédito* Art. 75.º

Sucede isto porque aquele modelo e formato são meras formalidades de carácter fiscal inseridas no regime do imposto do selo.

(Ac. R.L., de 27.01.98 in BMJ, 473, p. 552).

I – Vale como livrança o título em que se diz: "Aos 30 dias de Junho de 1989 pagará V. Ex.ª por esta via de letra a nós ou à nossa ordem a quantia, aliás livrança, ao Banco P. Atlântico, ou à sua ordem a quantia de onze milhões de escudos".

II – A livrança é uma garantia autónoma, não podendo o avalista invocar em sua defesa os meios pessoais do avalizado, a não ser os que redundam em falta de causa do próprio título (v.g. o pagamento).

III – A falta de apresentação da livrança a pagamento não prejudica a acção contra o subscritor e avalista. Resulta apenas a exigibilidade de juros.

IV – Celebrado entre uma firma e o banco um contrato de abertura de crédito e caucionado o pagamento do montante a utilizar por uma livrança subscrita pela firma avalizada pelos sócios, com data de emissão a preencher pelo banco, a responsabilidade da avalista persiste não obstante deixarem de ser sócios.

(Sentença do Juiz do Tribunal de Círculo de Tomar, de 12.05.97, in CJ, Ano XXII, T. III, p. 299).

I – O modelo uniforme da livrança é de utilização obrigatória em Portugal.

II – Não contendo a L.U.L.L. qualquer preceito que regule a forma, modelo, impressão e cores que hão-de revestir o documento comprovativo da livrança isso só pode significar que não entendeu dever considerar tal questão como essencial; daí cada Estado contratante poderá determinar essas questões na sua legislação nacional.

III – Pelo que o Estado Português ao proceder a tal regulamentação não alterou as disposições da L.U.L.L., nem agiu de modo inconstitucional.

(Ac. R.L., de 23.04.96, in CJ, Ano XXI, T. II, p. 113).

I – A livrança é um título de crédito que incorpora uma promessa pura e simples de pagar uma quantia determinada, enquanto que a letra constitui um mandato puro e simples de pagar uma quantia determinada.

II – A livrança, enquanto negócio jurídico formal, deve ser interpretada nos termos dos artigos 236.º e 238.º do Código Civil, podendo

Art. 75.º — Lei Uniforme sobre Letras e Livranças — 73

nomeadamente, por força do n.º 2 deste último preceito, valer com um sentido que não tenha um mínimo de correspondência no respectivo texto, se ele corresponder à vontade real das partes e as razões determinantes da forma se não opuserem a tal validade.

III – É de considerar como livrança, nessa medida relevando como título executivo, o título, emitido no contexto dum contrato de empréstimo sob a forma de abertura de crédito em conta corrente, e constituído por um impresso privado para letra de câmbio, no qual as partes inseriram a expressão «aliás livrança», sem todavia, terem substituído a fórmula «pagará V. Ex.ª» por «pagarei a V. Ex.ª».

IV – O abuso de direito traduz-se numa situação em que o direito se exerce em termos claramente ofensivos da justiça ou quando, com esse exercício, se ofende claramente o sentimento jurídico dominante.

V – Não pode constituir abuso de direito a opção por uma das soluções possíveis duma questão controvertida.

(Ac. S.T.J., de 30.01.96, in BMJ, 453, p. 509).

I – A alteração da data de emissão de livrança, por declaração assinada pelo subscritor no verso do título, não afecta a validade deste e tem como única consequência a de os signatários anteriores à alteração serem obrigados nos termos do texto original.

II – Não é necessário protesto para o portador de livrança accionar o avalista do subscritor de uma livrança ou do aceitante de uma letra.

III – Tomar conhecimento de uma conduta (saber se ela ocorreu) ou consentir nela (dar-lhe anuência ou acordo) são puros actos de percepção e de declaração da vontade, que se integram na área da matéria de facto.

IV – A existência de prestação do consentimento ao cônjuge para assinar uma livrança é pura matéria de facto.

V – O disposto no artigo 1691.º, n.º 1, alínea a) do Código Civil aplica-se a dívidas de qualquer natureza, sendo irrelevantes as circunstâncias de a dívida ser ou não comercial ou de dela resultar ou não proveito para o casal, pelo que também a dívida de favor, designadamente a derivada de aval, está abrangida por essa disposição.

(Ac. S.T.J., de 23.03.93, in BMJ, 425, p. 573).
V. ainda *Ac. R.L., de 27.01.98, in CJ, Ano XXIII, T. I, p. 95* (em anotação ao art. 78.º), inserido a págs. 77.

Art. 76.º (Consequência da falta de requisitos)

O escrito em que faltar algum dos requisitos indicados no artigo anterior não produzirá efeito como livrança, salvo nos casos determinados nas alíneas seguintes.

A livrança em que se não indique a época do pagamento será considerada pagável à vista.

Na falta de indicação especial, o lugar onde o escrito foi passado considera-se como sendo o lugar do pagamento e, ao mesmo tempo, o lugar do domicílio do subscritor da livrança.

A livrança que não contenha indicação do lugar onde foi passada considera-se como tendo-o sido no lugar designado ao lado do nome do subscritor.

JURISPRUDÊNCIA:

I – A discriminação dos factos provados não pode ser feita por remissão para certo documento junto aos autos. Há que especificar e individualizar os factos, através da interpretação e fixação do sentido do conteúdo dos documentos. A apontada deficiência deve ser suprida pelo tribunal *ad quem*, nos termos do art. 713.º n.º 2 do C.P.C..

II – Relativamente a idêntica acção anterior, não se verifica na nova acção a excepção do caso julgado, se a primeira terminou por decisão de absolvição da instância e por isso não houve apreciação do mérito do pedido.

III – Ao intentar-se acção executiva com fundamento em livrança, onde não havia qualquer data de vencimento, aquela passou a ser verdadeira livrança paga à vista, nos termos do art. 76.º da Lei Uniforme.

IV – Devendo considerar-se como vencida a livrança executada em 26 de Junho de 1980 – (como resulta da primeira execução terminada por absolvição da instância) – é abusiva a aposição na mesma livrança da data de 28 de Janeiro de 1995.

V – Consequentemente e atento o prazo de um ano, findo o prazo da interdição – (art. 34.º *ex vi* do art. 77.º da Lei Uniforme) -, previsto na lei para accionar a livrança em causa, há muito se verificara a prescrição daquele prazo, pelo que, procedendo os embargos se verifica a extinção da execução.

(Ac. R.L., de 26.03.98, in CJ, Ano XXIII, T. II, p. 114).

Art. 76.º　　　*Lei Uniforme sobre Letras e Livranças*　　　75

Celebrado e reduzido a escrito um contrato de empréstimo entre o Estado Português e um particular, no âmbito do programa «Cifre», e subscrita pelo devedor uma livrança de montante igual à quantia mutuada, com a data de vencimento em branco – tratou-se de uma *«dação pro solvendo»* -, vence-se a mesma, nas relações imediatas, na data que o credor fixar ao abrigo do estipulado naquele contrato.

(Ac. R.L., de 07.07.93, in BMJ, 429, p. 864).

I – Celebrado um contrato de empréstimo, sob a forma de abertura de crédito, e subscrita em cumprimento do mesmo uma livrança de montante igual ao da quantia mutuada, com a data de vencimento em branco, não se deve concluir desde logo que esta é pagável à vista.

II – Ao invés:
– Porque se pretendeu garantir, por via executiva, como resulta do contrato, o que se mostrasse em dívida, espraiando-se a obrigação, vencível em prestações, por vários anos;
Porque no domínio das relações imediatas deixam de funcionar, nas obrigações cartulares, os princípios da literalidade, abstracção e autonomia; e
– Porque a livrança em que falta a indicação da época de pagamento só é pagável à vista se no contrato de preenchimento assim ficar convencionado (o que no caso não acontece), há-de entender-se que a mesma não tem aqui que ser apresentada a pagamento no prazo de uma ano, bem podendo tal acontecer depois quando o mutuante, por incumprimento das obrigações por parte do mutuário (obrigação fundamental), rescindir o contrato e fixar nessa altura a data do vencimento da livrança, o que foi comunicado por carta.

(Ac. R.L., de 24.06.93, in BMJ, 428, p. 662).

I – Uma coisa é a relação subjacente ou causal e outra a obrigação cambiária a que deu origem.

II – Atenta tal independência, o vencimento de uma livrança há-de determinar-se segundo os preceitos da respectiva Lei Uniforme.

III – Sendo o título omisso quanto à data de vencimento, há-de considerar-se livrança à vista, pagável à sua apresentação, momento a partir do qual começa a correr o prazo de prescrição de 3 anos relativamente ao seu subscritor.

(Ac. R.L., de 17.12.92, in BMJ, 422, p. 418).

76 *Regime Jurídico dos Títulos de Crédito* Art. 78.º

A livrança em que não se indica a época de pagamento será considerada pagável à vista, vencendo-se no próprio dia da apresentação a pagamento, segundo a vontade do portador.

(Ac. R.L., de 03.12.92, in BMJ, 422, p. 418).

Art. 77.º (Disposições aplicáveis)

São aplicáveis às livranças, na parte em que não sejam contrárias à natureza deste escrito, as disposições relativas às letras e respeitantes a:
Endosso (arts. 11.º a 20.º);
Vencimento (arts. 33.º a 37.º);
Pagamento (arts. 38.º a 42.º);
Direito de acção por falta de pagamento (arts. 43.º a 50.º e 52.º a 54.º);
Pagamento por intervenção (arts. 55.º e 59.º a 63.º);
Cópias (arts. 67.º e 68.º);
Alterações (art. 69.º);
Prescrição (arts. 70.º e 71.º);
Dias feriados, contagem de prazos e interdição de dias de perdão (arts. 72.º a 74.º)
São igualmente aplicáveis às livranças as disposições relativas às letras pagáveis no domicílio de terceiro ou numa localidade diversa da do domicílio do sacado (arts. 4.º e 27.º), a estipulação de juros (art. 5.º), as divergências nas indicações da quantia a pagar (art. 6.º), as consequências da oposição de uma assinatura nas condições indicadas no artigo 7.º, as da assinatura de uma pessoa que age sem poderes ou excedendo os seus poderes (art. 8.º) e a letra em branco (art. 10.º).
São também aplicáveis às livranças as disposições relativas ao aval (arts. 30.º a 32.º); no caso previsto na última alínea do artigo 31.º, se o aval não indicar a pessoa por quem é dado, entender-se-á ser pelo subscritor da livrança.

Art. 78.º (Responsabilidade do subscritor. Livranças a termo de vista)

O subscritor de uma livrança é responsável da mesma forma que o aceitante de uma letra.
As livranças pagáveis a certo termo de vista devem ser presentes ao visto dos subscritores nos prazos fixados no artigo 23.º. O termo de vista

Art. 78.º   *Lei Uniforme sobre Letras e Livranças*   77

conta-se da data do visto dado pelo subscritor. A recusa do subscritor a dar o seu visto é comprovada por um protesto (art. 25.º), cuja data serve de início ao termo de vista.

JURISPRUDÊNCIA:

  I – Emitida em Portugal uma livrança em que o subscritor designa como aplicável a lei alemã, não funciona o reenvio que esta determina para a lei portuguesa.

  II – Intentada a execução em Portugal, é pela lei portuguesa que se afere a exequibilidade do título.

  III – Constando o título de duas folhas, a assinatura do subscritor não tem que constar também da primeira.

  IV – É de conhecimento oficioso a questão da verificação dos requisitos formais do título.

  V – As exigências de forma constantes da regulamentação do imposto de selo são simples formalidades de carácter fiscal que não podem afectar a validade e a eficácia da livrança.

(Ac. R.L., de 27.01.98, in CJ, Ano XXIII, T. I, p. 95).

A nulidade da subscrição de uma livrança, em virtude de se ter omitido no título que o signatário age como gerente da sociedade subscritora, repercute-se no aval dado à sociedade subscritora, que não subsiste.

(Ac. R.P., de 27.10.97, in BMJ, 470, p. 678).

  I – Se uma livrança se funda em relação extra-cartular fundamentada em despedimento de operário, despedimento em litígio em Tribunal e com decisão ainda não transitada, tal livrança é judicialmente inexigível.

  II – Porém, se o fundamento da execução é o facto de as livranças se encontrarem vencidas e não pagas, a embargante não afastou este facto e nem sequer o alegou nos embargos, as mesmas são exigíveis o que conduz à improcedência dos embargos.

(Ac. R.L., de 22.04.97, in CJ, Ano XXII, T. II, p. 113).

2) NORMAS RELATIVAS AO MODELO E CARACTE-RÍSTICAS DA EMISSÃO DE LETRAS E LIVRANÇAS (Portaria 28/2000, de 27.01)

Aprova os novos modelos de letras e livranças e o modelo de requisição, de emissão particular, previsto no n.º 7 do artigo 30.º do Código de Imposto do Selo.

Portaria n.º 28/2000, de 27 de Janeiro [1]

Em consequência da entrada em vigor do Código do Imposto do Selo, aprovado pela Lei n.º 150/99, de 11 de Setembro, e respectiva Tabela Geral, resulta a abolição definitiva da forma de arrecadação do imposto do selo por meio de papel selado, ainda subsistente na espécie de papel para letras, e a sua substituição por meio de guia.

Torna-se, pois, necessário adequar a esta realidade os modelos das letras e livranças.

Assim:

Manda o Governo, pelo Ministro das Finanças, em conformidade com o disposto no n.º 2 do artigo 30.º do Código do Imposto do Selo, aprovado pela Lei n.º 150/99, de 11 de Setembro, o seguinte:

1.º (Modelos das letras)

– As letras serão dos modelos anexos a esta portaria, com as seguintes características técnicas:

1.1. Formato – os modelos de letras têm o formato normalizado de 211 mm x 102 mm.

1.2 – Texto:

1.2.1 – Os modelos de letras têm um texto geral, disposto da forma indicada nos anexos I a IV, nos termos seguintes:

a) Num sector superior, com a área de 211 mm x 86 mm, as seguintes indicações:

Local e data de emissão (ano, mês, dia); importância, em escudos ou em euros, consoante o caso; saque n.º ...; outras referências; vencimento (ano, mês, dia); valor; «No seu vencimento, pagará(ão) V. Ex.ª(s) por esta única via de letra a ...»; local de pagamento/domiciliação, NIB (número de identificação bancária); assinatura do sacador; número de

---

[1] As epígrafes não constam do texto oficial.

contribuinte do sacado; aceite n.° ...; nome e morada do sacado; numeração sequencial, referida nos n.os 6 e 8 do artigo 30.° do Código do Imposto do Selo, descrita na alínea d), e, junto à margem esquerda, centrada e em posição vertical, a indicação «Aceite»;

b) No canto inferior direito, limitado entre o espaço reservado ao nome e morada do sacado e a margem direita:
A designação, em letra reduzida, sem o respectivo logótipo, da entidade fabricante dos impressos;

c) Num sector inferior, com a área de 211 mm x 16 mm, a indicação seguinte:

«Imposto do selo pago por meio de guia»; valor do imposto do selo correspondente ao valor da letra, da moeda em que este se encontra expresso, e da data em que o imposto é liquidado;

d) O número sequencial referido na alínea a) corresponde ao número com que a letra ficará registada na escrita da entidade liquidadora do imposto do selo, devendo obedecer à seguinte estrutura: 9 dígitos correspondentes ao número de identificação fiscal da tipografia produtora do impresso, 2 dígitos correspondentes aos 2 últimos dígitos do ano de produção do impresso, 6 dígitos correspondentes ao número sequencial no ano indicado nos 2 dígitos anteriores, 1 dígito de controlo (módulo 11) dos 8 dígitos imediatamente anteriores, num total de 18 dígitos numéricos.

1.2.2 – Nas letras oficialmente editadas, avulsas, os modelos têm, como adicional ao descrito no n.° 1.2.1 e disposto da forma indicada nos anexos I e III, o seguinte texto:

Nome e morada do sacador e respectivo número de contribuinte, cuja inserção poderá ser feita por qualquer tipo de impressão ou através de carimbo.

1.2.3 – Nas letras de emissão particular, privativa dos sacadores, para preenchimento, quer manual, quer por computador, os modelos têm, como adicional ao descrito no n.° 1.2.1 e disposto da forma indicada nos anexos II e IV, o seguinte texto:

Na área definida para o efeito, apresentada nos anexos II e IV, designada «Zona reservada ao emissor/sacador», em caracteres bem salientes: O nome, designação social, iniciais e ou logótipo das pessoas, sociedades e ou entidades emissoras/sacadoras, a sua residência ou sede e o seu número de contribuinte.

1.3 – Impressão:

1.3.1 – Os modelos de letras, conforme os n.os 1.2.1, 1.2.2 e 1.2.3, têm o fundo geral de segurança, cobrindo o sector superior, com as dimensões de

80 Regime Jurídico dos Títulos de Crédito

211 mm x 86 mm, o texto geral, conforme o n.º 1.2.1, e o texto adicional, conforme os n.ᵒˢ 1.2.2 e 1.2.3, impressos em offset.

1.3.2 – Nos modelos de letras em euros, o símbolo desta moeda será impresso com as dimensões e localização apresentadas nos anexos III e IV.

1.4 – Cores:

1.4.1 – Os modelos de letras em escudos (anexos I e II) têm as seguintes cores:

a) Fundo geral de segurança, em azul,
b) Texto geral, segundo o n.º 1.2.1, e texto adicional, segundo o n.º 1.2.2, em preto;
c) Texto adicional, segundo o n.º 1.2.3, em cor de acordo com escolha da entidade emissora/sacadora.

1.4.2 – Os modelos de letras em euros (anexos III e IV) têm as seguintes cores:

a) Fundo geral de segurança, em azul;
b) Texto geral, segundo o n.º 1.2.1, e texto adicional, segundo o n.º 1.2.2, em preto;
c) Texto adicional, segundo o n.º 1.2.3, em cor de acordo com escolha da entidade emissora/sacadora;
d) Símbolo do euro, conforme o n.º 1.3.2, em cor azul-escura ou preta, contrastante com o fundo.

1.5 – Tintas – os modelos de letras, quer oficialmente editadas, conforme os n.ᵒˢ 1.2.1 e 1.2.2, quer de emissão particular, conforme os n.os 1.2.1 e 1.2.3, têm o fundo geral impresso em tinta litográfica de segurança anti-rasura, devendo a mesma ser compatível com a utilização de tecnologias de tratamento de imagem, nomeadamente o reconhecimento inteligente de caracteres.

1.6 – Papel – os modelos de letras, conforme o n.º 1.2, devem ser impressos em papel branco, liso, com gramagem contida entre 85 g/m2 e 95 g/m2.

2.º (Modelos das livranças)

– As livranças para preenchimento, quer manual, quer por computador, serão dos modelos anexos a esta portaria, com as seguintes características técnicas:

2.1 – Formato – os modelos de livrança têm o formato normalizado de 211 mm x 102 mm.

2.2 – Texto – os modelos de livrança têm um texto geral e um texto adicional, dispostos da forma indicada nos anexos V e VI, contendo:

2.2.1 – Texto geral:

a) Num sector superior, com a área de 211 mm x 86 mm, as seguintes indicações:

Local e data de emissão (ano, mês, dia); importância, em escudos ou em euros, consoante o caso; valor; vencimento (ano, mês, dia); «No seu vencimento, pagarei(emos), por esta única via de livrança a ... ou à sua ordem, a quantia de ...»; livrança n.º ...; assinatura(s) do(s) subscritor(es); local de pagamento /domiciliação (banco/localidade), NIB (número de identificação bancária); nome e morada do(s) subscritor(es) e numeração sequencial, descrita na alínea c);

b) Num sector inferior, com a área de 211 mm x 16 mm, a indicação seguinte:

«Imposto do selo pago por meio de guia»; valor do imposto do selo correspondente ao valor da livrança, da moeda em que este se encontra expresso, e da data em que o imposto é liquidado;

c) O número sequencial referido na alínea a) corresponde ao número com que a livrança ficará registada na escrita da instituição de crédito ou sociedade financeira liquidadora do imposto do selo, devendo obedecer à seguinte estrutura: 9 dígitos correspondentes ao número de identificação fiscal da tipografia produtora do impresso, 2 dígitos correspondentes aos 2 últimos dígitos do ano de produção do impresso, 6 dígitos correspondentes ao número sequencial no ano indicado nos 2 dígitos anteriores, 1 dígito de controlo (módulo 11) dos 8 dígitos imediatamente anteriores, num total de 18 dígitos numéricos.

2.2.2 – Texto adicional:

a) Num sector superior esquerdo:

A designação, iniciais e ou logótipo da entidade emissora/tomadora, cuja inserção poderá ser feita por qualquer tipo de impressão ou através de carimbo;

b) No canto inferior direito, limitado entre o espaço reservado ao nome e morada do subscritor e a margem direita: A designação, em letra reduzida, sem o respectivo logótipo, da entidade fabricante dos impressos.

2.3 – Impressão:

2.3.1 – Os modelos de livranças têm o fundo geral de segurança, cobrindo o sector superior, com as dimensões de 211 mm x 86 mm, e o texto geral, conforme referido no n.º 2.2.1, ambos impressos em offset.

2.3.2 – No modelo de livrança em euros, o símbolo desta moeda será impresso com as dimensões e localização apresentadas no anexo VI.

82 *Regime Jurídico dos Títulos de Crédito*

2.4 – Cores:

2.4.1 – Os modelos de livranças (anexos V e VI) têm o fundo geral de segurança e texto, conforme o n.º 2.2, em cores diferentes entre livranças em euros e em escudos, de acordo com a escolha da entidade emissora ou tomadora.

2.4.2 – Símbolo do euro, conforme o n.º 2.3.2, em cor azul-escura ou preta, contrastante com o fundo.

2.5 – Tintas – os modelos de livranças têm o fundo geral impresso em tinta litográfica de segurança anti-rasura, devendo a mesma ser compatível com a utilização de tecnologias de tratamento de imagem, nomeadamente o reconhecimento inteligente de caracteres.

2.6 – Papel – os modelos de livranças devem ser impressos em papel branco, liso, com gramagem contida entre 85 g/m2 e 95 g/m2.

3.º (Impressão das letras de emissão particular)

– A impressão de letras de emissão particular só poderá ser efectuada nas tipografias que forem autorizadas a imprimir documentos de transporte, nos termos do Decreto-Lei n.º 45/89, de 11 de Fevereiro, sendo-lhes consequentemente aplicáveis, com as necessárias adaptações, as normas e os procedimentos previstos no citado diploma.

4.º (Autorização de impressão)

– Salvo manifestação de vontade em contrário, ficam autorizadas a imprimir letras de emissão particular todas as tipografias que, até à data da publicação da presente portaria, já se encontravam autorizadas a imprimir documentos de transporte e ainda aquelas cuja autorização derivou de pedido formulado até à mesma data.

5.º (Modelo de requisição)

– É aprovado o modelo de requisição, de emissão particular, previsto no n.º 7 do artigo 30.º do Código do Imposto do Selo, que faz parte integrante da presente portaria, constituindo o anexo VII.

6.º (Entrada em vigor)

– A adopção dos novos modelos de letras e livranças ocorrerá na data da entrada em vigor do Código do Imposto do Selo. Os impressos de letras e livranças ainda existentes e que não obedeçam aos requisitos definidos na presente portaria, incluindo os modelos anteriores aos aprovados pela Portaria n.º 1042/98, de 19 de Dezembro, poderão ser utilizados até 30 de

Junho de 2000 ou, neste último caso e relativamente às letras seladas, até à data da entrada em vigor do citado Código.

7.º (Devolução de letras seladas pelas entidades autorizadas a revender valores selados)

– Deverá a Direcção-Geral dos Impostos tomar todas as medidas de forma que as entidades autorizadas a revender valores selados possam, durante o mês seguinte à data da entrada em vigor do Código do Imposto do Selo, devolver as letras seladas não vendidas à tesouraria da Fazenda Pública onde as adquiriram, para serem pagas a dinheiro, desde que se encontrem em bom estado de conservação e não mostrem quaisquer sinais ou indícios susceptíveis de fundamentarem a presunção de terem sido falsificadas.

8.º (Devolução de letras seladas pelas restantes entidades)

– Nos mesmos prazos e termos a definir conforme o disposto no número anterior e desde que as letras seladas se encontrem em bom estado de conservação e não mostrem quaisquer sinais ou indícios susceptíveis de fundamentarem a presunção de terem sido falsificadas, as restantes entidades que as possuam em seu poder poderão devolvê-las à tesouraria da Fazenda Pública onde foram adquiridas, para serem pagas a dinheiro, sendo prova suficiente da sua autenticidade a apresentação do recibo de aquisição.

9.º (Devolução à Imprensa Nacional – Casa da Moeda)

– As letras seladas existentes à data da entrada em vigor do Código do Imposto do Selo, incluindo as referidas nos n.os 7 e 8, deverão ser devolvidas pelos tesoureiros da Fazenda Pública à Imprensa Nacional-Casa da Moeda, durante o 2.º mês seguinte àquela data.

10.º (Legislação revogada)

– São revogadas, a partir da data da entrada em vigor do Código do Imposto do Selo, as Portarias n.os 709/81, de 20 de Agosto, e 1042/98, de 19 de Dezembro.

O Secretário de Estado dos Assuntos Fiscais, *Manuel Pedro da Cruz Baganha*, em 30 de Dezembro de 1999.

ANEXO I

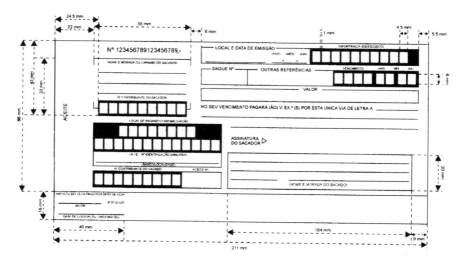

ANEXO II

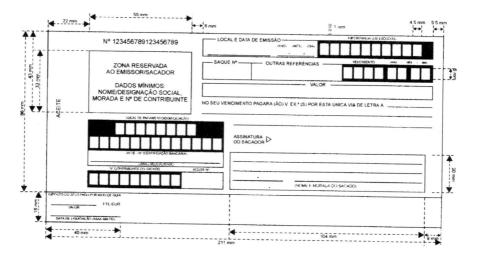

Emissão de Letras e Livranças 85

ANEXO III

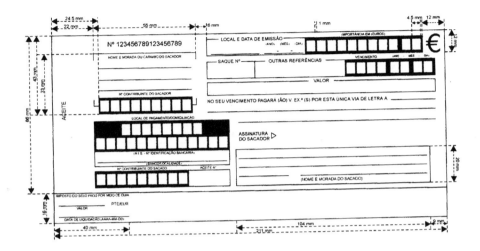

ANEXO IV

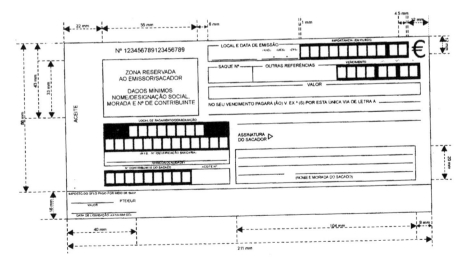

ANEXO V

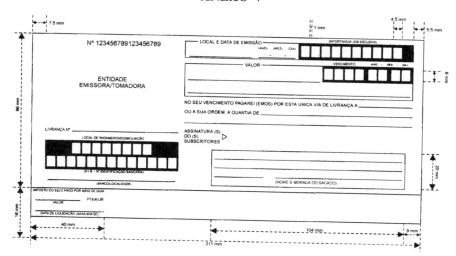

ANEXO VI

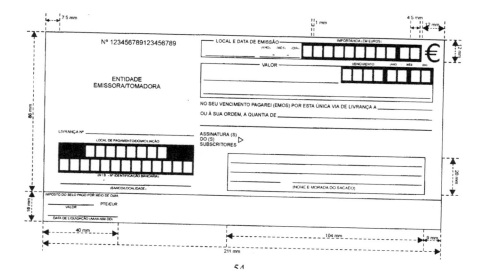

Emissão de Letras e Livranças   87

ANEXO VII

MINISTÉRIO DAS FINANÇAS
DIRECÇÃO-GERAL DOS IMPOSTOS
IS   IMPOSTO DO SELO

MODELO **3**

REQUISIÇÃO Nº _____ / _____

REQUISIÇÃO PARA AQUISIÇÃO DE LETRAS DE EMISSÃO PARTICULAR
(n.º 7 do art.º 30.º do Código do Imposto do Selo)

1. IDENTIFICAÇÃO DO REQUISITANTE

1.1 NOME DA EMPRESA _____

1.2 Nº DE IDENTIFICAÇÃO FISCAL ☐☐☐ ☐☐☐ ☐☐☐

1.3 SEDE / CÓDIGO POSTAL _____ ☐☐☐☐-☐☐☐

1.4 OUTROS DADOS NECESSÁRIOS PARA A IMPRESSÃO _____

2. OBJECTO DA REQUISIÇÃO

QUANTIDADE DE LETRAS	SÉRIE	QUANTIDADE DE LETRAS	SÉRIE
2.1 ☐☐ ☐☐☐	☐☐	2.4 ☐☐ ☐☐☐	☐☐
2.2 ☐☐ ☐☐☐	☐☐	2.5 ☐☐ ☐☐☐	☐☐
2.3 ☐☐ ☐☐☐	☐☐	2.6 ☐☐ ☐☐☐	☐☐

3. IDENTIFICAÇÃO DA TIPOGRAFIA REQUISITADA

3.1 NOME DA EMPRESA _____

3.2 Nº DE IDENTIFICAÇÃO FISCAL ☐☐☐ ☐☐☐ ☐☐☐

3.3 SEDE / CÓDIGO POSTAL _____ ☐☐☐☐-☐☐☐

3.4 DESPACHO QUE AUTORIZOU A TIPOGRAFIA: Publicado no Diário da República II.ª Série Nº _____ de _____ / ___ / _____

4. DATA E ASSINATURA _____ / ___ / _____   _____

O REPRESENTANTE DO REQUISITANTE _____

5. A presente requisição, que ficou registada com o número supra, foi satisfeita em _____ / ___ / _____, pela seguinte forma:

5.1 QUANTIDADE DE LETRAS FORNECIDAS ☐☐ ☐☐☐ SÉRIE ☐☐ NUMERADAS DE: ☐☐☐☐☐☐☐☐☐☐☐☐☐☐☐☐☐☐☐☐
A: ☐☐☐☐☐☐☐☐☐☐☐☐☐☐☐☐☐☐☐☐

5.2 QUANTIDADE DE LETRAS FORNECIDAS ☐☐ ☐☐☐ SÉRIE ☐☐ NUMERADAS DE: ☐☐☐☐☐☐☐☐☐☐☐☐☐☐☐☐☐☐☐☐
A: ☐☐☐☐☐☐☐☐☐☐☐☐☐☐☐☐☐☐☐☐

5.3 QUANTIDADE DE LETRAS FORNECIDAS ☐☐ ☐☐☐ SÉRIE ☐☐ NUMERADAS DE: ☐☐☐☐☐☐☐☐☐☐☐☐☐☐☐☐☐☐☐☐
A: ☐☐☐☐☐☐☐☐☐☐☐☐☐☐☐☐☐☐☐☐

O REPRESENTANTE DA TIPOGRAFIA _____

NOTA: A presente requisição é elaborada em triplicado, tendo os exemplares, depois de preenchidos, o seguinte destino: original, para o requisitante; duplicado, para a tipografia; triplicado, para substituir, facultativamente, a comunicação a que se referem os n.º 5 e 6 do art.º 10.º do Decreto-Lei n.º 45/89, de 11 de Fevereiro

PARTE II

CHEQUE

1) LEI UNIFORME SOBRE CHEQUE (¹) (²)
(Carta de confirmação e ratificação de 10.05.1934)

Lei uniforme relativa ao cheque

CAPÍTULO I – Da emissão e forma do cheque

Art. 1.º (Requisitos do cheque)

O cheque contém:

1.º A palavra «cheque» inserta no próprio texto do título e expressa na língua empregada para a redacção desse título;

2.º O mandato puro e simples de pagar uma quantia determinada;

3.º O nome de quem deve pagar (sacado);

4.º A indicação do lugar em que o pagamento se deve efectuar;

5.º A indicação da data em que e do lugar onde o cheque é passado;

6.º A assinatura de quem passa o cheque (sacador).

(¹) As epígrafes dos artigos não constam do texto oficial.

(²) A Lei Uniforme Relativa ao Cheque, foi aprovada pelo Decreto-Lei n.º 23 721, de 29 de Março de 1934, e confirmada e ratificada pela Carta de 10 de Maio de 1934.

JURISPRUDÊNCIA:

A data da emissão é a que consta do cheque, quando coincidem no tempo – e decorre de acusação, que a emissão ocorreu na mesma data da entrega.

(Ac. R.P., de 28.04.99, in BMJ, 486, p. 366).

Um cheque bancário não pode ser objecto de arresto.

(Ac. R.L., 29.10.98, in CJ, A. XXIII, Tomo IV, p. 131)

I – Um cheque que contenha a palavra «Camões» impressa junto ao nome da sacadora preenche os requisitos do artigo 1.º, n.º 5, da Lei Uniforme sobre Cheques, atento o disposto na parte final do artigo 2.º da mesma lei.

II – Com efeito, «qualquer pessoa minimamente habituada a manusear cheques topa logo, ao olhar para os cheques dos autos, o nome 'Camões', e sabe que ele corresponde ao Largo de Camões, em Lisboa, e sabe também que os bancos, quando fornecem aos seus clientes os livros de cheques, apõem neles a indicação de um lugar ao lado do nome do sacador».

III – Assim, tendo o juiz, na sentença recorrida, considerado que os cheques devolvidos sem provisão não valiam como cheques por deles não constar o lugar da emissão, há erro notório da apreciação da prova (artigo 410.º, n.º 2, do Código de Processo Penal).

IV – A passagem simultânea de vários cheques pré-datados constitui um só crime, e não uma pluralidade de crimes ou crime continuado.

(Ac. R.L., de 26.11.96, in BMJ, 461, p. 505).

Não produz efeito como cheque o título que contém, no verso, a declaração assinada pelo sacador de que «[...] destina-se única e exclusivamente a garantir o pagamento do aceite n.º [...] da firma [...] no valor de [...], com data de vencimento a [...]», e que assim foi aceite pelo tomador, em virtude de a ordem de pagamento que o título encerra ficar condicionada ao não pagamento ou à não regularização da letra de câmbio.

(Ac. R.P., de 24.04.96, in BMJ, 456, p. 499).

É a lei do país em que o cheque é pagável que determina as pessoas sobre as quais pode ser sacado um cheque, bem como se

Art. 2.º   *Lei Uniforme sobre Cheque*   91

ele pode ser aceite, certificado, confirmado ou visado e quais os efeitos dessas menções.

(Ac. R.C., de 15.03.94, in BMJ, 435, p. 109).

I – A cláusula de um pacto social donde consta «bastando a assinatura de qualquer dos gerentes nos actos de mero expediente e nos actos e contratos que envolvam responsabilidade para a sociedade e representá-la em juízo» é ambígua, permitindo duas interpretações: a de que, para os actos de meros expediente, basta a assinatura de um dos gerentes e para os actos que envolvam responsabilidade para a sociedade e para a sua representação em juízo são precisas as assinaturas de ambos; ou a de que basta, para qualquer destes actos, apenas a assinatura de um deles.

II – A um funcionário bancário, com as qualificações inerentes àquela profissão, e alheio à prática notarial e judicial, não é exigível que interprete a referida cláusula no sentido de que, para qualquer acto da sociedade, é suficiente apenas a assinatura de um dos gerentes.

III – Na dúvida, em face de um cheque subscrito apenas por um dos gerentes, a prudência inerente à «diligência de um bom pai de família», impunha que o funcionário recusasse o pagamento desse cheque.

IV – Não age, pois, com culpa, o banco que, através de um seu funcionário, recusa o pagamento de cheques subscritos apenas por um dos gerentes, neles apondo, como justificação para o não pagamento, a expressão «saque irregular».

(Ac. R.P., de 21.09.93, in BMJ, 429, p. 875).

A função normal e legal do cheque é servir como meio de pagamento – o que ocorre com o cheque destinado a pagar o preço (contrato de compra e venda) e também com o cheque destinado a cumprir a obrigação de restituir a quantia mutuada (contrato de mútuo).

(Ac. R.C., de 13.01.93, in BMJ, 423, p. 608).

Art. 2.º (Falta de algum dos requisitos)

O título a que faltar qualquer dos requisitos enumerados no artigo precedente não produz efeito como cheque, salvo nos casos determinados nas alíneas seguintes.

Na falta de indicação especial, o lugar designado ao lado do nome do sacado considera-se como sendo o lugar de pagamento. Se forem indicados vários lugares ao lado do nome do sacado, o cheque é pagável no lugar primeiro indicado.

Na ausência destas indicações ou de qualquer outra indicação, o cheque é pagável no lugar em que o sacado tem o seu estabelecimento principal.

O cheque sem indicação do lugar da sua emissão considera-se passado no lugar designado ao lado do nome do sacador.

JURISPRUDÊNCIA:

I – O cheque a que falta o requisito da indicação da data em que é passado não vale como cheque e, portanto, não vale como título executivo.

II – E como não demonstra, por si só, que se constituiu ou reconheceu uma obrigação pecuniária, não constitui título executivo nos termos da al. c) do art. 46.º do CPC/revisto.

(Ac. R.C., de 09.03.99, in CJ, A. XXIV, T. II, p. 19).

Se da sentença não constar que o cheque é pós-datado, só o recurso de revisão pode resolver o problema surgido entre a imutabilidade da sentença já transitada e a necessidade da sua conformação com a verdade material.

(Ac. R.C., de 13.01.99, in BMJ, 483, p. 280).

I – A rectificação da escritura de constituição da sociedade, quanto à gerência, com fundamento em alegado lapso que, aliás, se não provou, não pode subtrair o gerente designado naquela escritura a responsabilidade prevista no artigo 13.º do Código de Processo Tributário, se aquele exerceu, efectivamente, a gerência da sociedade até aquele rectificação.

II – E a assinatura dos cheques da sociedade é, sem dúvida, um acto de gestão, não desreponsabilizando o gerente o facto de os assinar em branco, pelo contrário, já que, desse modo, está a permitir que outros os venham preencher e os utilizem, eventualmente, para fins menos convenientes ou alheios à empresa, depauperando, assim, o património social da mesma, que ao gerente cabe acautelar, como garantia dos credores.

(Ac. TCA, de 09.12.98, in BMJ, 482, p. 316).

Art. 2.º   *Lei Uniforme sobre Cheque*   93

Estando descrito na acusação que «no dia 25 de Outubro de 1996 o arguido preencheu, assinou e entregou» ao ofendido o cheque em questão, dúvidas não surgem quanto à data da entrega do cheque.

(Ac. R.C., de 02.12.98, in BMJ, 482, p. 302).

Se na acusação se disser que o cheque foi entregue ao tomador «com data de» ou «datado», utiliza-se uma expressão que admite o entendimento de que o cheque foi entregue na data nele aposta, só em sede de julgamento se podendo apurar se tal sucedeu ou não.

(Ac. R.C., de 02.12.98, in BMJ, 482, p. 303. No mesmo sentido, v. *Ac. R.C., de 02.12.98, in BMJ, n.º 482, p. 303,* não inserido na presente compilação).

I – Estando em causa a emissão de dois cheques datados de 10 de Fevereiro de 1993 para pagamento de duas facturas datadas de 11 e 13 de Janeiro de 1993, só em julganento se poderá avançar para uma despenalização baseada em que os cheques foram pós-datados.

II – É que em gíria comercial o vencimento das facturas ocorre em regra 30 dias depois da emissão, daí se suscitando dúvida quanto à pós-datação dos cheques, bem se podendo supor que as partes acordaram que o vencimento se faria em simultâneo na data do vencimento da priomeira.

(Ac. R.L., de 14.10.98, in BMJ, 480, p. 527).

Uma vez que o cheque só vale como tal após o seu completo preenchimento, nomeadamente quanto à data, a entrega ao tomador de um módulo de cheque sem aposição da data não confere a característica de meio de pagamento imediato, o que o exclui do regime punitivo introduzido pelo Decreto-Lei n.º 316/97, de 19 de Novembro.

(Ac. R.P., de 15.07.98, in BMJ, 479, p. 709).

Actualmente é elemento típico do crime que o cheque não seja emitido com data posterior à data da sua entrega ao tomador, isto é, que o cheque não seja pós-datado.
Resulta desta inovação/restrição de incriminação e como consequência da referida relevância que a data da entrega do cheque ao

tomador tem de constar de forma expressa, tem de ser especificada na acusação.

(Ac. R.E., de 14.07.98, in BMJ, 479, p. 735).

Constando da acusação apenas que, com datas de 25 de Outubro, 5 de Novembro e 14 de Novembro de 1994, os arguidos subscreveram e entregaram a favor da ofendida os cheques juntos aos autos, poder-se-á ainda concluir que os arguidos entregaram os cheques à ofendida nas datas neles constantes, pelo que não há omissão do novo elemento típico do ilícito – a data da entregue do cheque ao tomador.

(Ac. R.C., de 17.06.98, in BMJ, 478, p. 462).

Constando da acusação apenas que, «com datas de 18 de Fevereiro de 1995 e 8 de Março de 1995, o arguido subscreveu e entregou a favor da Beira-Texto – Sociedade Editora, S.A., os cheques n.ºs ..., sobre o Banco Nacional Ultramarino», não ficando exarado qualquer outro facto sobre a datação e entrega dos cheques, não é admissível, sem mais, a conclusão de que os cheques objecto do processo foram emitidos com data anterior ou contemporânea da sua entrega à tomadora, daqui decorrendo que a acusação enferma da omissão factual relativamente a um dos elementos constitutivos do crime de emissão de cheque sem provisão imputado ao arguido.

(Ac. R.C., de 17.06.98, in BMJ, 478, p. 462).

Não resultando do factualismo provado em audiência, que corresponde inteiramente ao descrito na aqcusação, que o cheque tenha sido datado antes ou contemporaneamente à sua entrega, deve julgar-se extinta a responsabilidade criminal do arguido, por força do princípio *in dubio pro reo.*

(Ac. R.C., de 03.06.98, in BMJ, 478, p. 462).

Proferido despacho de saneamento, recepção e designação da data para a audiência de discussão e julgamento por crime de emissão de cheque sem provisão é no julgamento que se deve averiguar se o cheque foi emitido com data posterior à da sua entrega.

(Ac. R.C., de 27.05.98, in BMJ, 477, p. 574).

Se da discrição da matéria de facto provada na sentença – idêntica à descrita na acusação – ficarem dúvidas sobre se a data constante da emissão do cheque é simultânea ou posterior à sua entrega, não deve anular-se o julgamento efectuado com base em insuficiência de matéria de facto, que não existia no momento do julgamento em 1.ª instância, mas deve antes absolver-se o arguido com base nos princípios *in dubio pro reo* ou *favor rei*.

(Ac. R.C., de 27.05.98, in BMJ, 477, p. 574).

O erro de escrita incidindo sobre a data do cheque é rectificável se todos os elementos carreados nos autos o indiciarem com suficiência.

(Ac. R.C., de 12.03.97, in BMJ, 465, p. 653).

Tendo o cheque sido emitido sem data e não se provando o acordo entre sacador e tomador para o preenchimento da data, falta o objecto do crime, que é o cheque, visto que, constituindo a data um elemento essencial, tal título é nulo, não produzindo quaisquer efeitos como cheque.

(Ac. R.P., de 21.06.95, in BMJ, 448, p. 434).

Se na mesma ocasião, e para pagamento de mercadorias adquiridas, são preenchidos dois cheques, apondo-se num a data de 30 de Janeiro de 1992 e no outro a data (inexistente) de 30 de Fevereiro de 1992, existe, quanto a este, um lapso que pode ser corrigido, entendendo-se que a sua data é 29 de Fevereiro de 1992 (último dia do referido mês).

(Ac. R.C., de 04.05.94, in BMJ, 437, p. 596).

I – Nos termos do artigo 666.º do Código de Processo Penal de 1929, aplicável *in casu*, o Supremo conhecia da matéria de facto e de direito sempre que julgasse em primeira instância ou ainda no caso do parágrafo 3.º do artigo 663.º, conhecendo em todos os outros casos apenas da matéria de direito.

II – Tendo-se assente como matéria de facto apurada pelas instâncias que, embora o arguido tivesse emitido os cheques dos autos sem lhes apor data de emissão, se após reunião e acordo com os queixosos aceitou a aposição de uma data determinada, os cheques adquiriram toda a virtualidade e potencialidade como tais, podendo ser apresentados a pagamento.

III – O prazo de apresentação a pagamento, como manifestação do princípio da literalidade, só começa a contar a partir da data aposta no cheque.

IV – Sendo idênticas as molduras penais abstractas – artigos 23.º e 24.º, n.os 1 e 2, alínea c), do Decreto n.º 13 004, de 12 de Janeiro de 1927, na redacção dada ao último preceito pelo artigo 5.º do Decreto-Lei n.º 400/82, de 23 de Setembro, em confronto com o artigo 11.º, n.º 1, do Decreto-Lei n.º 454/91, de 28 de Dezembro – não há que fazer funcionar quer o disposto no n.º 2 quer no n.º 4 do artigo 2.º do Código Penal.

(Ac. S.T.J., de 26.01.94, in BMJ, 433, p. 336).

A emissão de cheque não preenchido no tocante à data não permite presumir o acordo das partes no sentido de o tomador o poder datar como lhe convier.

(Ac. R.C., de 02.06.93, in BMJ, 428, p. 690).

I – A validade de cheque afere-se no momento da apresentação a pagamento.

II – Se então for nulo, por não lhe ter sido aposta a data da emissão, é irrelevante que no inquérito se tenha averiguado o momento em que foi emitido.

(Ac. R.C., de 19.05.93, in BMJ, 427, p. 596).

Art. 3.º (Provisão)

O cheque é sacado sobre um banqueiro que tenha fundos à disposição do sacador e em harmonia com uma convenção expressa ou tácita, segundo a qual o sacador tem o direito de dispor desses fundos por meio de cheque. A validade do título como cheque não fica, todavia, prejudicada no caso de inobservância destas prescrições.

Art. 3.º   *Lei Uniforme sobre Cheque*   97

JURISPRUDÊNCIA:

I – Em relação a contas solidárias a compensação pela instituição bancária só é lícita desde que todos os titulares da conta a autorizem.

II – Deve proceder o pedido de condenação em indemnização por danos morais, sofridos pela contitular da conta, pessoa doente, que teve sofrimento ao verificar, pela compensação operada pela CGD, que ficaria sem o seu pé de meia.

(Ac. R.C., de 23.11.99, in CJ, A. XXIV, T. V, p. 32).

I – A situação das chamadas "contas conjuntas" ou "contas colectivas", tituladoras de depósitos bancários efectuados em nome de duas ou mais pessoas, ficando qualquer delas com a faculdade de, isoladamente e sem necessidade de intervenção do seu co-titular, fazer levantamentos e outros movimentos, é um caso de solidariedade activa.

II – Por consequência, por força do art. 516.º do CC, se por exemplo duas pessoas fizerem um depósito bancário nesse regime presume-se, enquanto não se fizer prova em contrário, que cada um dos depositantes é titular de metade da conta".

(Ac. do STJ, de 17.06.99, in CJ, A. VII, T. II, p. 152).

I – O contrato de depósito bancário tem a feição de depósito irregular, disciplinado pelas normas relativas ao contrato de mútuo, na medida do possível (arts. 1185.º, 1205.º e 1206.º do CC).

II – É facto público e notório que as instituições bancárias dispõem, hoje em dia, de meios informáticos que lhes permitem fazer coincidir a data valor com a data do movimento.

III – Se a data valor da concessão de um crédito é de 05/04, não tem justificação o facto desse montante só ter sido creditado na conta do autor a 16/04, havendo mora do banco.

IV – Se um outro banco debitou em 25/06 na conta à ordem do autor naquela instituição a quantia correspondente a um cheque que foi depositado no banco réu, é nessa data que o depósito se torna efectivo e, por isso, a devolução de cheques por falta de provisão em 26/06 equivale à recusa pelo banco réu dos fundos de que o autor aí dispunha, e ao incumprimento da convenção do cheque.

V – A cobrança antecipada de uma livrança significa violação do negócio cartular, mas não constitui o devedor em mora, pois não se trata de falta de prestação da colaboração necessária ao cumprimento (art. 813.º do CC).

VI – A violação do contrato pelo credor que não consista em mora não é indemnizável em sede de responsabilidade contratual mas, se se verificarem os demais requisitos da responsabilidade civil, é indemnizável nos termos gerais da responsabilidade extracontratual.

VII – Nada obsta à indemnização pelos danos não patrimoniais no âmbito da responsabilidade contratual.

(Ac. R.C., de 07.10.99, in CJ, A. XXIV, T. IV, p. 118).

I – O D-L 454/91, de 28-12, tem aplicação exclusivamente penal.

II – As despesas contabilísticas e administrativas efectuadas com os depósitos e devoluções dos cheques e as despesas bancárias consequentes, constituindo despesas de cobrança, são de considerar incluídas nas despesas a que alude o art. 45.º da LUC.

III – Tais despesas, não fazendo parte da literalidade do título executivo (cheque), apenas precisam de ser alegadas – a sua prova far-se-á em sede de embargos, se vierem a ser impugnadas.

IV – Os honorários do advogado, por se reportarem não ao exercício normal mas litigioso do direito, não estão incluídos no âmbito do citado art. 45.º.

(Ac. R.L., de 20.04.99, in CJ, A. XXIV, T. II, p. 109).

I – Estamos perante contrato de depósito bancário – noção ampla – sempre que uma pessoa (depositante) entrega a um banco (depositário) uma determinada soma de dinheiro ou bens móveis de valor para que este os guarde e restitua, quando o depositante o solicitar.

II – Exige-se a prestação de contas de pessoa que administra bens alheios.

III – Logo o banco enão está obrigado a prestar contas.

(Ac. R.L., de 15.04.99, in CJ, A. XXIV, T. II, p. 104).

I – É ao banco onde o cheque é depositado por um cliente e o endossa para cobrança ao sacado que incumbe verificar a sua regularidade.

II – O sacado não é obrigado a verificar a assinatura do endossante, pelo que, em princípio, não lhe é exigível a sua responsabilização, designadamente no caso em que a falsificação ocorreu na substituição do beneficiário/tomador.

(Ac. STJ, de 14.04.99, in CJ, A. VII, T. II, p. 52).

I – A efectivação pelo banco da cobrança de um cheque depositado na conta do cliente com a cláusula «salvo boa cobrança», além de se inserir no funcionamento normal da conta aberta pelo autor, na dinâmica própria desse contrato-quadro, é um serviço em cuja execução o banco agiu no âmbito de um verdadeiro contrato de mandato sem representação: perante o depositante do cheque, obrigou-se a diligenciar pelo respectivo pagamento, e, obtido este, a creditar a conta pelo respectivo valor.

II – Na execução do mandato, qanto mais não fosse por imperativo do princípio geral da *boa fé* estava o banco obrigado, além do mais, a comunicar ao mandante, com prontidão, o resultado daquela, ou, se o não tivesse conseguido, a razão do facto.

III – Se o cheque em causa, cobrável no estrangeiro, se extraviou em data incerta anterior a Abril 1993 e o banco teve conhecimento do facto nesse mesmo mês de Abril, não se compreende não tenha logo mandado uma cópia do mesmo ao seu correspondente estrangeiro, com pedido de crédito do respectivo valor na sua conta.

IV – E muito menos que, passados 15 meses após o depósito do cheque, tenha debitado a conta do depositante no montante respectivo, juros e despesas bancárias, sem o avisar desse facto, antes ou mesmo depois da sua verificação.

V – Assim, presumindo-se a culpa, incorreu o banco em responsabilidade civil contratual por incumprimento dos arts. 762.°, n.° 2, e 1161.°, c), do C.C..

(Ac. R.C., de 16.03.99, in CJ, A. XXIV, T. II, p. 21).

I – Para que o banco como pessoa colectiva responda por actos do seu funcionário, é necessário que sobre este recaia igualmente a obrigação de indemnizar e que o acto danoso tenha sido praticado no exercício da função confiada àquele mesmo funcionário.

II – A responsabilidade do banco não é afastada se os actos dolosos do agente, embora praticados em vista de fins pessoais, estiverem integrados formalmente no quadro geral da sua competência e o agente infiel aproveita uma aparência social que cria um estado de confiança do lesado na lisura do comportamento daquele.

III – O comissário responde a título de culpa e o comitente a título de responsabilidade objectiva, sendo este um dos casos em que existe obrigação de indemnizar independentemente de culpa.

(Ac. STJ, de 02.03.99, in CJ, A. VII, T. I, p. 127).

Não se provando que os regulamentos ou os usos permitem que os Bancos debitem na conta de depósitos à ordem dos seus clientes o valor das letras por eles aceites e não pagas nos respectivos vencimentos, nem que, ao abrigo da liberdade negocial, tal procedimento tivesse sido convencionado entre o depositante e o Banco depositário, não é lícito a este levar a débito da conta à ordem daquele, sem sua autorização, o montante de uma letra de aceite do mesmo depositante e não paga no seu vencimento.

(Ac. R.P., de 23.02.99, in BMJ, 484, p. 439).

I – Estando o dinheiro depositado em conta solidária (A. ou B.) importa distinguir entre a titularidade da conta e a propriedade dos fundos.

II – Apurando-se que o dinheiro depositado pertence a ambos, presume-se que o é em partes iguais.

(Ac. STJ, de 20.01.99, in CJ, A. VII, T. I, p. 48).

Tendo o Banco, por sua iniciativa, procedido a compensação de parte de um crédito que detinha sobre um dos contitulares de contas colectivas de depósito numa das suas dependências, mas alegando a autora, também contitular de tais contas, que, além de nada dever ao banco, era a única proprietária das quantias depositadas, há que ampliar a matéria de facto no sentido da existência de tal direito de propriedade ou, não se provando, se é caso de fazer uso da presunção de compropriedade prevista no art. 516.º do Cód. Civil.

(Ac. STJ, de 12.01.99, in CJ, A. VII, T. I, p. 25).

Tendo um de dois titulares de uma conta à ordem, solidária, sacado um cheque, a descoberto, sobre essa conta e pago, por erro, pela instituição sacada a importância total do cheque, não responde o outro titular solidariamene pela importância paga.

(Ac. STJ, de 02.01.99, in BMJ, 483, p. 232).

I – O depósito bancário à ordem tem a natureza de depósito irregular, sendo certo que, porque no mesmo existe transferência da propriedade da coisa concretamente recebida, sempre o risco há-de correr por conta do depositário, nos termos do artigo 796.º, n.º 1, do Código Civil, salvo se foi devido a causa imputável ao depositante.

II – A cláusula subscrita pelo depositante no acto de requisição dos cheques, segundo a qual assume as responsabilidades pelos pagamentos que o banco faça, ainda que resultantes do seu ilícito, salvo aviso prévio no caso de extravio ou roubo, não é válida, na medida em que traduz uma isenção de responsabilidade por parte do depositário.

III – Os depósitos bancários são a principal operação passiva de que os bancos se servem para realizarem as suas operações activas, pelo que não interessam só à relação depositante/depositário e alcancem papel relevante como factor de progresso e bem-estar social, impondo-se por isso tutelar a confiança da clientela, impondo deveres ao banco que não podem ser convencionalmente excluídos ou limitados (parte final do n.º 2 do artigo 800.º do Código Civil).

IV – O risco assumido pelo banco depositário só não subsistirá quando houver culpa relevante do depositante que se sobreponha ou anule a sua responsabilidade contratual.

V – É dever do depositante, uma vez na posse dos cheques, conservá-los em condições de segurança de forma a evitar a sua subtracção por terceiros ou a sua utilização abusiva e avisar o banco logo que dê pela sua perda ou extravio. O banco, por seu turno, ao fazer qualquer pagamento por força do depósito deverá certificar-se previamente de que o poderá fazer sem perigo para o interesse do seu cliente, verificando, designadamente, se a assinatura do sacador corresponde à do titular da conta.

(Ac. R.E., de 17.09.98, in BMJ, 479, p. 738).

I – A contitularidade de um depósito bancário faz presumir que o depósito pertence aos seus titulares e que as respectivas quotas são iguais.

II – Essa presunção pode, porém, ser ilidida, mediante prova em contrário.

(Ac. R.C., de 11.03.98, in BMJ, 475, p. 783).

I – O pagamento por agência bancária diferente daquela onde o titular abrira a conta e com a qual se relacionava, habitualmente, feito a terceiro que falsificou a assinatura de cheque avulso pedido naquela, em violação dos deveres de cuidado exigíveis na verificação da legitimidade dos saques, responsabiliza o sacado.

Regime Jurídico dos Títulos de Crédito — Art. 3.º

II – O banco terá de provar que, mesmo verificando cuidadosamente a assinatura aposta em cheque, não podia ter dado pela sua falsificação, recaindo sobre si o ónus da prova da culpa da outra parte e de não culpa pelo seu lado.

(Ac. S.T.J., de 03.03.98, in BMJ, 475, p. 710).

I – No depósito plural solidário, qualquer dos depositantes ou titulares da conta tem o direito de exigir o reembolso da totalidade da quantia depositada.

II – São perfeitamente distintos o direito de crédito de que é titular cada um dos depositantes solidários, o qual se traduz no poder de mobilização do saldo, e o direito real que recai sobre o dinheiro, o qual pode pertencer a algum ou alguns dos titulares da conta.

III – A presunção de que os credores solidários comparticipam no crédito em montantes iguais, constante do artigo 516.º do Código Civil, é ilidível, podendo as respectivas partes ser diferentes ou mesmo só um dos credores beneficiar integralmente do crédito.

(Ac. R.P., de 04.03.98, in BMJ, 465, p. 643).

I – No depósito bancário em conta solidária é admissível a compensação que o Banco faça quanto ao crédito que tenha sobre um dos titulares da conta, até ao limite do valor da parte que esse credor tenha no depósito, independentemente de ser ele ou outro titular a solicitar o reembolso.

II – Não se confunde a titularidade das contas com a propriedade das quantias depositadas, pelo que a presunção estabelecida no art. 516.º do C. Civil é ilídivel, podendo provar-se que tais quantias pertencem a um só, ou a alguns, dos titulares, ou que as quotas destes são diferentes, ou até que pertencem a um terceiro.

(Ac. R.P., de 14.01.98, in CJ, A. XXIV, T. I, p. 183).

O banco só pode obter a compensação de crédito seu sobre saldo da conta do devedor se for por este autorizado ou se, antes do depósito, lhe comunicar que, segundo o respectivo regulamento interno, o pode tornar efectivo.

(Ac. R.C., de 03.12.96, in BMJ, 462, p. 499).

Art. 3.º — Lei Uniforme sobre Cheque

I – No depósito bancário opera-se uma transferência de propriedade das quantias depositadas do depositante para o depositário, resultando para este um direito de crédito pelo valor correspondente, acrescido dos juros convencionados.

II – A falta de cobrança de um título descontado por facto não imputável ao banco faz constituir este na titularidade de um crédito, que é susceptível de ser compensado com os valores depositados.

(Ac. R.P., de 12.11.96, in BMJ, 461, p. 521).

I – O depositante que celebre com um banco um serviço de cofre nocturno celebra um contrato inominado de prestação de serviços.

II – Feita a prova do depósito de dinheiro e de documentação que o acompanhava contida na bolsa requisitada ao banco para esse efeito e não se provando culpa do depositante, corre pelo banco o risco do seu extravio.

(Ac. R.C., de 21.05.96, in BMJ, 457, p. 456).

I – Em princípio, desde que se não verifique actuação irregular quer do depositante, quer do depositário, propiciadora do surgimento de irregularidades, a responsabilização pela integridade do depósito impende sobre o depositário.

II – Não obstante a semelhança entre a assinatura aposta no cheque, no espaço reservado ao sacador, e a assinatura do depositante existente nos ficheiros do Banco sacado, persiste a responsabilidade deste pela manutenção do valor de conta do depositante, desde que se não demonstre a culpa deste no irregular levantamento da quantia depositada.

(Ac. S.T.J., de 21.05.96, in CJ, Ano IV, T. II, p. 82).

I – No caso de depósito de cheques para crédito de conta à ordem, não pode o banco, após a cobrança dos cheques, protelar o seu lançamento a crédito-conta com fundamento nos regulamentos internos.

II – O atraso nesse lançamento é susceptível de causar danos patrimoniais e não patrimoniais, como sucede no caso de o sacador, advogado, ter visto, por isso, recusado o pagamento de um cheque emitido para pagamento de sisa, o que o deixou abatido, angustiado e publicamente vexado.

(Ac. R.P., de 27.02.96, in BMJ, 454, p. 795).

I – As relações que se estabelecem entre o sacador e o banco sacado, através da convenção do cheque, não se projectam no portador, que a elas é estranho.

II – Dispondo-se o banco a pagar o cheque ao portador, embora em desacordo com os termos da convenção do cheque, e só não o pagando por invocar falta de provisão, que faz constar do título, é lícito ao portador accionar criminalmente o emitente do cheque.

(Ac. R.P., de 07.02.96, in BMJ, 454, p. 794).

I – O crime de emissão de cheque sem provisão pressupõe, necessariamente, que o sacador tenha um contrato de depósito com o banco sacado, sem o qual não é pensável a emissão de cheque sem provisão, já que só o titular da conta o pode legitimamente movimentar.

II – O arguido que não é titular da conta sacada não pode ser incriminado como autor material desse crime e, inexistindo nos autos factos que fundamentem a autoria moral, deverá ser absolvido.

(Ac. R.P., de 04.10.95, in BMJ, 450, p. 557).

Quando se depositam num banco valores negociáveis dependentes da boa cobrança não existe uma disponibilidade imediata desses valores o que significa que no saldo real da conta esses valores não são computados. Deste modo, não pode um cliente do banco emitir cheque sobre essa conta para serem pagos esses valores enquanto os mesmos não se converterem em definitivos.

(Ac. R.E., de 18.04.95, in BMJ, 445, p. 374).

I – O depósito bancário está sujeito às regras do depósito mercantil (artigos 403.º e 407.º do Código Comercial), cabendo-lhe, quando tenha por objecto coisas fungíveis, como o dinheiro, a qualificação de depósito irregular (artigos 1205.º e 1206.º do Código Civil), com a consequente aplicabilidade, *cum grano salis*, por força deste último preceito, das disposições dos artigos 1142.º e seguintes relativos ao contrato de mútuo.

Mercê do artigo 1142.º, fica o depositário apenas obrigado a restituir ao depositante «outro tanto do mesmo género e qualidade», isto é, «o montante que se encontra em depósito».

II – Todavia, irregular em razão do objecto fungível, o depósito bancário é, do mesmo passo, irregular «quanto aos montantes disponíveis em cada momento, devido aos sucessivos depósitos e levantamentos

Art. 3.º   *Lei Uniforme sobre Cheque*   105

que, no seu decurso, se vão processando», sendo conforme à natureza especial do contrato e sua execução que o banco, «por confiar no cliente, lhe facilite um levantamento antecipado», originando-se então «uma situação de conta em descoberto».

III – Numa similar situação, e por interpretação extensiva do artigo 1142.º do Código Civil, o depositante incorre perante o banco em responsabilidade emergente do contrato de depósito na medida em que a sua conta se encontre a descoberto.

IV – Nos termos do artigo 664.º do Código de Processo Civil, o juiz não está sujeito às alegações das partes no tocante à indagação, interpretação e aplicação das regras de direito, sendo neste sentido livre na qualificação jurídica dos factos desde que não altere a causa de pedir.

(Ac. S.T.J., de 15.11.95, in BMJ, 451, p. 440).

I – O banco deve disponibilizar imediatamente na conta do cliente as quantias cobradas no Serviço de Compensação.

II – Assim, viola o seu dever para com o depositante e torna-se responsável pelos prejuízos por ele sofridos o banco que cobra um cheque no dia 24-4-89 e no dia 27 seguinte devolve um cheque sacado por esse cliente com fundamento em não constar da conta a disponibilidade da quantia cobrada em 24.

(Ac. S.T.J., de 04.04.95, in CJ, Ano III, T. II, p. 27).

Tendo o banco encerrado a conta de depósito à ordem e interpelado o depositante para lhe pagar o saldo então verificado, pretensão que não foi satisfeita, caiu este em mora, constituindo-se na obrigação de reparar os danos causados, que correspondem ao valor do saldo acrescido dos juros a contar da data da interpelação e constituição em mora.

(Ac. R.P., de 28.03.95, in BMJ, 445, p. 616).

I – O descontário é responsável subsidiário pelo pagamento da letra, mas este só lhe pode ser exigido depois de o descontador a apresentar previamente ao aceitante para pagamento.

II – A culpa pelo extravio da letra descontada cabe ao banco que a remeteu ao correspondente estrangeiro por registo simples em vez de utilizar a expedição como valor declarado.

(Ac. S.T.J., de 12.01.94, in CJ, Ano II, T. I, p. 40).

I – É a partir do contrato ou convenção de cheque que se resolve a responsabilidade pelo pagamento de cheques falsificados.

II – Nos termos desse contrato resulta para o banqueiro a obrigação de pagar o cheque à apresentação e o dever de diligência na verificação da assinatura do cliente e este assume perante o banco o dever de guardar cuidadosamente os cheques e avisá-lo logo que dê pela sua falta.

III – A responsabilidade pelos danos decorrentes do pagamento de cheques falsificados decorre da violação daqueles deveres, sendo as consequências suportadas por aquele dos contraentes que tenha procedido culposamente.

(Ac. S.T.J., de 10.11.93, in CJ, Ano I, T. III, p. 130).

I – Existindo um contrato de depósito bancário, que é um depósito de coisa fungível, logo, irregular, transferindo para o depositário o domínio sobre a coisa concreta depositada mas mantendo, no depositante, o direito ao valor genérico correspondente, além do rendimento que for caso disso.

II – Daí decorre a possibilidade de um contrato de cheque, entre o depositante-sacador e o tomador, no qual o depositário-sacado e mero executante; concomitante e paralelamente existe um mandato sem representação entre o depositante e o depositário, para que este cumpra a ordem que o depositante emita através do cheque, enquanto título cartular.

III – O contrato de mandato pode ser revogado pelo mandante, genericamente com justa causa e, especialmente, perante extravio ou apossamento ilegítimo do cheque emitido.

IV – Se o depositante-sacador-mandante avisar o depositário-sacado-mandatário de que houve extravio de um cheque, é ilícito o seu pagamento, a não ser que o depositário-sacado-mandatário cumpra o seu ónus de provar que o detentor do cheque o adquiriu por meios legítimos e que tal lhe demonstrara.

V – Sendo ilícito esse eventual pagamento, ilícito é que mais de sete meses após revogação de um cheque, o depositário anote, nele, que não o paga por falta de provisão, já que a razão nuclear e suficiente era a revogação do cheque.

VI – O depositário-sacado-mandatário, *rectius* ex-mandatário, responde pelos danos que, com o seu procedimento, adequadamente causar.

(Ac. S.T.J., de 19.10.93, in BMJ, 430, p. 466).

Art. 5.º   *Lei Uniforme sobre Cheque*   107

I – O depósito de cheque não integra o contrato definido no art. 1185.º do Código Civil, pois não se destina a ser restituído, mas sim a transformar-se em numerário, tornando-se então num verdadeiro depósito irregular.

II – Não existe, por parte do banco depositário, a obrigação de, no caso do cheque não ter provisão, avisar do facto o depositante, logo no acto do depósito.

(Ac. R.L., de 01.07.93, in CJ, Ano XVIII, T. III, p. 146).

I – O desconto bancário é um contrato misto de mútuo mercantil e de dação *pro solvendo*.

II – No contrato de desconto bancário o descontador fica munido de dois títulos ou causas de pedir: o mútuo, em relação ao crédito causal, e o endosso e posse das letras, com referência ao crédito cambiário.

III – Na falta de estipulação em contrário, a obrigação do mutuário é autónoma ou principal, e não subsidiária, em relação à obrigação cambiária.

IV – O banco (descontador ou descontante) pode, pois, demandar o cliente (descontário), sem necessidade de prévia execução contra algum dos subscritores das letras, particularmente na hipótese de o crédito causal ser mais extenso do que o cambiário.

(Ac. S.T.J., de 30.03.93, in BMJ, 425, p. 586).

Se o banqueiro sacado se nega injustificadamente a pagar um cheque sobre ele emitido, só o sacador o pode accionar.

(Ac. R.C., de 16.02.93, in CJ, Ano XVIII, T. I, p. 51).

Art. 4.º (Proibição do aceite)

O cheque não pode ser aceito. A menção de aceite lançada no cheque considera-se como não escrita.

Art. 5.º (Modalidades do cheque quanto ao beneficiário)

O cheque pode ser feito pagável:

A uma determinada pessoa, com ou sem cláusula expressa «à ordem»;

A uma determinada pessoa, com a cláusula «não à ordem», ou outra equivalente;

Ao portador.

O cheque passado a favor duma determinada pessoa, mas que contenha a menção «ou ao portador», ou outra equivalente, é considerado como cheque ao portador.

O cheque sem indicação do beneficiário é considerado como cheque ao portador.

Art. 6.º (Modalidades do saque)

O cheque pode ser passado à ordem do próprio sacador.

O cheque pode ser sacado por conta de terceiro.

O cheque não pode ser passado sobre o próprio sacador, salvo no caso em que se trate dum cheque sacado por um estabelecimento sobre outro estabelecimento, ambos pertencentes ao mesmo sacador.

Art. 7.º (Inexistência da estipulação de juros)

Considera-se como não escrita qualquer estipulação de juros inserta no cheque.

Art. 8.º (Cheque pagável no domicílio de terceiro)

O cheque pode ser pagável no domicílio de terceiro, quer na localidade onde o sacado tem o seu domicílio, quer numa outra localidade, sob a condição no entanto de que o terceiro seja banqueiro.

Art. 9.º (Divergências sobre o montante)

O cheque cuja importância for expressa por extenso e em algarismos vale, em caso de divergência, pela quantia designada por extenso.

O cheque cuja importância for expressa várias vezes, quer por extenso, quer em algarismos, vale, em caso de divergência, pela menor quantia indicada.

Art. 10.º (Independência das assinaturas válidas)

Se o cheque contém assinaturas de pessoas incapazes de se obrigarem por cheque, assinaturas falsas, assinaturas de pessoas fictícias, ou assinaturas que por qualquer outra razão não poderiam obrigar as pessoas que assinaram o cheque, ou em nome das quais ele foi assinado, as obrigações dos outros signatários não deixam por esse facto de ser válidas.

Art. 11.º (Cheque assinado por mandatário sem poderes ou com excesso de poder)

Todo aquele que apuser a sua assinatura num cheque, como representante duma pessoa, para representar a qual não tinha de facto poderes, fica obrigado em virtude do cheque e, se o pagar, tem os mesmos direitos que o pretendido representado. A mesma regra se aplica ao representante que tenha excedido os seus poderes.

    I – A obrigação cambiária mergente da assinatura aposta no cheque é uma obrigação abstracta.

    II – Se no cheque e no lugar de assinatura não consta que a mesma foi feita na qualidade de gerente dessa sociedade, o subscritor fica obrigado nos termos do artigo 11.º da Lei Uniforme sobre Cheques.

    (Ac. R.P., de 20.05.99, in BMJ, 487, p. 364).

Art. 12.º (Responsabilidade do sacador)

O sacador garante o pagamento. Considera-se como não escrita qualquer declaração pela qual o sacador se exima a esta garantia.

    I – O direito ao pagamento de um cheque e juros legais, não é, de forma alguma, um direito indisponível e irrenunciável.

    II – Ao pagamento serão de equiparar todas as formas legais de extinção da obrigação pecuniária do arguido devedor, desde que verificadas até ao momento do primeiro interrogatório daquele.

    III – Nos actos não delegáveis nos órgãos de polícia criminal não está incluído o primeiro interrogatório do arguido.

    (Ac. R.P., de 11.05.94, in BMJ, 437, p. 581).

Art. 13.º (Violação do acordo de preenchimento)

Se um cheque incompleto no momento de ser passado tiver sido completado contrariamente aos acordos realizados, não pode a inobservância desses acordos ser motivo de oposição ao portador, salvo se este tiver adquirido o cheque de má fé, ou, adquirindo-o, tenha cometido uma falta grave.

JURISPRUDÊNCIA:

Não se tendo provado que, pelo sacador fora dada autorização ao tomador para preencher o cheque nos termos em que o fez, é de concluir que a aposição da data que dele conste foi abusiva e, consequentemente, que aquele título de crédito carece de eficácia para efeitos penais, não havendo por isso também fundamento para indemnização civil, a coberto do art. 12.º do DL n.º 605/75, de 3--11.

(Ac. R.L., de 03.03.98, in CJ, Ano XXIII, T. II, p. 142).

   I – O cheque entregue sem indicação de data só é válido se posteriormente vem a ser completado nos termos dos acordos realizados.

   II – Com o art. 11.º do DL 454/91, o crime de emissão de cheque sem provisão passou a ser um crime de dano, sem deixar de, subsidiariamente, visar proteger a sua livre circulação.

   III – O cheque de garantia é aquele que não se destina ao pagamento de uma obrigação, mas assume finalidade subsidiária, de mera garantia do seu cumprimento.

   IV – O crime de emissão de cheque sem provisão é um tipo especial em relação ao crime de burla, reconduzindo-se tal especialidade ao próprio artifício fraudulento.

   V – O tribunal só deve negar a aplicação de uma pena alternativa ou de substituição, quando a execução da prisão se revele, do ponto de vista da prevenção especial de socialização, necessária, ou, em todo o caso provavelmente mais conveniente do que essas penas.

   VI – O ponto de partida da determinação do montante da multa deve ser o rendimento líquido do condenado, só relevando o património na medida em que os seus elementos, considerados individualmente, sejam fonte de rendimentos.

(Ac. R.C., de 28.11.96, in CJ, Ano XXI, T. V, p. 56).

Art. 13.º · *Lei Uniforme sobre Cheque* · 111

I – (...).

II – O cheque entregue em branco só é válido desde que completado nos termos dos acordos realizados, nada na lei fazendo presumir que a simples entrega do cheque contem em si a anuência para seu preenchimento.

(Ac. R.C., de 16.05.96, in CJ, Ano XXI, T. III, p. 44).

Em processo de embargos de executado é sobre o embargante, subscritor do cheque exequendo, emitido com data em branco e posteriormente completado pelo tomador ou a seu mando, que recai o ónus da prova da existência de acordo de preenchimento e da sua inobservância.

(Assento S.T.J., de 14.05.96, in BMJ, 457, p. 59).

I – Resulta do artigo 13.º da Lei Uniforme Sobre Cheques que o cheque emitido sem data adquire eficácia se esta lhe for aposta posteriormente, a não ser que o preenchimento contrarie o acordo realizado; neste caso, o vício só pode ser oposto ao portador se este, ao adquirir o cheque, tiver procedido de má fé ou cometendo falta grave.

II – O artigo 2.º da aludida Lei Uniforme deve entender-se referido no momento da apresentação do cheque a pagamento e não ao da sua emissão: o cheque que no momento da sua apresentação a pagamento contém todos os elementos exigidos por lei é válido e válido continua a ser em qualquer momento posterior, designadamente quando é invocado em juízo como título executivo.

III – O direito do portador do cheque é o que deriva do próprio cheque, provando-se através do título.

IV – A inobservância de um acordo de preenchimento quanto à data, entre sacador (executado, embargante) e tomador (exequente, embargado), constitui facto impeditivo do direito aludido em III.

V – O ónus da prova da inobservância do acordo impende, pois, nos termos do artigo 342.º, n.º 2, do Código Civil, sobre o sacador/ embargante.

(Ac. S.T.J., de 05.05.94, in BMJ, 437, p. 525).

Se o cheque não continha a data de emissão e foi depois completado com uma data que não respeitou o acordo de preenchimento (ou não existindo este acordo), o cheque é nulo e não beneficia de protecção penal.

(Ac. R.C., de 23.09.93, in BMJ, 429, p. 893).

V. ainda *Acordão R.P. de 21.06.95*, in *BMJ, 448, p. 434* (em anotação ao art. 2.º LUC), inserido a págs. 95; *Acordão S.T.J. de 26.01.94*, in *BMJ, 433, p. 336* (em anotação ao art. 2.º LUC), inserido a págs. 96 e *Acordão R.C., de 02.06.93*, in *BMJ, 428, p. 690* (em anotação ao art. 2.º LUC), inserido a págs. 96.

CAPÍTULO II – Da transmissão

Art. 14.º (Formas de transmissão)

O cheque estipulado pagável a favor duma determinada pessoa, com ou sem cláusula expressa «à ordem», é transmissível por via de endosso.

O cheque estipulado pagável a favor duma determinada pessoa, com a cláusula «não à ordem» ou outra equivalente, só é transmissível pela forma e com os efeitos duma cessão ordinária.

O endosso pode ser feito mesmo a favor do sacador ou de qualquer outro co-obrigado. Essas pessoas podem endossar novamente o cheque.

JURISPRUDÊNCIA:

I – A causa final do endosso de cheques é passível de qualquer tipo de prova complementar da literalidade dos cheques, no âmbito endossante-endossado.

II – A literalidade do art. 428.º do C.C. não esgota o regime jurídico sobre reciprocidade de comportamentos.

III – Segundo o princípio da boa fé, a *exceptio non rite adimpleti contractus* implica que, havendo correspectividade de prestações, um contraente não pode ser obrigado a prestar o que corresponda ao que o outro prestou defeituosamente ou não prestou parcialmente.

IV – Provado que houve pagamento parcial de valor constante da letra de câmbio, que o portador das letras não cumpriu adequadamente a sua correspectiva prestação e que há encontro de contas a efectuar, tais letras, literalmente, careceu de exequibilidade, tendo o exequente ónus de liquidação preliminar a eventual execução.

(Ac. S.T.J., de 28.10.97, in CJ, Ano V, T. III, p. 105).

I – As Tesourarias das Delegações Aduaneiras extraurbanas devem proceder ao depósito diário das disponibilidades de Caixa em contas abertas à ordem da D.G. das Alfândegas, na agência ou dependência da instituição de crédito mais próximo.

II – A lei não permite pagamento por endosso de cheques, já que, quanto a reembolsos, na carência de disponibilidades de caixa, os mesmos deverão ser efectuadas por meio de cheques nominativos.

(Ac. S.T.J. de 01.10.96, in CJ, Ano IV, T. III, p. 29).

Art. 15.º (Modalidades do endosso)

O endosso deve ser puro e simples. Considera-se como não escrita qualquer condição a que ele esteja subordinado.

É nulo o endosso parcial.

É nulo igualmente o endosso feito pelo sacado.

O endosso ao portador vale como endosso em branco.

O endosso ao sacado só vale como quitação, salvo no caso de o sacado ter vários estabelecimentos e de o endosso ser feito em benefício de um estabelecimento diferente daquele sobre o qual o cheque foi sacado.

Art. 16.º (Forma do endosso)

O endosso deve ser escrito no cheque ou numa folha ligada a este (anexo). Deve ser assinado pelo endossante.

O endosso pode não designar o beneficiário ou consistir simplesmente na assinatura do endossante (endosso em branco). Neste último caso o endosso, para ser válido, deve ser escrito no verso do cheque ou na folha anexa.

Art. 17.º (Efeitos do endosso. Endosso em branco)

O endosso transmite todos os direitos resultantes do cheque.

Se o endosso é em branco, o portador pode:

1.º Preencher o espaço em branco, quer com o seu nome, quer com o nome de outra pessoa;

2.º Endossar o cheque de novo em branco ou a outra pessoa;

3.º Transferir o cheque a um terceiro sem preencher o espaço em branco nem o endossar.

Art. 18.º (Responsabilidade do endossante)

Salvo estipulação em contrário, o endossante garante o pagamento. O endossante pode proibir um novo endosso, e neste caso não garante o pagamento às pessoas a quem o cheque for posteriormente endossado.

Art. 19.º (Requisitos da legitimidade do portador)

O detentor de um cheque endossável é considerado portador legítimo se justifica o seu direito por uma série ininterrupta de endossos, mesmo se o último for em branco. Os endossos riscados são, para este efeito, considerados como não escritos. Quando o endosso em branco é seguido de um outro endosso, presume-se que o signatário deste adquiriu o cheque pelo endosso em branco.

Art. 20.º (Endosso ao portador)

Um endosso num cheque passado ao portador torna o endossante responsável nos termos das disposições que regulam o direito de acção, mas nem por isso converte o título num cheque à ordem.

Art. 21.º (Direitos do detentor)

Quando uma pessoa foi por qualquer maneira desapossada de um cheque, o detentor a cujas mãos ele foi parar — quer se trate de um cheque ao portador, quer se trate de um cheque endossável em relação ao qual o detentor justifique o seu direito pela forma indicada no artigo 19.º — não é obrigado a restituí-lo, a não ser que o tenha adquirido de má fé, ou que, adquirindo-o, tenha cometido uma falta grave.

Art. 22.º (Excepções inoponíveis ao portador)

As pessoas accionadas em virtude de um cheque não podem opor ao portador as excepções fundadas sobre as relações pessoais delas com o sacador, ou com os portadores anteriores, salvo se o portador ao adquirir o cheque tiver procedido conscientemente em detrimento do devedor.

Art. 23.º (Endosso por mandato)

Quando um endosso contém a menção «valor a cobrar» (*valeur en recouvrement*), «para cobrança» (*pour encaissement*), «por procuração» (*par procuration*), ou qualquer outra menção que implique um simples mandato, o portador pode exercer todos os direitos resultantes do cheque, mas só pode endossá-lo na qualidade de procurador.

Os co-obrigados neste caso só podem invocar contra o portador as excepções que eram oponíveis ao endossante.

O mandato que resulta de um endosso por procuração não se extingue por morte ou sobrevinda incapacidade legal do mandatário.

JURISPRUDÊNCIA:

I – Tendo o tomador do cheque endossado o mesmo ao Banco onde tem conta, a fim de o respectivo valor nela ser depositado, estamos perante um endosso impróprio, por procuração, para efeitos de cobrança, previsto pelo art. 23.º da Lei Uniforme sobre o Cheque.

II – Não tendo o banco conseguido cobrar o cheque, não havia obstáculo a que o devolvesse ao endossante, sem necessidade de nele apor um novo endosso.

(Ac. da R.L., de 02.12.99, in CJ, A. XXIV, T. V, p. 114).

Art. 24.º (Endosso após protesto)

O endosso feito depois de protesto ou duma declaração equivalente, ou depois de terminado o prazo para apresentação, produz apenas os efeitos de uma cessão ordinária.

Salvo prova em contrário, presume-se que um endosso sem data haja sido feito antes do protesto ou das declarações equivalentes, ou antes de findo o prazo indicado na alínea precedente.

CAPÍTULO III – Do aval

Art. 25.º (Função do aval)

O pagamento dum cheque pode ser garantido no todo ou em parte do seu valor por um aval.

Esta garantia pode ser dada por um terceiro, exceptuado o sacado, ou mesmo por um signatário do cheque.

Art. 26.º (Forma do aval)

O aval é dado sobre o cheque ou sobre a folha anexa.

Exprime-se pelas palavras «bom para aval», ou por qualquer outra forma equivalente; é assinado pelo avalista.

Considera-se como resultando da simples aposição da assinatura do avalista na face do cheque, excepto quando se trate da assinatura do sacador.

O aval deve indicar a quem é prestado. Na falta desta indicação considera-se prestado ao sacador.

Art. 27.º (Direitos e obrigações do avalista)

O avalista é obrigado da mesma forma que a pessoa que ele garante.

A sua responsabilidade subsiste ainda mesmo que a obrigação que ele garantiu fosse nula por qualquer razão que não seja um vício de forma.

Pagando o cheque, o avalista adquire os direitos resultantes dele contra o garantido e contra os obrigados para com este em virtude do cheque.

CAPÍTULO IV – Da apresentação e do pagamento

Art. 28.º (Pagamento à vista)

O cheque é pagável à vista. Considera-se como não escrita qualquer menção em contrário.

Art. 29.º

Lei Uniforme sobre Cheque

O cheque apresentado a pagamento antes do dia indicado como data da emissão é pagável no dia da apresentação.

Art. 29.º (Prazo para apresentação a pagamento)

O cheque pagável no país onde foi passado deve ser apresentado a pagamento no prazo de oito dias.

O cheque passado num país diferente daquele em que é pagável deve ser apresentado respectivamente num prazo de vinte ou setenta dias, conforme o lugar de emissão e o lugar de pagamento se encontram situados na mesma ou em diferentes partes do mundo.

Para este efeito os cheques passados num país europeu e pagáveis num país à beira do Mediterrâneo, ou *vice-versa*, são considerados como passados e pagáveis na mesma parte do mundo.

Os prazos acima indicados começam a contar-se do dia indicado no cheque como data da emissão.

JURISPRUDÊNCIA:

I – O n.º 4 do art. 3.º do D-L 316/97 pressupõe apenas que, já na fase de julgamento, ou seja, após despacho nos termos dos arts. 311.º e 312.º do C.P.P., se tenha decidido, em virtude da descriminalização resultante da nova lei, pela extinção do procedimento criminal, sem que, portanto, tenha sido conhecido em julgamento, do mérito relativamente ao crime e se haja aí concluído pela sua inexistência, consequente dessa descriminalização.

II – Consequentemente, não deve o tribunal conhecer do pedido cível, no caso de absolvição resultante, não só da referida descriminalização, mas também, da circunstância de a apresentação a pagamento dos cheques não ter sido efectuada no prazo de 8 dias, estabelecido pela lei Uniforme.

(*Ac. STJ, de 13.10.99, in CJ, Ano VII, Tomo III, p. 169*).

É parte legítima para a execução aquele que assina um cheque sobre a conta de uma sociedade da qual é gerente, com poderes para a obrigar, desde que do título não conste ou resulte expressamente que agiu em nome dela.

(*Ac. R.P., de 20.05.99, in CJ, A. XXIV, T. III, p. 196*).

I – A ampliação do elenco dos títulos executivos por força da alteração introduzida à alínea c) do artigo 46.º do Código de Processo Civil pelo Decreto-Lei n.º 329-A/95, de 12 de Dezembro, não tem a virtualidade de colidir com a aplicação da legislação específica sobre cheques constante da respectiva Lei Uniforme.

II – Está totalmente ausente da letra ou do espírito da reforma processual de 1995, no que tange às alterações introduzidas na mencionada norma da alínea c) do artigo 46.º, qualquer intencionalidade visando a não aplicação dos normativos próprios da Lei Uniforme Relativa ao Cheque.

III – O que significa que permanece intocado o requisito de exequibilidade constante do primeiro parágrafo do artigo 29.º da Lei Uniforme sobre Cheques, de acordo com o qual «o cheque pagável no país onde foi passado deve ser apresentado a pagamento no prazo de oito dias».

(Ac. STJ, de 04.05.99, in BMJ, 487, p. 240).

I – Está ausente da letra ou do espírito da reforma processual civil de 1995, no que respeita às alterações introduzidas na norma da al. c) do art. 46.º, qualquer intencionalidade visando a não aplicação dos normativos próprios da LUC.

II – O direito de acção do portador contra o sacador, por falta de pagamento, só poderá ser exercido se o cheque, apresentado dentro dos 8 dias, não for pago e se a recusa de pagamento for verificada, antes de expirar esse prazo, por um dos meios referidos nos arts. 40.º e 41.º da LUC.

(Ac. STJ, de 04.05.99, in CJ, A. VII, T. II, p. 82).

O cheque emitido em 28 de Dezembro de 1997 e devolvido em 7 de Janeiro de 1998, na compensação do Banco de Portugal, é na qualidade de documento particular assinado pelo devedor, título executivo, nos termos do artigo 46.º, alínea c), do Código de Processo Civil.

(Ac. R.P., de 29.04.99, in BMJ, 486, p. 365).

Art. 29.º   *Lei Uniforme sobre Cheque*   119

Em face da nova redacção dada ao artigo 46.º, alínea c), do Código de Processo Civil, introduzida pelo Decreto-Lei n.º 329-A/95, de 12 de Dezembro, o cheque passou a ser título executivo, independentemente de não observar as prescrições da Lei Uniforme dos Cheques, nomeadamente, por não ter sido apresentado a pagamento no prazo previsto no artigo 29.º desta última lei.

(Ac. R.L., de 22.04.99, in BMJ, 486, p. 359).

Encontra-se o cheque junto a processo pendente por crime de emissão de cheque sem cobertura, sendo indispensável para instrução e prova do mencionado crime, a fotocópia autenticada do cheque extraída desse processo crime constitui título executivo.

(Ac. R.P., de 29.10.98, in BMJ, 480, p. 547).

Embora não apresentado a pagamento no prazo de 8 dias a que se reporta o art. 29.º da LUC, o cheque não deixa, só por isso, de ser título executivo.

(Ac. R.L., de 18.12.97, in CJ, Ano XXII, T. V, p. 129).

I – A apresentação atempada do cheque a pagamento e a verificação, nesse prazo, da falta de provisão não podem provar-se senão através do próprio cheque, sendo irrelevantes ou inoperantes quaisquer outros elementos que lhe sejam estranhos.

II – Não preenche o tipo de crime de emissão de cheque sem provisão, a recusa de pagamento por motivo de «conta bloqueada» ainda que, através do extracto da conta, se pudesse verificar que o emitente não tinha fundos bastantes no banco sacado.

(Ac. R.P., de 10.01.96, in BMJ, 453, p. 559).

120   *Regime Jurídico dos Títulos de Crédito*   *Art. 32.º*

Preenche as condições objectivas de procedibilidade a alegação na acusação de que o cheque foi apresentado pela primeira vez a pagamento em determinada data e que foi devolvido por falta de provisão no prazo de oito dias, contados desde a data da emissão, sendo irrelevante para aquele efeito que tenha sido apresentado posteriormente, de novo, a pagamento, sendo devolvido, desta feita, com a menção «conta cancelada».

(Ac. R.P., de 21.06.95, in BMJ, 448, p. 434).

Os sábados são de considerar feriados para efeitos de prorrogação do prazo de apresentação do cheque a pagamento até ao primeiro dia útil que se seguiu ao termo do mesmo.

(Ac. R.C., de 09.02.94, in CJ, Ano XIX, T. I, p. 58).

Art. 30.º (Data de emissão no caso de divergência de calendários)

Quando o cheque for passado num lugar e pagável noutro em que se adopte um calendário diferente, a data da emissão será o dia correspondente no calendário do lugar do pagamento.

Art. 31.º (Apresentação à câmara de compensação)

A apresentação do cheque a uma câmara de compensação equivale à apresentação a pagamento.

Art. 32.º (Revogação do cheque)

A revogação do cheque só produz efeito depois de findo o prazo de apresentação.

Se o cheque não tiver sido revogado, o sacado pode pagá-lo mesmo depois de findo o prazo.

Art. 34.º   *Lei Uniforme sobre Cheque*   121

JURISPRUDÊNCIA:

    I – A revogação do cheque só se torna eficaz depois de findo o prazo de apresentação a pagamento, só então podendo o banco sacado recusar validamente o pagamento ao portador legítimo.

    II – Recusando o pagamento no prazo da apresentação, o banco viola ilicitamente o direito de outrem, incorrendo em responsabilidade civil extracontratual".

(Ac. R.P., de 18.05.99, in BMJ, 487, p. 364)

A revogação do cheque, isto é, a contra-ordem dada pelo sacador a sacado para não pagar, só produz efeito depois de findo o prazo de apresentação, não incorrendo, até então, o banco sacado em responsabilidade por não acatar a contra-ordem do sacador.

(Ac. R.P., de 18.11.96, in BMJ, 461, p. 515).

Revogada a ordem de pagamento de um cheque dada ao banco sacado, por um seu cliente, antes de ser apresentado pelo tomador, deixa de haver causa justificativa de deslocação patrimonial, para efeitos do enriquecimento sem causa, previsto no art. 473.º e segs. do Cód. Civil se o Banco paga o cheque e tem, por virtude disso, de reembolsar o seu sacador da correspondente garantia.

(Ac. R.P., de 06.01.94, in CJ, Ano XIX, T. I, p. 200).

Art. 33.º (Morte ou incapacidade do sacador)

A morte do sacador ou a sua incapacidade posterior à emissão do cheque não invalidam os efeitos deste.

Art. 34.º (Direito à entrega do cheque)

O sacado pode exigir, ao pagar o cheque, que este lhe seja entregue munido de recibo passado pelo portador.

O portador não pode recusar um pagamento parcial.

No caso de pagamento parcial, o sacado pode exigir que desse pagamento se faça menção no cheque e que lhe seja entregue o respectivo recibo.

Art. 35.º (Obrigação de verificar a regularidade da sucessão dos endossos)

O sacado que paga um cheque endossável é obrigado a verificar a regularidade da sucessão dos endossos, mas não a assinatura dos endossantes.

Art. 36.º (Moeda de pagamento)

Quando um cheque é pagável numa moeda que não tem curso no lugar do pagamento, a sua importância pode ser paga, dentro do prazo da apresentação do cheque, na moeda do país em que é apresentado, segundo o seu valor no dia do pagamento. Se o pagamento não foi efectuado à apresentação, o portador pode, à sua escolha, pedir que o pagamento da importância do cheque na moeda do país em que é apresentado seja efectuado ao câmbio, quer do dia da apresentação, quer do dia do pagamento.

A determinação do valor da moeda estrangeira será feita segundo os usos do lugar de pagamento. O sacador pode, todavia, estipular que a soma a pagar seja calculada segundo uma taxa indicada no cheque.

As regras acima indicadas não se aplicam ao caso em que o sacador tenha estipulado que o pagamento deverá ser efectuado numa certa moeda especificada (cláusula de pagamento efectivo numa moeda estrangeira).

Se a importância do cheque for indicada numa moeda que tenha a mesma denominação mas valor diferente no país de emissão e no de pagamento, presume-se que se fez referência à moeda do lugar de pagamento.

CAPÍTULO V – Dos cheques cruzados e cheques a levar em conta

Art. 37.º (Cheque cruzado. Modalidades de cruzamento)

O sacador ou o portador dum cheque podem cruzá-lo, produzindo assim os efeitos indicados no artigo seguinte.

O cruzamento efectua-se por meio de duas linhas paralelas traçadas na face do cheque e pode ser geral ou especial.

O cruzamento é geral quando consiste apenas nos dois traços paralelos, ou se entre eles está escrita a palavra «banqueiro» ou outra

Art. 38.º   *Lei Uniforme sobre Cheque*   123

equivalente; é especial quando tem escrito entre os dois traços o nome dum banqueiro.

O cruzamento geral pode ser convertido em cruzamento especial, mas este não pode ser convertido em cruzamento geral.

A inutilização do cruzamento ou do nome do banqueiro indicado considera-se como não feita.

Art. 38.º (Pagamento do cheque cruzado)

Um cheque com cruzamento geral só pode ser pago pelo sacado a um banqueiro ou a um cliente do sacado.

Um cheque com cruzamento especial só pode ser pago pelo sacado ao banqueiro designado, ou, se este é o sacado, ao seu cliente. O banqueiro designado pode, contudo, recorrer a outro banqueiro para liquidar o cheque.

Um banqueiro só pode adquirir um cheque cruzado a um dos seus clientes ou a outro banqueiro. Não pode cobrá-lo por conta doutras pessoas que não sejam as acima indicadas.

Um cheque que contenha vários cruzamentos especiais só poderá ser pago pelo sacado no caso de se tratar de dois cruzamentos, dos quais um para liquidação por uma câmara de compensação.

O sacado ou o banqueiro que deixar de observar as disposições acima referidas é responsável pelo prejuízo que daí possa resultar até uma importância igual ao valor do cheque.

JURISPRUDÊNCIA:

I – A excepção dilatória de preterição do tribunal arbitral (art. 494.º, n.º 1, al. h), do Cód. Proc. Civil) abarca, quer o compromisso arbitral, quer a cláusula compromissória.

II – Cheques bancários são aqueles em que o sacador é também um banqueiro, tendo, por isso, a cobertura garantida pela própria solvabilidade do emitente.

III – Há incumprimento contratual do transportador que aceita, para pagamento de mercadoria, um cheque particular, sacado pelo importador, quando se estipulara no contrato com o exportador que os artigos só seriam entregues contra cheque bancário.

IV – Se o cheque emitido pelo importador não puder ser descontado, o transportador tem de indemnização o expedidor até ao valor do seu reembolso (art. 21.º da Convenção CMR).

(Ac. R.P., de 09.05.95, in CJ, Ano XX, T. III, p. 208).

I – (...).

II – (...).

III – O Banco que se encarrega da cobrança de um cheque tem por obrigação não aceitar cheques que não sejam de uma perfeita regularidade aparente, correctamente redigidos e que não ofereçam quaisquer traço, emenda ou viciação.

IV – O Banco que recebe para cobrança um cheque cruzado por endosso e o cobra do banco sacado através de uma Câmara de Compensação, por conta de um cliente, é responsável à luz das normas de Direito vigente, sempre que se prove que aceitou, sem precauções, a remessa de alguém que havia desviado um cheque em seu proveito, como é o caso dos presentes autos, em que uma trabalhadora de uma empresa – encarregada de proceder ao depósito do cheque na conta daquela (empresa) – , e após ter rasurado o nome da destinatária inicial do cheque, o substitui pelo seu nome, depositando o mesmo cheque numa conta própria".

(Ac. STJ, de 14.04.99, in BMJ, 486, p. 279).

Art. 39.º (Cheque a levar em conta)

O sacador ou o portador dum cheque podem proibir o seu pagamento em numerário, inserindo na face do cheque transversalmente a menção «para levar em conta», ou outra equivalente.

Neste caso o sacado só pode fazer a liquidação do cheque por lançamento de escrita (crédito em conta, transferência duma conta para a outra ou compensação). A liquidação por lançamento de escrita vale como pagamento.

A inutilização da menção «para levar em conta» considera-se como não feita.

O sacado que deixar de observar as disposições acima referidas é responsável pelo prejuízo que daí possa resultar até uma importância igual ao valor do cheque. ([1])

([1]) – Acerca do uso obrigatório de cheque visado, v. Portaria n.º 796/99, de 15 de Setembro, que aqui se transcreve:

1.º É obrigatório o uso de cheque visado para o pagamento de:

a) Dívidas aduaneiras que decorram do processo de desalfandegamento de mercadorias;

b) Imposto automóvel e outras imposições que se mostrem devidas pela introdução no consumo de veículos automóveis.

CAPÍTULO VI – Da acção por falta de pagamento

Art. 40.º (Acção por falta de pagamento)

O portador pode exercer os seus direitos de acção contra os endossantes, sacador e outros co-obrigados, se o cheque, apresentado em tempo útil, não for pago e se a recusa de pagamento for verificada:

1.º Quer por um acto formal (protesto);
2.º Quer por uma declaração do sacado, datada e escrita sobre o cheque, com a indicação do dia em que este foi apresentado;
3.º Quer por uma declaração datada duma câmara de compensação, constatando que o cheque foi apresentado em tempo útil e não foi pago.

JURISPRUDÊNCIA:

> O portador de um cheque – que não é parte no contrato de cheque – só pode, no caso de recusa de pagamento do cheque, accionar o sacador (e os eventuais endossantes e avalistas), mas não o banco respectivo.
>
> *(Ac. R.C., de 16.02.93, in BMJ, 424, p. 744).*

Art. 41.º (Prazo para protesto)

O protesto ou a declaração equivalente deve ser feito antes de expirar o prazo para a apresentação.

Se o cheque for apresentado no último dia do prazo, o protesto ou a declaração equivalente pode ser feito no primeiro dia útil seguinte.

2.º É ainda exigível o uso de cheque visado para os seguintes pagamentos efectuados junto das tesourarias da Fazenda Pública:

a) No âmbito do processo de execução fiscal, nos casos em que o pagamento do montante em dívida permita o levantamento imediato da garantia prestada para suspender a execução ou impeça a concretização da venda de bens penhorados;

b) Para pagamento de valores selados e impressos.

Art. 42.º (Aviso da falta de pagamento)

O portador deve avisar da falta de pagamento o seu endossante e o sacador, dentro dos quatro dias úteis que se seguirem ao dia do protesto, ou da declaração equivalente, ou ao dia da apresentação se o cheque contiver a cláusula «sem despesas». Cada um dos endossantes deve por sua vez, dentro dos dois dias úteis que se seguirem ao da recepção do aviso, informar o seu endossante do aviso que recebeu, indicando os nomes e endereços dos que enviaram os avisos precedentes, e assim sucessivamente até se chegar ao sacador. Os prazos acima indicados contam-se a partir da recepção do aviso precedente.

Quando, em conformidade com o disposto na alínea anterior, se avisou um signatário do cheque, deve avisar-se igualmente o seu avalista dentro do mesmo prazo de tempo.

No caso de um endossante não ter indicado o seu endereço, ou de o ter feito de maneira ilegível, basta que o aviso seja enviado ao endossante que o precede.

A pessoa que tenha de enviar um aviso pode fazê-lo por qualquer forma, mesmo pela simples devolução do cheque.

Essa pessoa deverá provar que o aviso foi enviado dentro do prazo prescrito. O prazo considerar-se-á como tendo sido observado desde que a carta contendo o aviso tenha sido posta no correio dentro dele.

A pessoa que não der o aviso dentro do prazo acima indicado não perde os seus direitos. Será responsável pelo prejuízo, se o houver, motivado pela sua negligência, sem que a responsabilidade possa exceder o valor do cheque.

Art. 43.º (Cláusula de dispensa do protesto)

O sacador, um endossante ou um avalista pode, pela cláusula «sem despesas», «sem protesto», ou outra cláusula equivalente, dispensar o portador de estabelecer um protesto ou outra declaração equivalente para exercer os seus direitos de acção.

Essa cláusula não dispensa o portador da apresentação do cheque dentro do prazo prescrito nem tão-pouco dos avisos a dar. A prova da inobservância do prazo incumbe àquele que dela se prevaleça contra o portador.

Se a cláusula for escrita pelo sacador, produz os seus efeitos em relação a todos os signatários do cheque; se for inserida por um endossante

Art. 46.º　　　　　*Lei Uniforme sobre Cheque*　　　　　127

ou por um avalista, só produz efeito em relação a esse endossante ou avalista. Se, apesar da cláusula escrita pelo sacador, o portador faz o protesto ou a declaração equivalente, as respectivas despesas serão de conta dele. Quando a cláusula emanar de um endossante ou de um avalista, as despesas do protesto, ou de declaração equivalente, se for feito, podem ser cobradas de todos os signatários do cheque.

Art. 44.º (Responsabilidade solidária dos signatários)

Todas as pessoas obrigadas em virtude de um cheque são solidariamente responsáveis para com o portador.

O portador tem o direito de proceder contra essas pessoas, individual ou colectivamente, sem necessidade de observar a ordem segundo a qual elas se obrigaram.

O mesmo direito tem todo o signatário dum cheque que o tenha pago.

A acção intentada contra um dos co-obrigados não obsta ao procedimento contra os outros, embora esses se tivessem obrigado posteriormente àquele que foi accionado em primeiro lugar.

Art. 45.º (Direitos do portador contra o demandado)

O portador pode reclamar daquele contra o qual exerceu o seu direito de acção:

1.º A importância do cheque não pago;

2 .º Os juros à taxa de 6 por cento desde o dia da apresentação;

3.º As despesas do protesto ou da declaração equivalente, as dos avisos feitos e as outras despesas.

V. *Ac. R.L., de 20.04.99,* in *CJ, A. XXIV, T. II, p. 109* (em anotação ao art. 3.º da LUC), a pág. 98.

Art. 46.º (Direitos de quem pagou)

A pessoa que tenha pago o cheque pode reclamar daqueles que são responsáveis para com ele:

1.º A importância integral que pagou;

2.° Os juros da mesma importância, à taxa de 6 por cento, desde o dia em que a pagou;

3.° As despesas por ele feitas.

Art. 47.° (Direito à entrega do cheque pago)

Qualquer dos co-obrigados, contra o qual se intentou ou pode ser intentada uma acção, pode exigir, desde que reembolse o cheque, a sua entrega com o protesto ou declaração equivalente e um recibo.

Qualquer endossante que tenha pago o cheque pode inutilizar o seu endosso e os endossos dos endossantes subsequentes.

Art. 48.° (Prorrogação dos prazos em caso de força maior)

Quando a apresentação do cheque, o seu protesto ou a declaração equivalente não puder efectuar-se dentro dos prazos indicados por motivo de obstáculo insuperável (prescrição legal declarada por um Estado qualquer ou outro caso de força maior), esses prazos serão prorrogados.

O portador deverá avisar imediatamente do caso de força maior o seu endossante e fazer menção datada e assinada desse aviso no cheque ou na folha anexa; para o demais aplicar-se-ão as disposições do artigo 42.°.

Desde que tenha cessado o caso de força maior, o portador deve apresentar imediatamente o cheque a pagamento e, caso haja motivo para tal, fazer o protesto ou uma declaração equivalente.

Se o caso de força maior se prolongar além de quinze dias a contar da data em que o portador, mesmo antes de expirado o prazo para a apresentação, avisou o endossante do dito caso de força maior, podem promover-se acções sem que haja necessidade de apresentação, de protesto ou de declaração equivalente.

Não são considerados casos de força maior os factos que sejam de interesse puramente pessoal do portador ou da pessoa por ele encarregada da apresentação do cheque ou de efectivar o protesto ou a declaração equivalente.

CAPÍTULO VII – Da pluralidade dos exemplares

Art. 49.º (Pluralidade de exemplares)

Exceptuado o cheque ao portador, qualquer outro cheque emitido num país e pagável noutro país ou numa possessão ultramarina desse país, e *vice-versa*, ou ainda emitido e pagável na mesma possessão ou em diversas possessões ultramarinas do mesmo país, pode ser passado em vários exemplares idênticos.

Quando um cheque é passado em vários exemplares, esses exemplares devem ser numerados no texto do próprio título, pois de contrário cada um será considerado como sendo um cheque distinto.

Art. 50.º (Efeito do pagamento dum dos exemplares)

O pagamento efectuado contra um dos exemplares é liberatório, mesmo quando não esteja estipulado que este pagamento anula o efeito dos outros.

O endossante que transmitiu os exemplares do cheque a várias pessoas, bem como os endossantes subsequentes, são responsáveis por todos os exemplares por eles assinados que não forem restituídos.

CAPÍTULO VIII – Das alterações

Art. 51.º (Consequências da alteração do texto)

No caso de alteração do texto dum cheque, os signatários posteriores a essa alteração ficam obrigados nos termos do texto alterado; os signatários anteriores são obrigados nos termos do texto original.

CAPÍTULO IX – Da prescrição

Art. 52.º (Prazo de prescrição)

Toda a acção do portador contra os endossantes, contra o sacador ou contra os demais co-obrigados prescreve decorridos que sejam seis meses, contados do termo do prazo de apresentação.

130 Regime Jurídico dos Títulos de Crédito Art. 52.º

Toda a acção de um dos co-obrigados no pagamento de um cheque contra os demais prescreve no prazo de seis meses, contados do dia em que ele tenha pago o cheque ou do dia em que ele próprio foi accionado.

Nota:
Sobre o valor do cheque como título executivo cfr. com o art. 46.º C. P. Civil, em anotação ao art. 70.º L.U.L.L., a pág. 66.

JURISPRUDÊNCIA:

I – A invocação do cheque como quirógrafo significa que se utiliza o mesmo como documento particular, sem as características que são próprias dos títulos de crédito.

II – A ordem de pagamento dada ao banco e concretizada no cheque implica, em princípio, um reconhecimento unilateral de dívida.

III – É ao devedor que, nos termos do art. 458.º do CC, incumbe a prova da inexistência ou da cessação da respectiva causa.

(Ac. STJ, de 11.05.99, in CJ, A. VII, T. II, p. 88).

I – Apesar de estar prescrito o direito de acção do cheque (*latu sensu*), ele, mantém a sua natureza de título executivo.

II – A prescrição do direito de accionar não é de conhecimento oficioso.

(Ac. R.C., de 03.12.98, in CJ, Ano XXIII, T. V, p. 33).

I – Os cheques gozam de força executiva, desde que preencham o condicionalismo previsto no artigo 486.º, alínea c), do Código de Processo Civil (nova redacção).

II – A prescrição do direito do portador do cheque nada tem que ver com as qualidades do título em si, mas com o direito que se pretende exercitar.

III – Assim, nunca com base na prescrição do direito que, aliás, não é conhecimento oficioso, pode ser indeferido liminarmente o requerimento executivo que tenha por base aqueles títulos.

(Ac. R.C., de 03.12.98, in BMJ, 482, p. 306).

I – Salvo caso de força maior, a fotocópia autenticada do cheque não pode servir de fundamento à execução.

Art. 52.º   *Lei Uniforme sobre Cheque*   131

II – Deve ser liminarmente indeferida a petição de acção executiva quando o exequente não juntar o original do cheque, se não tiver invocado a impossibilidade de o fazer.

III – A não invocação, na petição inicial, da impossibilidade de juntar o original do cheque não pode ser suprida em sede de alegação de recurso.

(Ac. STJ, de 09.07.98, in BMJ, 479, p. 494).

O prazo de prescrição fixado no artigo 52.º da Lei Uniforme sobre Cheques não começa a correr enquanto estiver pendente o processo crime, instaurado antes de decorrido aquele prazo, impeditivo da instauração em separado da acção cível, declarativa ou executiva.

(Ac. R.P., de 25.06.98, in BMJ, 487, p. 450).

Constitui título executivo fundado em documento particular assinado pelo executado a ordem de débito em conta (transferência bancária) pela qual o executado solicita ao banco que proceda à transferência para a conta do exequente de determinado montante.

(Ac. R.P., de 07.05.98, in BMJ, 477, p. 570).

Para efeitos de contagem do prazo de prescrição da acção do portador do cheque, é relevante o momento da primeira apresentação do título a pagamento.

(Ac. R.P., de 09.12.96, in BMJ, 462, p. 486).

Só o original do cheque pode servir de título executivo.

(Ac. R.L., de 02.05.96, in BMJ, 457, p. 429).

O cheque continua a ser título executivo, mesmo na hipótese de constar no seu verso a declaração de recusa do pagamento por extravio.

(Ac. R.P., de 01.02.96, in BMJ, 454, p. 793).

É responsável pelo pagamento de um cheque quem o assinou em representação de uma pessoa, sem poderes para o efeito, servindo o mesmo de título executivo.

(Ac. R.L., de 14.02.95, in BMJ, 444, p. 688).

Diferentemente do que sucede com a letra, a cópia de um cheque não tem valor nem eficácia cambiária e, por isso, não se inclui no elenco dos títulos executivos enumerados na lei de processo.

(Ac. R.P., de 24.10.94, in BMJ, 440, p. 539).

I – Na acção executiva, a causa de pedir não é título executivo mas, sim, o facto jurídico nuclear constitutivo de determinada obrigação, ainda que com raiz ou reflexo no título.

II – O contrato de abertura de crédito em causa, tal como foi regulamentado pelas partes, é de tipo preliminar, tendo a sua essência na circunstância de uma entidade (creditante) viabilizar, a outra (creditada), o subsequente fornecimento de soma ou somas de dinheiro, através de outra ou outras operações previstas naquele contrato e na medida dos fins da creditante; o contrato de abertura de crédito em apreço não é constitutivo de qualquer direito da creditada a um pagamento pela creditante.

III – Assim, é inviável acção executiva proposta pela creditada contra a creditante, pedindo o «pagamento» do valor do crédito aberto, com base em tal contrato e em hipoteca realizada pela creditada a favor da creditante.

(Ac. S.T.J., de 08.06.93, in BMJ, 428, p. 521).

Art. 53.º (Efeito da prescrição)

A interrupção da prescrição só produz efeito em relação à pessoa para a qual a interrupção foi feita.

CAPÍTULO X – Disposições gerais

Art. 54.º (Alcance da noção de banqueiro)

Na presente lei a palavra «banqueiro» compreende também as pessoas ou instituições assimiladas por lei aos banqueiros.

Art. 55.º (Prorrogação do prazo)

A apresentação e o protesto dum cheque só podem efectuar-se em dia útil.

Quando o último dia do prazo prescrito na lei para a realização dos actos relativos ao cheque, e principalmente para a sua apresentação ou estabelecimento do protesto ou dum acto equivalente, for feriado legal, esse prazo é prorrogado até ao primeiro dia útil que se seguir ao termo do mesmo. Os dias feriados intermédios não compreendidos na contagem do prazo.

Art. 56.º (Contagem do prazo)

Os prazos previstos na presente lei não compreendem o dia que marca o seu início.

Art. 57.º (Inadmissibilidade de dias de perdão)

Não são admitidos dias de perdão, quer legal quer judicial.

2) REGIME JURÍDICO-PENAL DO CHEQUE

Regime jurídico-penal do cheque sem provisão

Decreto-Lei n.º 454/91, de 19.11 ([1])

Na sequência de um conjunto de acções destinadas a fomentar a utilização do cheque, foi publicado o Decreto-Lei n.º 530/75, de 25 de Setembro, que introduziu no nosso ordenamento jurídico uma medida administrativa com o objectivo de impedir o acesso àquele meio de pagamento a utilizadores que pusessem em causa o espírito de confiança inerente à sua normal circulação. (...)

Tendo em vista alcançar tais objectivos, determina-se no presente diploma a obrigatoriedade de as instituições de crédito rescindirem as convenções de cheque com entidades que revelem utilizá-lo indevidamente. O Banco de Portugal, além do dever de verificar o cumprimento das obrigações agora impostas às instituições de crédito, fica incumbido de centralizar e difundir pelo sistema bancário a relação dos utilizadores do cheque que oferecem risco. (...)

Estabelece-se assim a obrigatoriedade de pagamento pelas instituições de crédito dos cheques que apresentem falta ou insuficiência de provisão, sendo que este facto não afasta as consequências administrativas previstas para a utilização indevida do cheque, pondo em causa o espírito de confiança que deve presidir à sua circulação. (...)

A aplicação das penas do crime de burla ao sacador de cheque sem provisão, bem como ao que, após a emissão, procede ao levantamento de fundos que impossibilitem o pagamento ou proíba ao sacador este pagamento, é uma consequência da proximidade material desses comportamentos com os que integram aquela figura do direito penal clássico. (...)

Neste aspecto parecem particularmente adequadas a interdição temporária do uso de cheques e a publicidade da sentença, constituindo crime de desobediência qualificada a emissão de cheques enquanto durar a interdição. (...)

A sentença condenatória deve ser comunicada ao Banco de Portugal, que, por seu turno, deve informar as restantes instituições bancárias, que

---

([1]) Segundo a redacção introduzida pelo Decreto-Lei n.º 316/97, de 19.11, que alterou os arts. 1.º a 3.º e 5.º a 14.º e aditou os arts. 1.º-A, 11.º-A e 13.º-A e de acordo com a Declaração de Rectificação n.º 1-C/98, de 31.01, DR, I – A, n.º 26/98, supl., p. 418 – (2), inserida no texto nos articulados respectivos.

ficarão proibidas de entregar módulos de cheques ao condenado enquanto durar a interdição, sob pena de incorrer em contra-ordenação. Esta solução visa reforçar o efeito preventivo da sanção acessória.

Tendo desaparecido as razões conjunturais que presidiram à publicação dos diplomas que impunham a obrigatoriedade de aceitação de cheques até certos montantes, é altura oportuna para proceder à sua revogação.

Enfim, as infracções às normas relativas às restrições ao uso de cheques, na medida em que, pela sua natureza, não justificam tratamento nos quadros do ilícito criminal, são tratadas como contra-ordenações.

REGIME JURÍDICO DO CHEQUE SEM PROVISÃO

CAPÍTULO I – Das restrições ao uso de cheque

Art. 1.º (Rescisão da convenção de cheque)

1. As instituições de crédito devem rescindir qualquer convenção que atribua o direito de emissão de cheques, quer em nome próprio quer em representação de outrem, por quem, pela respectiva utilização indevida, revele pôr em causa o espírito de confiança que deve presidir à sua circulação.

2. Para efeitos do disposto no número anterior, presume-se que põe em causa o espírito de confiança que deve presidir à circulação do cheque quem, agindo em nome próprio ou em representação de outrem, verificada a falta de pagamento do cheque apresentado para esse efeito, não proceder à regularização da situação, nos termos previstos no artigo 1.º-A.

3. No caso de contas com mais de um titular, a rescisão da convenção do cheque é extensiva a todos os co-titulares, devendo, porém, ser anulada relativamente aos que demonstrem ser alheios aos actos que motivaram a rescisão.

4. A decisão de rescisão da convenção de cheque ordenará a devolução, no prazo de 10 dias úteis, dos módulos de cheque fornecidos e não utilizados e será notificada, nos termos do artigo 5.º, pela instituição de crédito a todas as entidades abrangidas com tal decisão.

5. As entidades referidas no número anterior deixam de poder emitir ou subscrever cheques sobre a instituição autora da decisão a partir da data em que a notificação se considere efectuada.

136 *Regime Jurídico dos Títulos de Crédito* Art. 1.º

6. A instituição de crédito que haja rescindido a convenção de cheque não pode celebrar nova convenção dessa natureza com a mesma entidade antes de decorridos dois anos a contar da data da decisão de rescisão da convenção, salvo autorização do Banco de Portugal.

7. O Banco de Portugal pode autorizar a celebração de uma nova convenção de cheque antes de decorrido o prazo estabelecido no número anterior, quando circunstâncias especialmente ponderosas o justifiquem e mediante prova da regularização das situações que determinaram a rescisão da convenção.

NOTA:
Era a seguinte a redacção anterior deste artigo:

Art. 1.º (Rescisão da convenção de cheque)

1. As instituições de crédito devem rescindir qualquer convenção que atribua o direito de emissão de cheques, quer em nome próprio quer em representação de outrem, por quem, pela respectiva utilização indevida, revele pôr em causa o espírito de confiança que deve presidir à sua circulação.

2. Presume-se que põe em causa o espírito de confiança que deve presidir à circulação do cheque toda a entidade que, em nome próprio ou em representação de outrem, saque ou participe na emissão de um cheque sobre uma conta cujo saldo não apresente provisão suficiente e o emitente não proceda à sua regularização nos 10 dias seguintes à recepção da notificação pelo banco daquela situação.

3. No caso de contas com mais de um titular, a rescisão da convenção do cheque deve ser extensiva a todos os co-titulares, podendo, porém, ser anulada relativamente aos que demonstrem ser alheios aos actos que motivaram a rescisão.

4. A decisão de rescisão da convenção de cheque será notificada, nos termos do artigo 5.º, pela instituição de crédito a todas as entidades abrangidas com tal decisão.

5. As entidades referidas no número anterior deixam de poder emitir ou subscrever cheques sobre a instituição autora da decisão a partir da data em que a notificação se considere efectuada.

6. A instituição de crédito que haja rescindido a convenção de cheque não pode celebrar nova convenção dessa natureza com a mesma entidade antes de decorridos pelo menos 6 ou 12 meses, consoante se trate ou não de primeira rescisão, salvo quando circunstâncias especialmente ponderosas o justifiquem e mediante prova do pagamento de todos os cheques ou da supressão de outras irregularidades que tenham constituído fundamento da decisão.

Art. 1.º-A (Falta de pagamento de cheque)

1. Verificada a falta de pagamento do cheque apresentado para esse efeito, nos termos e prazos a que se refere a Lei Uniforme Relativa ao Cheque, a instituição de crédito notificará o sacador para, no prazo de 30 dias consecutivos, proceder à regularização da situação.

2. A notificação a que se refere o número anterior deve, obrigatoriamente, conter:

a) A indicação do termo do prazo e do local para a regularização da situação;

b) A advertência de que a falta de regularização da situação implica a rescisão da convenção de cheque e, consequentemente, a proibição de emitir novos cheques sobre a instituição sacada, a proibição de celebrar ou manter convenção de cheque com outras instituições de crédito, nos termos do disposto no artigo 3.º, e a inclusão na listagem de utilizadores de cheque que oferecem risco.

3. A regularização prevista no n.º 1 faz-se mediante depósito na instituição de crédito sacada, à ordem do portador do cheque, ou pagamento directamente a este, do valor do cheque e dos juros moratórios calculados à taxa legal, fixada nos termos do Código Civil, (¹) acrescida de 10 pontos percentuais.

Art. 2.º (Comunicações)

As instituições de crédito são obrigadas a comunicar ao Banco de Portugal, no prazo e pela forma que este lhes determinar, todos os casos de:

a) Rescisão da convenção de cheque;

b) Apresentação a pagamento, nos termos e prazos da Lei Uniforme Relativa ao Cheque, de cheque que não seja integralmente pago por falta de provisão ou por qualquer dos factos previstos no artigo 11.º, n.º 1, sem que tenha sido rescindida a convenção de cheque;

c) Emissão de cheque sobre elas sacado, em data posterior à notificação a que se refere o artigo 1.º, n.º 4, pelas entidades com quem hajam rescindido a convenção de cheque;

(¹) V. nota de rodapé da pág. 210.

138 Regime Jurídico dos Títulos de Crédito Art. 3.º

d) Não pagamento de cheque de valor não superior a 12 500$, emitido através de módulo por elas fornecido;
e) Recusa de pagamento de cheques com inobservância do disposto no artigo 9.º, n.º 1.

NOTA:
Era a seguinte a redacção anterior deste artigo:

Art. 2.º (Comunicações)

1. As instituições de crédito são obrigadas a comunicar ao Banco de Portugal, no prazo e pela forma que este lhes determinar, todos os casos de:

    a) Rescisão da convenção de cheque que hajam decidido e da celebração de nova convenção com as mesmas entidades;

    b) Emissão de cheques sobre elas sacados, em data posterior à notificação a que se refere o n.º 4 do artigo 1.º, pelas entidades com quem hajam rescindido a convenção de cheque, disso notificando igualmente o sacador e os outros co-titulares da conta sacada.

2. Com base nas comunicações das instituições de crédito, o Banco de Portugal registará todos os casos de entidades abrangidas pela rescisão.

Art. 3.º (Listagem)

1. As entidades que tenham sido objecto de rescisão de convenção de cheque ou que hajam violado o disposto no artigo 1.º, n.º 4, são incluídas numa listagem de utilizadores de cheque que oferecem risco, a comunicar pelo Banco de Portugal a todas as instituições de crédito.

2. A inclusão na listagem a que se refere o número anterior determina para qualquer outra instituição de crédito a imediata rescisão de convenção de idêntica natureza, bem como a proibição de celebrar nova convenção de cheque, durante os dois anos seguintes, contados a partir da data da decisão de rescisão da convenção.

3. É correspondentemente aplicável o disposto no artigo 1.º, n.º 6.

NOTA:
Era a seguinte a redacção anterior deste artigo:

Art. 3.º (Listagem)

1. As entidades que tenham sido objecto de duas ou mais rescisões de convenção de cheque, ou que hajam violado o disposto no n.º 5 do artigo 1.º, serão

Art. 4.º   *Regime Jurídico-Penal do Cheque*   139

incluídas numa listagem de utilizadores de cheque que oferecem risco, a comunicar pelo Banco de Portugal a todas as instituições de crédito.

2. Nenhuma instituição de crédito poderá confiar impressos de cheques a entidades que integrem a listagem referida no número anterior.

3. As instituições de crédito que, à data da comunicação referida no n.º 1, mantenham convenção de cheque com as entidades que integrem a listagem referida no mesmo número deverão proceder à sua imediata rescisão, sendo aplicáveis, com as necessárias adaptações, os n.os 3, 4 e 5 do artigo 1.º.

JURISPRUDÊNCIA:

I – Relativamente aos cheques que haja entregue com violação do dever de "rescisão", ou que tenha fornecido após a recepção da comunicação do Banco de Portugal, a quem integre a listagem a que se refere o art. 3.º do D-L 454/91, de 28-12, impõe-se ao banco sacado, em primeira linha e sem limite de valor, a obrigação de pagamento, de harmonia com o estatuído no n.º 1, do art. 9.º do citado D-L 454/91, se que para tal o portador tenha de demonstrar que sofreu qualquer outro prejuízo para além do resultante da frustração do recebimento do crédito incorporado naqueles títulos.

II – O n.º 1, do art. 9.º do referido D-L 454/91, interpretado no sentido de impor aos bancos sacados o dever do pagamento dos cheques sem provisão, sem qualquer limite de valor, não é incompatível com os preceitos da Lei Uniforme Relativa ao Cheque, nem padece de inconstitucionalidade.

(Ac. R.L., de 25.02.99, in CJ, A. XXIV, T. I, p. 126).

Art. 4.º (Remoção da listagem)

As entidades que integrem a listagem referida no artigo anterior não poderão, nos dois anos imediatamente posteriores à rescisão da convenção de cheques, celebrar nova convenção, excepto se, sob proposta de qualquer instituição de crédito ou a seu requerimento, o Banco de Portugal, face à existência de circunstâncias ponderosas, venha a decidir a remoção de nomes da aludida listagem.

140 Regime Jurídico dos Títulos de Crédito Art. 6.º

Art. 5.º (Notificações)

1. As notificações a que se referem os artigos 1.º, 1.º-A e 2.º efectuam-se por meio de carta registada expedida para o último domicílio declarado às instituições de crédito sacadas e presumem-se feitas, salvo prova em contrário, no terceiro dia posterior ao do registo ou no primeiro dia útil seguinte, se aquele o não for.

2. A notificação tem-se por efectuada mesmo que o notificando recuse receber a carta ou não se encontre no domicílio indicado.

Nota:
Era a seguinte a redacção anterior deste artigo:

Art. 5.º (Notificações)

1. As notificações a que se referem os artigos 1.º e 2.º efectuam-se por meio de carta registada expedida para o último domicílio declarado às instituições de crédito sacadas e presumem-se feitas, salvo prova em contrário, no 3.º dia posterior ao do registo ou no 1.º dia útil seguinte, se esse o não for.

2. A notificação tem-se por efectuada mesmo que o notificando recuse receber a carta ou não se encontre no domicílio indicado.

Art. 6.º (Movimentação de contas de depósito)

1. A rescisão da convenção de cheque não impede a movimentação de contas de depósito através de cheques avulsos, visados ou não, consoante se destinem a pagamentos ou a simples levantamentos, ainda que o sacador figure na listagem distribuída pelo Banco de Portugal, devendo ser facultados os impressos necessários para o efeito.

2. Sem prejuízo do disposto neste capítulo, não poderá ser recusado o pagamento de cheques com fundamento na rescisão da convenção de cheque ou no facto de o sacador figurar na listagem difundida pelo Banco de Portugal, quando a conta sacada disponha de provisão para o efeito.

Nota:
Era a seguinte a redacção anterior deste artigo:

Art. 6.º (Cheques avulsos)

1. A rescisão da convenção de cheque não impede a movimentação de cheques avulsos, visados ou não pelas instituições de crédito sacadas, consoante se destinem

Art. 8.º   *Regime Jurídico-Penal do Cheque*   141

a pagamentos ou a simples levantamentos, ainda que o sacador figure nas listagens distribuídas pelo Banco de Portugal, devendo ser facultados os impressos necessários para o efeito.

2. Sem prejuízo do disposto neste capítulo, não poderá ser recusado o pagamento de cheques com fundamento na rescisão da convenção de cheque ou no facto de o sacador figurar na listagem difundida pelo Banco de Portugal, quando a conta sacada disponha de provisão para o efeito.

Art. 7.º (Competência do Banco de Portugal)

Compete ao Banco de Portugal fixar os requisitos a observar pelas instituições de crédito na abertura de contas de depósito e no fornecimento de módulos de cheques, designadamente quanto à identificação dos respectivos titulares e representantes e, ainda, transmitir às instituições de crédito instruções tendentes à aplicação uniforme do disposto neste diploma.

NOTA:
Era a seguinte a redacção anterior deste artigo:

Art. 7.º *(Competência do Banco de Portugal)*

Compete ao Banco de Portugal fixar os requisitos a observar pelas instituições de crédito na abertura de contas de depósito e no fornecimento de impressos de cheques, designadamente quanto à identificação dos respectivos titulares e representantes, e ainda transmitir às instituições de crédito instruções tendentes à aplicação uniforme do disposto neste capítulo.

CAPÍTULO II – Obrigatoriedade de pagamento

Art. 8.º (Obrigatoriedade de pagamento pelo sacado)

1. A instituição de crédito sacada é obrigada a pagar, não obstante a falta ou insuficiência de provisão, qualquer cheque emitido através de módulo por ela fornecido, de montante não superior a 12 500$.

2. O disposto neste artigo não se aplica quando a instituição sacada recusar justificadamente o pagamento do cheque por motivo diferente da falta ou insuficiência de provisão.

142 Regime Jurídico dos Títulos de Crédito Art. 9.º

3. Para efeitos do previsto no número anterior, constitui, nomeadamente, justificação de recusa de pagamento a existência de sérios indícios de falsificação, furto, abuso de confiança ou apropriação ilegítima do cheque.

Nota:
Era a seguinte a anterior redacção deste artigo:

Art. 8.º (Obrigatoriedade de pagamento pelo sacado)

1 – A instituição de crédito sacada é obrigada a pagar, não obstante a falta ou insuficiência de provisão, qualquer cheque emitido através de módulo por ela fornecido, de montante não superior a 5000$.

2 – O disposto neste artigo não se aplica quando a instituição sacada recusar o pagamento do cheque por motivo diferente da falta ou insuficiência de provisão.

Art. 9.º (Outros casos de obrigatoriedade de pagamento pelo sacado)

1. Sem prejuízo do disposto no artigo 8.º, as instituições de crédito são ainda obrigadas a pagar qualquer cheque emitido através de módulo por elas fornecido:

a) Em violação do dever de rescisão a que se refere o artigo 1.º, n.os 1 a 4;

b) Após a rescisão da convenção de cheque, com violação do dever a que se refere o artigo 1.º, n.º 6;

c) A entidades que integrem a listagem referida no artigo 3.º;

d) Em violação do disposto no artigo 12.º, n.º 5.

2. Em caso de recusa de pagamento, a instituição sacada deve provar que observou as normas relativas ao fornecimento de módulos de cheque e à obrigação de rescisão da convenção de cheque.

Nota:
Era a seguinte a anterior redacção deste artigo:

Art. 9.º (Outros casos de obrigatoriedade de pagamento pelo sacado)

1 – As instituições de crédito são ainda obrigadas a pagar, não obstante a falta ou insuficiência de provisão:

Art. 9.º — Regime Jurídico-Penal do Cheque — 143

a) *Qualquer cheque emitido através de módulo por elas fornecido com violação do dever de rescisão a que se referem os n.os 1 a 5 do artigo 1.º;*

b) *Qualquer cheque emitido através de módulo por elas fornecido, após rescisão da convenção de cheque, com violação do dever a que se refere o n.º 6 do artigo 1.º;*

c) *Qualquer cheque fornecido a entidades que integrem a listagem a que se refere o artigo 3.º;*

d) *Qualquer cheque fornecido com violação do disposto no n.º 9 do artigo 12.º.*

2 – Em caso de recusa de pagamento, a instituição sacada deve provar que satisfaz as prescrições legais relativas à obrigação de rescisão da convenção de cheque e aos requisitos fixados pelo Banco de Portugal a que se refere o artigo 7.º.

JURISPRUDÊNCIA:

I – As instituições de crédito são obrigadas a pagar, não obstante a falta ou insuficiência de provisão, qualquer cheque por elas fornecido a entidades que integrem a listagem a que se refere o art. 3.º do D-L 454/91, de 28-12, independentemente da verificação dos demais pressupostos da responsabilidade civil.

II – Trata-se de uma responsabilidade específica, que tem como pressupostos, a ilicitude (traduzida na entrega dos módulos de cheques a quem está inibido do seu uso), e o dano (falta do cheque quando apresentado a pagamento ao banco pelo seu legítimo portador).

III – O artigo 9.º do D-L 454/91, não tendo operado qualquer alteração na LUCH, não enferma de inconstitucionalidade.

(Ac. STJ, de 07.07.99, in CJ, Ano VII, T. III, p. 21).

I – A responsabilidade adveniente para as instituições de crédito pela violação do dever de rescisão a que se referem os arts. 1.º e 9.º, n.º 1, al. a) do Dec.-Lei 454/91 de 28-12, insere-se no princípio geral contido no art. 483.º do C. Civil – responsabilidade civil por actos ilícitos.

II – Assim, representando a violação do dever de rescisão, por parte do Banco, um acto ilícito, que lhe é imputável, ainda se torna necessária a verificação de dois pressupostos: a) que para o beneficiário da emissão do cheque resulte dano; b) que haja nexo de causalidade entre a dita emissão (do cheque ou cheques do módulo fornecido com violação daquele dever...) e o dano.

144 *Regime Jurídico dos Títulos de Crédito* *Art. 11.º*

III – Por isso, a expressão «qualquer cheque emitido... » (art. 9.º, n.º 1, al. a) do cit. Dec.-Lei) deve ser interpretada dentro dos estritos pressupostos informadores daquele princípio geral.

(Ac. R.P., de 07.10.96, in CJ, Ano XXI, T. IV, p. 216).

Art. 10.º (Sub-rogação)

A instituição de crédito sacada que pagar um cheque em observância do disposto neste capítulo fica sub-rogada nos direitos do portador até ao limite da quantia paga.

NOTA:
Era a seguinte a anterior redacção deste artigo:

Art. 10.º (Sub-rogação)

O sacado que pagar um cheque, a despeito da inexistência, insuficiência ou indisponibilidade da provisão, fica sub-rogado nos direitos do portador até ao limite da quantia paga.

CAPÍTULO III – Regime penal do cheque

Art. 11.º (Crime de emissão de cheque sem provisão)

1. Quem, causando prejuízo patrimonial ao tomador do cheque ou a terceiro:

   a) Emitir e entregar a outrem cheque para pagamento de quantia superior a 12 500$ que não seja integralmente pago por falta de provisão ou por irregularidade do saque;

   b) Antes ou após a entrega a outrem de cheque sacado pelo próprio ou por terceiro, nos termos e para os fins da alínea anterior, levantar os fundos necessários ao seu pagamento, proibir à instituição sacada o pagamento desse cheque, encerrar a conta sacada ou, por qualquer modo, alterar as condições da sua movimentação, assim impedindo o pagamento do cheque; ou

Art. 11.º   *Regime Jurídico-Penal do Cheque*   145

c) Endossar cheque que recebeu, conhecendo as causas de não pagamento integral referidas nas alíneas anteriores;
se o cheque for apresentado a pagamento nos termos e prazos estabelecidos pela Lei Uniforme Relativa ao Cheque, é punido com pena de prisão até 3 anos ou com pena de multa ou, se o cheque for de valor elevado, com pena de prisão até 5 anos ou com pena de multa até 600 dias.

2. Para efeitos do disposto no número anterior, considera-se valor elevado o montante constante de cheque não pago que exceda o valor previsto no artigo 202.º, alínea a) do Código Penal. (¹)

3. O disposto no n.º 1 não é aplicável quando o cheque seja emitido com data posterior à da sua entrega ao tomador.

4. Os mandantes, ainda que pessoas colectivas, sociedades ou meras associações de facto, são civil e solidariamente responsáveis pelo pagamento de multas e de indemnizações em que forem condenados os seus representantes pela prática do crime previsto no n.º 1, contanto que estes tenham agido nessa qualidade e no interesse dos representados.

5. A responsabilidade criminal extingue-se pela regularização da situação, nos termos e prazo previstos no artigo 1.º-A.

---

(1) – O art. 202.º do Cód. Penal define como valor elevado, "aquele que exceder 50 unidades de conta, avaliadas no momento da prática do facto"; valor consideravelmente elevado, "aquele que exceder 200 unidades de conta avaliadas no momento da prática do facto", e valor diminuto "aquele que não exceder uma unidade de conta avaliada no momento da prática do facto". Actualmente, a unidade de conta encontra-se fixada pelos arts. 5.º e 6.º, n.º 1, do Dec.-Lei n.º 219/89, de 30.06, por remissão expressa do art. 3.º da Lei n.º 65/98, de 02.09 (que alterou o Código Penal), nos termos seguintes:

"Art. 5.º – 1 – Em substituição da unidade de conta processual penal (UC) e da unidade de conta de custas (UCC), é criada a unidade de conta processual (UC), à qual passa a reportar-se qualquer referência legal às primeiras.

2 – Entende-se por unidade de conta processual (UC) a quantia em dinheiro equivalente a um quarto da remuneração mínima mensal mais elevada, garantida, no momento da condenação, aos trabalhadores por conta de outrem, arredondada, quando necessário, para o milhar de escudos mais próximo ou, se a proximidade for igual, para o milhar de escudos imediatamente inferior.

Art. 6.º – 1 – Trienalmente, e com início em Janeiro de 1992, a UC considera-se automaticamente actualizada nos termos previstos no artigo anterior a partir de 1 de Janeiro de 1992, devendo, para o efeito, atender-se sempre à remuneração mínima que, sem arredondamento, tiver vigorado no dia 1 de Outubro do ano anterior."

A remuneração mínima mensal foi fixada pelo Dec.-Lei n.º 573/99, de 30.12, em Esc. 63.800$00.

6. Se o montante do cheque for pago, com reparação do dano causado, já depois de decorrido o prazo referido no n.º 5, mas até ao início da audiência de julgamento em 1.ª instância, a pena pode ser especialmente atenuada.

NOTA:

Era a seguinte a anterior redacção deste artigo:

Art. 11.º (Crime de emissão de cheque sem provisão)

1 – Será condenado nas penas previstas para o crime de burla, observando-se o regime geral de punição deste crime, quem, causando prejuízo patrimonial:

  a) Emitir e entregar a outrem cheque de valor superior ao indicado no artigo 8.º que não for integralmente pago por falta de provisão, verificada nos termos e prazos da Lei Uniforme Relativa ao Cheque;

  b) Levantar, após a entrega do cheque, os fundos necessários ao seu pagamento integral;

  c) Proibir à instituição sacada o pagamento de cheque emitido e entregue.

2 – Nas mesmas penas incorre quem endossar cheque que recebeu, conhecendo a falta de provisão e causando com isso a outra pessoa um prejuízo patrimonial.

3 – A responsabilidade pela prática do crime de emissão de cheques sem provisão extingue-se pelo pagamento, efectuado até ao primeiro interrogatório de arguido em processo penal, directamente pelo sacador ao portador do cheque, do montante deste, acrescido dos juros compensatórios e moratórios calculados à taxa máxima de juro praticada, no momento do pagamento, pela entidade bancária sacada, para operações activas de crédito, acrescido ainda de 10 pontos percentuais, podendo ser efectuado depósito à sua ordem se o portador do cheque recusar receber ou dar quitação.

4 – Os mandantes, ainda que pessoas colectivas, sociedades ou meras associações de facto, são civil e solidariamente responsáveis pelo pagamento de multas e indemnizações em que forem condenados os seus representantes, contanto que estes tenham agido nessa qualidade e no interesse dos representados.

Art. 9.º   *Regime Jurídico-Penal do Cheque*   147

TÍTULO I – Bem jurídico

JURISPRUDÊNCIA:

O bem jurídico protegido não é somente o património, mas antes este na relação com a confiança no cheque, enquanto meio de pagamento, pelo que a ofensa pela consumação do crime não pode nunca ser apagada pelo ulterior ressarcimento do prejuízo patrimonial.

(Ac. R.P., de 17.05.95, in BMJ, 447, p. 565).

O bem jurídico protegido pelo tipo legal de crime de emissão de cheque sem provisão é a confiança na circulação do cheque, mas tendo em conta a função económico-jurídica deste como meio de pagamento.

(Ac. R.C., de 24.05.95, in CJ, Ano XX, T. III, p. 66).

TÍTULO II – Natureza jurídica do crime de emissão de cheque sem provisão

JURISPRUDÊNCIA:

No domínio do Código Penal de 1982, o crime de emissão de cheque sem provisão, previsto e punido pelo artigo 11.º, n.º 1, do Decreto-Lei n.º 454/91, de 28 de Dezembro, tinha a natureza pública, sendo ineficaz a desistência de queixa pelo ofendido, sem prejuízo do disposto nos artigos 313.º, n.º 2, e 303.º do mesmo Código.

(Assento STJ, n.º 4/99, de 04.02, in D.R., I-A, n.º 75, de 30.03.99 e BMJ, 484, p. 37).

I – O crime de emissão de cheque sem provisão na vigência do Decreto n.º 13 004, de 12 de Janeiro de 1927, revestia a natureza semi-pública.

II – Com a entrada em vigor do Decreto-Lei n.º 454/91, de 28 de Dezembro, e na vigência do Código Penal de 1982, versão originária, passou a revestir natureza pública.

III – Com a revisão do Código Penal de 1982 pelo Decreto-Lei n.º 48/ 95, de 15 de Março, passou a revestir a natureza semi-pública, quando o autor do crime for punido segundo o crime de burla simples prevista no artigo 217.º , n.ºs 1 e 3, do Código Penal revisto, e natureza pública quando o autor for punido segundo as regras da burla qualificada prevista no artigo 218.º , n.os 1 e 2, do citado Código Penal revisto.

(Ac. R.E., de 05.11.96, in BMJ, 461, p. 542).

I – O regime geral de punição de um crime respeita também à sua natureza, já que esta condiciona o procedimento criminal e a legitimidade para ele, e a própria situação extinção da responsabilidade criminal.

II – Daí que, com a entrada em vigor do Decreto-Lei 48/95, de 15 de Março, o crime de emissão de cheque sem cobertura voltasse a ter natureza pública desde que o montante do prejuízo não seja elevado (artigos 217.º e 202.º do Código Penal).

(Ac. R.E., de 16.04.96, in BMJ, 456, p. 517).

I – A lei processual penal é de aplicação imediata, sem prejuízo da validade dos actos realizados na vigência da lei anterior.

II – A lei vigente à data da instauração do inquérito e mesmo à data em que foi deduzida a acusação conferida ao Ministério Público legitimidade para, por si só, deduzir a respectiva acusação, por, na altura, o ilícito penal em causa (crime de emissão de cheque sem provisão) ter natureza pública.

III – Assim sendo, a actuação do Ministério Público foi válida e tal validade não lhe pode ser retirada pela lei posterior que converteu o crime de natureza pública em crime semipúblico.

(Ac. R.E., de 19.03.96, in BMJ, 455, p. 591).

Com a entrada em vigor do C.P. revisto, o crime de emissão de cheque sem provisão, passou a revestir natureza pública, semi-pública, em razão do valor do prejuízo patrimonial que for causado, ou particular, se se verificarem as circunstâncias previstas na alínea a) do art. 207.º, tal como sucede com os crimes de burla.

(Ac. R.C., de 31.01.96, in CJ, Ano XXI, T. I, p. 47).

Art. 11.º   *Regime Jurídico-Penal do Cheque*   149

I – Com a entrada em vigor do Código Penal (versão de 1995), o crime de emissão de cheque sem provisão, quando o respectivo valor não exceda 50 unidades de conta, passou a ter natureza semipública.

II – Como o n.º 1 do artigo 5.º do Código de Processo Penal ressalva a validade dos actos realizados na vigência da lei anterior, o Ministério Público mantém a legitimidade para exercer a acção penal.

(Ac. R.P., de 10.01.96, in BMJ, 453, p. 560).

O crime de emissão de cheque sem cobertura tem a natureza que tiver o correspondente crime de burla, para o qual a lei expressamente remete.

(Ac. R.E., de 28.11.95, in BMJ, 451, p. 531).

I – Dentro da disciplina do Decreto-Lei n.º 454/91, de 28 de Dezembro, e do Código Penal de 1982 o crime de emissão de cheque sem cobertura tem natureza pública.

II – Assim sendo, não podia o juiz julgar válida a desistência da queixa, absolvendo o arguido da instância.

(Ac. R.E., de 26.09.95, in BMJ, 449, p. 462).

Dentro da disciplina do Decreto-Lei n.º 454/91, de 28 de Dezembro (e do Código Penal então vigente), o crime de emissão de cheque sem provisão tem natureza pública.

(Ac. R.E., de 20.06.95, in BMJ, 448, p. 459).

Com a entrada em vigor do Decreto-Lei n.º 454/91, de 28 de Dezembro, o crime de emissão de cheque sem cobertura passou a ter natureza pública.

(Ac. R.E., de 06.06.95, in BMJ, 448, p. 459).

O crime de emissão de cheque sem provisão é um crime público, não sendo por isso admissível a desistência da queixa.

(Ac. R.C., de 03.06.94, in BMJ, 438, p. 561).

A lei (Decreto-Lei n.º 454/91 de 28 de Dezembro) ao remeter hoje a punição do crime de emissão de cheque sem provisão para as penas previstas para o crime de burla («observando-se o regime geral da punição desse crime») consagra a natureza pública do crime em questão, ressalvado, por força desse regime, as situações previstas no artigo 303.º do Código Penal, *ex vi* do artigo 313.º do mesmo código em que não há lugar à punição ou em que os crimes revestem a natureza semipública.

Só nestas situações (constantes dos n.os 3, 4 e 6 do referido artigo 303.º) é que o crime de emissão de cheque sem provisão reveste natureza semipública.

(Ac. R.E., de 12.04.94, in BMJ, 436, p. 466).

Com a entrada em vigor do decreto-lei 454/91, de 28 de Dezembro, que equiparou o crime de emissão sem provisão ao de burla, aquele ilícito criminal passou a ter natureza pública, e deixou de ser semi-público como era anteriormente.

(Ac. R.E., de 15.03.94, in CJ, Ano XIX, T. II, p. 271).

Tem natureza pública o crime de emissão de cheque sem provisão cometido no domínio do Decreto-Lei n.º 454/91.

(Ac. R.C., de 12.05.93, in BMJ, 427, p. 595).

Vide no mesmo sentido o *Acórdão R.C. de 28.04.93* in *BMJ, 426, p. 535,* não transcrito na presente publicação.

TÍTULO III – A consumação do crime de emissão de cheque sem provisão e a sua equiparação ao crime de burla

JURISPRUDÊNCIA:

I – A utilização pelo arguido de um cheque que não lhe pertencia, assinando-o de forma a fazer crer ao ofendido que se tratava da

Art. 11.º   *Regime Jurídico-Penal do Cheque*   151

assinatura do titular da conta, em conjugação com outras circunstâncias, como a forma cuidada de apresentação pessoal, adequadas a gerarem confiança no pagamento do cheque, constitui meio idóneo para induzir o ofendido em erro, não podendo considerar-se como temerária a atitude do ofendido ao entregar ao arguido a coisa pretendida, constituindo assim tal conduta em crime de burla. (...).

(Ac. STJ, de 21.04.99, in BMJ, 486, p. 128).

I – Tendo a arguida emitido 47 cheques sem provisão sobre sua conta, cada um de montante inferior a 5000$00, e sendo que apresentados os mesmos a pagamento mereceram pagamento da entidade bancária:

I.a) – Não colhe o entendimento da assistente de que se estaria face a um crime de burla (na forma continuada).

II – Com efeito, a assistente, ao pagá-los, foi-o no âmbito do ónus que a lei faz recair sobre as instituições de crédito sacadas, que têm de assumir o risco de falta de provisão de cheques de montante não superior a 5000$00, não se podendo por isso aquele considerar como vítima de qualquer erro ou engano provocado pela arguida que, numa relação de causa-efeito, a tenha levado à prática de actos causadores do prejuízo patrimonial.

Falta, pois, à partida, este basilar elemento constitutivo de crime de burla (artigo 217.º do Código Penal).

III – Da decisão instrutória de não pronúncia cabe recurso com efeito meramente devolutivo [por argumento *a contrario* do artigo 408.º, n.º 1, alínea b), do Código de Processo Penal].

(Ac. R.L., de 08.04.97, in BMJ, 466, p. 572).

Comete o crime de burla previsto e punido pelo artigo 313.º, n.º 1, do Código Penal de 1982 (a que corresponde o artigo 271.º, n.º 1, do Código Penal vigente) o agente que utiliza o cheque como artifício fraudulento, fazendo enganosamente crer ao tomador que o cheque representa dinheiro imediatamente realizável, levando-o assim a abrir mão da mercadoria, quando, na realidade, a conta bancária sacada está saldada e cancelada há vários anos.

(Ac. R.L., de 05.02.97, in BMJ, 464, p. 606).

O artigo 11.º , n.º 1, do Decreto-Lei n.º 454/91, ao mandar observar o regime geral de punição de burla não se quis referir a qualquer regime geral deste crime em confronto com um regime especial de punição do crime de burla agravada ou qualificada, mas apenas quis que se atenda às penas aplicáveis ao crime de burla e a todas as condições, quer de natureza substantiva quer de natureza processual, com influência na punição.

(Ac. R.C., de 03.10.96, in BMJ, 460, p. 816).

I – O artigo 1.º da Lei n.º 15/94, de 11 de Maio, elege como momento relevante da sua aplicação o da prática do crime que pode não coincidir com o da sua consumação.

II – Embora a consumação do crime de emissão de cheque sem provisão ocorra no momento em que se verifica o prejuízo patrimonial do portador, isto é, quando o pagamento do cheque é recusado por falta de provisão, o mesmo crime deve considerar-se praticado no momento em que o arguido actuou, ou seja, quando abriu mão do cheque.

(Ac. R.P., de 14.02.96, in BMJ, 454, p. 795).

I – Só se verifica a consumação do crime de emissão de cheque sem provisão no momento da apresentação a pagamento, e não aquando da sua entrega pelo sacador ao tomador, pois até à data do pagamento o sacador está sempre a tempo de depositar fundos na conta sacada.

II – Tenda o arguido, em finais de 1993, assinado e entregue ao tomador um cheque em que após a data de 30 de Junho de 1994, tendo sido devolvido por insuficiência de provisão, conforme declaração exarada no seu verso em 4 de Julho de 1994, o crime deve considerar-se consumado nesta última data, não estando abrangido pela amnistia concedida pela Lei n.º 15/94, de 11 de Maio.

(Ac. R.P., de 25.10.95, in BMJ, 450, p. 558).

Pratica um crime de burla aquele que, para pagamento parcial de umas obras que o ofendido estava a efectuar, intencionalmente, lhe entrega um cheque em que após uma assinatura desconforme com a sua constante dos ficheiros do banco sacado, o que inviabiliza o respectivo pagamento, tendo o ofendido continuado as obras em virtude do recebimento do cheque, no convencimento de que o valor deste lhe seria pago.

(Ac. R.C., de 28.06.95, in CJ, Ano XX, T. III, p. 73).

Art. 11.º — Regime Jurídico-Penal do Cheque — 153

Comete o crime tentado de burla simples e não o de burla agravada, por não se verificar prejuízo, aquele que, utilizando cheques apenas assinados pelo sacador, os preenche não de harmonia com a vontade deste, mas de acordo com as suas próprias conveniências e com a intenção de enganá-lo e ao Banco, mas não chegou a lograr o pagamento do respectivo quantitativo, por ao sacador ter sido comunicado o seu extravio.

(Ac. S.T.J., de 14.06.95, in CJ, Ano III, T. II, p. 235).

I – Comete o crime de falsificação de cheque, previsto no artigo 228.º, n.ᵒˢ 1, alínea b), e 2, do Código Penal, o indivíduo que depois de emitir um cheque se dirige ao banco sacado e aí produz a declaração, que sabia falsa, de que o cheque se havia extraviado, com o propósito de obstar ao pagamento do montante do cheque ao beneficiário, como efectivamente conseguiu.

II – (...).

(Ac. S.T.J., de 27.10.93, in BMJ, 430, p. 272).

I – (...). II – (...) III – Considerando que, no caso dos autos, a situação de usura de que o arguido foi vítima se traduziu num prejuízo económico praticamente conducente à sua ruína, tendo-se o mesmo visto forçado a entregar quantias muito elevadas, em pagamento de juros indevidos, ao marido da assistente, cuja actuação poderá ser eventualmente integrada na figura do crime de burla, tem de se concluir que se pode legalmente configurar uma situação de direito de necessidade.

IV – Não tendo sido dado como provado que, ao preencher e assinar o cheque em que ocorreu desconformidade entre os valores indicados por extenso e por algarismos, o arguido tenha agido com a intenção de integrar no seu património a quantia do mencionado cheque, sabedor de que causaria um prejuízo patrimonial à assistente e ao marido desta desse montante, e, bem assim, que a sua conduta, além de censurável, era proibida por lei, importa concluir que o mesmo não cometeu o acusado crime de burla, por falta da correlativa intenção criminosa.

(Ac. S.T.J., de 28.04.93, in BMJ, 426, p. 257).

154   *Regime Jurídico dos Títulos de Crédito*   *Art. 11.º*

NOTA:

Para uma análise metodológica-comparativa vide os artigos 217.º e 218.º do C. P. relativos à burla, que aqui se transcrevem:

"Artigo 217.º – Burla

1 – Quem, com intenção de obter para si ou para terceiro enriquecimento ilegítimo, por meio de erro ou engano sobre factos que astuciosamente provocou, determinar outrem à prática de actos que lhe causem, ou causem a outra pessoa, prejuízo patrimonial é punido com pena de prisão até 3 anos ou com pena de multa.

2 – A tentativa é punível.

3 – O procedimento criminal depende de queixa.

4 – É correspondentemente aplicável o disposto no artigo 206.º e na alínea a) do artigo 207.º.

Artigo 218.º – Burla qualificada

1 – Quem praticar o facto previsto no n.º 1 do artigo anterior é punido, se o prejuízo patrimonial for de valor elevado, com pena de prisão até 5 anos ou pena de multa até 600 dias.

2 – A pena é a de prisão de 2 a 8 anos se:

a) O prejuízo patrimonial for de valor consideravelmente elevado;

b) O agente fizer da burla modo de vida; ou

c) A pessoa prejudicada ficar em difícil situação económica.

3 – É correspondentemente aplicável o disposto no artigo 206.º."

TÍTULO IV – Formas de crime

JURISPRUDÊNCIA

Secção 1.º – Autoria

Dizendo-se na acusação que um determinado arguido solicitou e insistiu com o outro arguido para que este passasse e entregasse o cheque e, advertido por este de que não tinha provisão, lhe prometeu que depositaria na conta a quantia necessária do seu pagamento, estão preenchidos com suficiência os pressupostos fácticos para a constituição da autoria moral daquele primeiro arguido do crime de emissão de cheque sem provisão.

(Ac. R.E., de 30.04.96, in BMJ, 456, p. 517).

Praticam, em co-autoria, o crime de emissão de cheque sem provisão, os dois titulares de uma conta bancária quando, actuando, livre e conscientemente, e em comunhão de esforços e intenções, um deles, com consentimento do outro preenche e assina um cheque entregue, por ambos, como forma de pagamento de bens que haviam comprado, bem sabendo que tal conta não possuía fundos suficientes para o efeito.

(Ac. R.L., de 29.10.96, in CJ, Ano XXI, T. IV, p. 168).

JURISPRUDÊNCIA

Secção 2.º – Concurso de crimes e crime continuado

I – Subjacente ao art. 24.º n.º 1 do CPP como "acção unitária", está a resultante de uma unificação jurídica, porventura resultante da figura do crime continuado.

II – Por isso, verifica-se essa conexão em relação à emissão de vários cheques sem provisão emitidos entre Dezembro de 1994 a Abril de 1995 a favor do mesmo beneficiário.

(Ac. S.T.J., de 20.01.98, in CJ, Ano VI, T. I, p. 168).

I – A expressão «vários crimes» utilizada no artigo 24.º, n.º 1, alínea a), do Código de Processo Penal pretende abranger os casos de concurso real de crimes cometidos no mesmo contexto espácio-temporal.

II – Verifica-se esse contexto justificativo da instauração de um único processo, no caso do arguido que, dirigindo-se a uma agência bancária, conta uma história verosímil para justificar a não exibição do bilhete de identidade e seguidamente falsifica a assinatura do irmão num pedido de reembolso, convencendo o funcionário de que é o titular da conta e conseguindo que este proceda à entrega da quantia pedida e que, no dia seguinte, actua de modo idêntico, e consegue que outro funcionário da mesma agência lhe entregue outra quantia sacada sobre a mesma conta.

III – A identidade de actuação do arguido deve ser assimilada a «mesma acção» e a actuação em dois dias seguidos e na mesma agência bancária cabe no conceito de «na mesma ocasião e lugar».

(Ac. R.P., de 18.12.96, in BMJ, 462, p. 486).

I – A emissão, na mesma ocasião e lugar, fruto do mesmo desígnio, de vários cheques destinados ao pagamento escalonado de uma dívida constitui um único crime de emissão de cheque sem provisão, se os títulos não lograram pagamento. II – (...).

(Ac. R.P., de 29.05.96, in BMJ, 457, p. 444).

I – Pratica um único crime de emissão de cheque sem provisão o arguido que, segundo uma mesma resolução, emitiu dois cheques destinados ao pagamento de uma dívida comercial, funcionando como desdobramento dessa dívida, os quais não foram pagos por falta de provisão.
II – (...).

(Ac. R.P., de 22.05.96, in BMJ, 457, p. 445).

Constitui um só crime de emissão de cheque sem provisão a passagem e entrega de vários cheques, à mesma pessoa, na mesma ocasião, destinados a um único fim, embora com datas diferentes e representando cada um deles parte de um pagamento da mesma dívida.

(Ac. R.C., de 09.05.96, in BMJ, 457, p. 456).

Se o arguido foi julgado e condenado, por decisão transitada em julgado, pelo emissão de um cheque sem provisão, essa condenação constitui caso julgado em relação a todos os outros títulos, que com aquele constituem um único crime, em virtude da unidade de resolução criminosa que motivou a sua emissão no mesmo acórdão e lugar.

(Ac. R.P., de 24.04.96, in BMJ, 456, p. 499).

A emissão de vários cheques na mesma ocasião passados ao mesmo tomador e para pagamento da mesma dívida constitui um único crime de emissão de cheque sem provisão. (...).

(Ac. R.C., de 06.03.96, in BMJ, 455, p. 579).

I – O arguido que, numa unidade de desígnio e objectivo, assinou e entregou ao ofendido, no mesmo momento, três cheques para pagamento escalonado de uma mesma dívida, pratica um único

Art. 9.º   *Regime Jurídico-Penal do Cheque*   157

crime de emissão de cheque sem provisão, desde que verificados os restantes elementos do tipo.

II – (...).

(Ac. R.P., de 15.11.95, in BMJ, 451, p. 508).

I – Comete um só crime de emissão de cheques sem provisão o agente que, numa unidade, desígnio e objectivo, entrega ao mesmo tomador, no mesmo momento e para pagamento de uma única dívida, vários cheques sem provisão. II – (...).

(Ac. R.P., de 19.04.95, in BMJ, 446, p. 350).

I – Fazendo o cheque parte de um conjunto, emitidos todos no mesmo momento e no mesmo circunstancialismo, como parte do preço de aquisição do mesmo objecto, a emissão de cada um dos cheques constitui uma parcela do mesmo comportamento finalisticamente unitário.

II – (...).

(Ac. R.P., de 06.07.94, in BMJ, 439, p. 650).

I – Existe um único crime de emissão de cheque sem cobertura, se o arguido, na mesma ocasião e segundo uma única resolução, entrega à queixosa um conjunto de cheques para pagamento do preço de aquisição de um camião e, depois, através do mesmo meio, dá ordem de cancelamento do seu pagamento ao banco. (...).

(Ac. R.P., de 06.07.94, in CJ, Ano XIX, T. IV, p. 223).

Comete um único crime de emissão de cheque sem provisão o agente que, na mesma ocasião, emite vários cheques sobre o mesmo banco e a favor do mesmo tomador.

(Ac. R.C., de 15.06.94, in BMJ, 438, p. 561).

Comete um só crime o agente que na mesma data emite vários cheques sem provisão sobre um banco e a favor do mesmo tomador, não se apurando a pluralidade de resoluções.

(Ac. R.C., de 25.02.93, in BMJ, 424, p. 744).

V. ainda Ac. R.L. de 26.11.96, *in* BMJ, 461, p. 505 (em anotação ao art. 1.º LUC), inserido na presente compilação a págs. 90.

TÍTULO V – Elementos do tipo

JURISPRUDÊNCIA:

Secção 1.º – O dolo

Se, ao emitir o cheque, o sacador admitiu a possibilidade de o mesmo vir a não ser pago por falta de provisão, agiu com dolo eventual.

(Ac. R.P., de 12.11.97, in CJ, Ano XXII, T. V, p. 226).

I – Relativamente ao crime de emissão de cheque sem provisão, é suficiente para caracterizar o dolo, sob a forma eventual, o facto de o arguido, ao abrir mão do cheque, ter representado como consequência possível da sua conduta não possuir na conta sacada fundos suficientes que lhe permitissem fazer face ao pagamento da quantia sacada, tendo aceitado tal resultado.

II – É irrelevante o facto de o arguido ter apenas assinado o cheque, que entregou a uma sua irmã, consentindo que esta o preenchesse e entregasse à ofendida, para pagamento de mão-de-obra.

(Ac. R.P., de 06.12.95, in BMJ, 452, p. 488).

I – Para a punição da emissão de cheque sem provisão é suficiente o dolo eventual, bastando que o arguido preveja como possível que na data aposta no cheque não possua na conta sacada fundos que permitam o pagamento do montante por ele titulado, causando um correspondente prejuízo patrimonial ao ofendido e, apesar dessa cognição, proceda à emissão e entrega do cheque, conformando-se com tal resultado.

II – Para haver prejuízo patrimonial não é necessário que o cheque seja determinante de uma entrega e de uma contrapartida que não seria efectuada sem a emissão e a entrega do título.

(Ac. R.P., de 29.11.95, in BMJ, 451, p. 508).

I – Estando averiguado que o arguido e queixoso previram a possibilidade de o cheque, quando apresentado a pagamento, ser devolvido por falta de provisão, não pode afirmar-se que o primeiro

Art. 11.º   *Regime Jurídico-Penal do Cheque*   159

tenha criado no segundo a convicção de que o cheque teria provisão para, assim, atentar contra o seu património.

II – Falecendo o elemento subjectivo da infracção, não pode o arguido ser pronunciado pelo crime de emissão de cheque sem provisão.

(Ac. R.P., de 14.12.94, in BMJ, 442, p. 259).

I – O cheque é um título de crédito à ordem, definível como «documento», segundo o conceito do artigo 229.º, n.º 1, do Código Penal, mas não compreendido no artigo 244.º do mesmo legal diploma.

II – O sacador, depois de emitir o cheque, dolosamente induziu a instituição bancária à aposição no mesmo da declaração do seu extravio, o que era falso, e obstaculou ao seu pagamento.

III – Cometeu, desse modo, aquele sacador uma falsificação intelectual, em autoria mediata, e, consequentemente, um crime de falsificação qualificada de documento, previsto e punido pelo artigo 228.º n.os 1, alínea b), e 2, do Código Penal.

(Ac. S.T.J., de 25.03.93, in BMJ, 425, p. 310).

NOTA:

Atendendo à conexão entre crime de emissão de cheque sem provisão e crime de falsificação de documentos, que resulta do sumário do presente acórdão, e, em sequência, para permitir uma abordagem mais completa, transcrevem-se, aqui, os artigos 255.º e 256.º do C.P., relativos ao crime de falsificação de documentos.

"Artigo 255.º – Definições legais

Para efeito do disposto no presente capítulo considera-se:

a) Documento: a declaração corporizada em escrito, ou registada em disco, fita gravada ou qualquer outro meio técnico, inteligível para a generalidade das pessoas ou para um certo círculo de pessoas, que, permitindo reconhecer o emitente, é idónea para provar facto juridicamente relevante, quer tal destino lhe seja dado no momento da sua emissão quer posteriormente; e bem assim o sinal materialmente feito, dado ou posto numa coisa para provar facto juridicamente relevante e que permite reconhecer à generalidade das pessoas ou a um certo círculo de pessoas o seu destino e a prova que dele resulta;

160 *Regime Jurídico dos Títulos de Crédito* Art. 11.º

b) Notação técnica: a notação de um valor, de um peso ou de uma medida, de um estado ou do decurso de um acontecimento, feita através de aparelho técnico que actua, total ou parcialmente, de forma automática, que permite reconhecer à generalidade das pessoas ou a um certo círculo de pessoas os seus resultados e se destina à prova de facto juridicamente relevante, quer tal destino lhe seja dado no momento da sua realização quer posteriormente;

c) Documento de identificação: o bilhete de identidade, o passaporte, a cédula ou outros certificados ou atestados a que a lei atribui força de identificação das pessoas, ou do seu estado ou situação profissional, donde possam resultar direitos ou vantagens, designadamente no que toca a subsistência, aboletamento, deslocação, assistência, saúde ou meios de ganhar a vida ou de melhorar o seu nível;

d) Moeda: o papel-moeda, compreendendo as notas de banco, e a moeda metálica, que tenham curso legal em Portugal ou em país estrangeiro.

Artigo 256.º – Falsificação de documento

1 – Quem, com intenção de causar prejuízo a outra pessoa ou ao Estado, ou de obter para si ou para outra pessoa benefício ilegítimo:

a) Fabricar documento falso, falsificar ou alterar documento, ou abusar da assinatura de outra pessoa para elaborar documento falso;

b) Fizer constar falsamente de documento facto juridicamente relevante; ou

c) Usar documento a que se referem as alíneas anteriores, fabricado ou falsificado por outra pessoa;

é punido com pena de prisão até 3 anos ou com pena de multa.

2 – A tentativa é punível.

3 – Se os factos referidos no n.º 1 disserem respeito a documento autêntico ou com igual força, a testamento cerrado, a vale do correio, a letra de câmbio, a cheque ou a outro documento comercial transmissível por endosso, ou a qualquer outro título de crédito não compreendido no artigo 267.º, o agente é punido com pena de prisão de 6 meses a 5 anos ou com pena de multa de 60 a 600 dias.

4 – Se os factos referidos nos n.os 1 e 3 forem praticados por funcionário, no exercício das suas funções, o agee é punido com pena de prisão de 1 a 5 anos."

Ainda:

I – A responsabilidade pelo pagamento de cheques falsificados é regulada pelos princípios da responsabilidade civil, assente na culpa.

Art. 11.º *Regime Jurídico-Penal do Cheque* 161

II – No caso de pagamento de cheque falsificado, o banco depositário só se liberta totalmente da responsabilidade, face ao disposto no artigo 799.º, n.º 1 do C.C., se provar que não teve culpa e que o pagamento foi devido a comportamento culposo do depositante.

(Ac. STJ, de 02.03.99, in CJ, A. VII, T. I, p. 133).

I – O pagamento de cheques falsificados só libera o banco sacado se este provar, face ao disposto no artigo 799.º, n.º 1, do Código Civil, que não agiu com culpa, *v.g.*, certificando-se da correspondência das assinaturas e que o pagamento foi devido a comportamento culposo do depositante.

II – Se o banco sacado, agindo com culpa, pagar indevidamente cheques com assinatura falsificada, debitando-os na conta do sacador, será civilmente responsável pelos danos resultantes do pagamento.

(Ac. STJ, de 02.03.99, in BMJ, 485, p. 117).

E *Ac. RP, de 10.07, 96, in BMJ, 459, p. 605,* (inserida na presente compilação a pág. 164).

JURISPRUDÊNCIA

Secção 2.º – O prejuízo patrimonial

I – Comete o crime de emissão de cheque sem cobertura aquele que, para pagamento de um empréstimo, passa e entrega ao credor um cheque que, por falta de provisão, não vem a ser pago. E isso, ainda que o contrato de mútuo subjacente à emissão do cheque seja nulo.

II – É que, no caso de nulidade do negócio, cada um dos contraentes fica obrigado a restituir ao outro o que dele tiver recebido; e, por isso, o tomador do cheque, com o não pagamento deste, sofre um prejuízo patrimonial.

(Ac. R.P., de 27.05.98, in CJ, Ano XXIII, T. III, p. 233).

Causa prejuízo patrimonial o sacador de um cheque devolvido por falta de provisão e destinado a substituir outro cheque também devolvido por falta de provisão, sendo o segundo cheque emitido cinco meses após o negócio que justificou a emissão do primeiro cheque.

(Ac. R.C., de 05.03.98, in BMJ, 475, p. 782).

I – Sendo a existência ou não de prejuízo patrimonial nos crimes de cheque sem provisão uma questão de direito, é irrelevante que se tenha dado como não provado que o tomador sofreu um tal prejuízo.

II – Este elemento do tipo do crime tem de resultar directa e necessariamente da falta de cumprimento da obrigação subjacente à sua emissão, o que não acontece quando se emitem cheques em substituição de outros referentes a uma obrigação já vencida e de que o queixoso ainda se não tenha cobrado.

(Ac. R.L., de 26.11.97, in BMJ, 471, p. 446).

I – Não é relevante para efeitos penais, designadamente para tipificar o crime de emissão de cheque sem provisão, a existência de um qualquer «prejuízo patrimonial», não obstante o eventual direito do credor ao recebimento da quantia titulada.

II – Com efeito, também aqui é de ter presente a doutrina da causalidade adequada, emergente entre outros, do art. 10.º, n.º 1, do CP, equacionando-a depois com a emergência do crédito reclamado, mais precisamente com a génese da relação jurídica subjacente.

III – Assim, se é nulo o negócio subjacente à emissão do cheque, a causa (adequada) do crédito do portador do cheque não é a emissão do título, antes, a nulidade do negócio, com a legal repristinação das coisas ao estado inicial.

IV – Tudo, não obstante o facto de esta obrigação de restituir, emergente da nulidade, poder ser acompanhada, titulada ou documentada com a posse de um ou mais cheques, pois, em tal caso, não é na emissão deles e sim no regime jurídico geral da nulidade do negócio jurídico, que reside a legal adequação do «prejuízo patrimonial» exibido pelo queixoso.

V – Havendo dúvida insanável sobre as causas possíveis de emissão de um cheque, deve dar-se prevalência à que mais favoreça a situação do arguido, nos termos do art. 32.º, n.º 2, da Constituição da República – *in dubio pro reo.*

(Ac. R.P., de 17.09.97, in CJ, Ano XXII, T. IV, p. 236).

Ainda que o cheque tenha sido subscrito e entregue para pagamento de uma quantia mutuada por contrato nulo, por não revestir a forma legal, deve considerar-se que o terceiro portador sofrerá prejuízo se tal cheque for devolvido por falta de provisão.

(Ac. R.C., de 03.06.97, in CJ, Ano XXII, T. III, p. 150).

I – O «prejuízo patrimonial», para efeitos do crime de emissão de cheque sem provisão é "a frustração do direito do portador do cheque de receber na data da sua apresentação a pagamento a quantia a que tem direito e para cujo pagamento serviu o cheque".

II – Sendo nulo o negócio jurídico que determinou a emissão e entrega de um cheque (um contrato de mútuo não titulado por escritura pública que era legalmente exigida em que era mutuário o arguido), esta emissão e entrega daquele não representou em termos monetários assunção de uma obrigação própria ou alheia, pelo que não existe "prejuízo patrimonial", e consequentemente, a conduta do arguido que emitiu e entregou o cheque não consubstancia crime de emissão de cheque sem provisão.

(Ac. R.C., de 22.05.97, in CJ, Ano XXII, T. III, p. 47).

I – O prejuízo material verifica-se na data em que o cheque é apresentado a pagamento e é devolvido por falta de provisão, ou seja, quando por recusa do pagamento pelo banco, o tomador deixa de receber a quantia titulada pelo cheque.

II – O pagamento ulterior do montante titulado pelo cheque apenas significa que o lesado foi entretanto ressarcido do prejuízo sofrido.

(Ac. R.P., de 19.02.97, in BMJ, 464, p. 615).

O prejuízo económico derivado do não pagamento do cheque tem de ser aferido na perspectiva da relação fundamental que lhe está imediatamente subjacente.

(Ac. R.C., de 08.01.97, in BMJ, 463, p. 648).

I – Para efeitos de crime de emissão de cheque sem provisão, o prejuízo patrimonial relevante é o originado directamente pela emissão de cheque e não qualquer outro.

II – Se o cheque devolvido por falta de provisão titula um mútuo nulo por vício de forma, não é devida pelo arguido qualquer prestação, pelo que não há prejuízo patrimonial penalmente relevante.

(Ac. R.P., de 18.12.96, in BMJ, 462, p. 488).

Não se verificando o crime do artigo 11.º, n.º 1, alínea c), do Decreto-Lei n.º 454/91, de 28 de Dezembro, por falta do elemento «prejuízo patrimonial», os factos integram, porém, o tipo legal de crime de falsificação de documento, previsto no artigo 228.º, n.os 1, alínea b), e 2, do Código Penal de 1982, a que corresponde o artigo 256.º, n.ᵒˢ 1 e 3, do Código Penal de 1995.

(Ac. R.P., de 10.07.96, in BMJ, 459, p. 605).

Não existe prejuízo material se o cheque se destinou ao pagamento de uma dívida que já existe, mas que havia sido contraída por terceiro, para cuja cobrança corria termos um processo de execução fiscal.

Efectivamente, neste caso, está-se perante uma dação *pro solvendo*, em que o credor não tem qualquer direito de exigir a prestação, nem o devedor tem qualquer dever jurídico de cumprir.

Daí que se o pagamento era útil e constituía um aumento do património do credor, feito por quem quer que fosse, o não pagamento não diminui esse património, antes o deixa em estado igual ao que já tinha.

(Ac. R.E., de 09.07.96, in BMJ, 459, p. 625).

Não se verificando alguma das circunstâncias que lhes dão a natureza de crime particular, o valor do prejuízo patrimonial é, nos crimes de emissão de cheque sem provisão, o elemento distintivo da natureza pública ou semipública. Sendo elevado o valor do prejuízo, o crime tem natureza pública e não o sendo tem natureza semipública.

(Ac. R.C., de 26.04.96, in BMJ, 456, p. 511).

I – A valoração da factualidade para se concluir da existência de prejuízo patrimonial, tutelada pelo Cód. Penal como elemento essencial constitutivo do crime de emissão de cheque sem provisão, deve basear-se numa concepção jurídico-económica.

Art. 11.º — Regime Jurídico-Penal do Cheque — 165

II – Se, face ao ordenamento jurídico, a relação jurídica subjacente à emissão de cheque for ilícita, não poderá ser geradora de obrigações próprias ou alheias e portanto, tal título não merece tutela penal, se não for pago por falta de provisão ou por o sacador ter proibido, à instituição sacada, o respectivo pagamento.

(Ac. R.L., de 16.01.96, in CJ, Ano XXI, T. I, p. 148).

Tendo o arguido preenchido e entregue ao queixoso, na qualidade de tomador, um cheque destinado ao pagamento de um seu débito a uma invocada sociedade de que aquele era sócio-gerente, se o mesmo o apresentar a pagamento em seu próprio nome e for devolvido por falta de provisão não pode considerar-se que, com isso, tenha sofrido prejuízo e que, consequentemente o arguido tenha praticado o crime previsto e punido pelo art. 11.º, n.º 1 do DL n.º 454/91 de 28 de Dezembro.

(Ac. R.L., de 19.12.95, in CJ, Ano XX, T. V, p. 172).

Uma vez que o destinatário do cheque concorde com a sua pré-datação não se verifica, face ao Decreto-Lei n.º 454/91, de 28 de Dezembro, o elemento prejuízo patrimonial, se o mesmo for por ele apresentado a pagamento antes da data aposta.

(Ac. R.L., de 15.11.95, in BMJ, 451, p. 493).

I – Sendo nulo o negócio causal da emissão do cheque destinada a titular o preço acordado (no caso por inobservância da forma legal), não é devida pelo arguido qualquer prestação que pressuponha a validade daquele evento jurídico, nomeadamente o pagamento do preço.

II – Assim, ao portador do cheque não assiste o direito ao respectivo recebimento, o mesmo é dizer que da respectiva emissão não resulta o típico prejuízo patrimonial penalmente relevante, pese embora a existência de eventuais «prejuízos» para aquele, emergentes da não validação do negócio.

(Ac. R.P., de 15.11.95, in CJ, Ano XX, T. V, p. 255).

I – Provada a existência de prejuízo patrimonial superior a 5.000$00, pode configurar-se a existência de crime de emissão de cheque sem provisão, mesmo que esse prejuízo não esteja precisamente quantificado.

166　　　*Regime Jurídico dos Títulos de Crédito*　　　*Art. 11.º*

II – A determinação exacta do valor do prejuízo patrimonial causado, que é imprescindível para apuramento da responsabilidade civil do emitente, não o é assim, em sede de incriminação.

(Ac. R.P., de 21.06.95, in CJ, Ano XX, T. III, p. 265).

I – Se o elemento "prejuízo patrimonial" deve ser havido como conatural do crime de emissão de cheque sem provisão, a falta de indicação expressa do mesmo na acusação não implica um arquivamento automático ou uma absolvição automática, conforme os casos, em virtude de existir uma presunção de que a emissão de um cheque que não é oportunamente pago, causa prejuízo patrimonial ao seu beneficiário.

II – Daí que aquilo que se torna necessário apurar em audiência de julgamento não é a existência de tal prejuízo, mas que este, porventura, se não verificou.

(Ac. S.T.J., de 05.04.95, in CJ, Ano III, T. I, p. 238).

I – No crime de emissão de cheque sem provisão, para haver prejuízo patrimonial do tomador de um cheque não é necessário que este seja determinante da entrega de uma contrapartida que não seria efectuada sem a emissão e entrega do título.

II – Do cheque emitido com data posterior, ou cheque pré-datado para pagamento de mercadorias adquiridas, resulta prejuízo patrimonial se apresentado a pagamento, nos termos e prazo previstos na L.U.C., a partir da data nele aposta, se constata a sua falta ou insuficiência de provisão.

(Ac. R.C., de 22.02.95, in CJ, Ano XX, T. I, p. 63).

O prejuízo criminalmente relevante para efeitos do crime de emissão de cheque sem provisão só existe se o tomador do cheque tiver a receber a quantia em causa e o cheque lhe não for pago.

(Ac. R.P., de 09.11.94, in BMJ, 441, p. 395).

Para que se verifique o prejuízo patrimo-nial no crime de emissão de cheque sem provisão é indiferente que o cheque titule um mútuo válido ou não, pois o prejuízo do ofendido resulta da frustração do recebimento do montante do cheque, sendo indiferente a natureza da relação jurídica subjacente à emissão do título.

(Ac. R.P., de 20.04.94, in BMJ, 436, p. 438).

Art. 11.º　　　　*Regime Jurídico-Penal do Cheque*　　　　167

O preenchimento, assinatura e colocação em circulação pelo sacador é jurídico-penalmente relevante se da falta de provisão do cheque advém prejuízo patrimonial para o legítimo portador do mesmo, independentemente de este ser o tomador ou beneficiário do endosso.

(Ac. R.E., de 12.04.94, in CJ, Ano XIX, T. II, p. 277).

I – Passados cheques para cumprimento de cláusula estabelecida em transacção judicial, a favor do mandatário da parte contrária, no caso de não pagamento por falta de provisão, este último sofre o prejuízo correspondente ao valor de tais cheques, desde logo por estar obrigado a prestar contas pelo exercício do mandato.

II – Os ditos cheques não podem considerar-se de «garantia» quando se demonstrou que foram emitidos para cumprimento, embora diferido ou em prestações, de obrigação assumida na referida transacção.

(Ac. R.P., de 23.03.94, in BMJ, 435, p. 896).

Se o cheque tiver subjacente um negócio nulo com a consequente inexigibilidade por parte do tomador, não terá sido a emissão do título com a consequente proibição do seu pagamento que causou prejuízo patrimonial ao respectivo portador.

(Ac. R.P., de 02.03.94, in BMJ, 435, p. 897).

O ressarcimento da ofendida, através do pagamento da quantia referida no cheque devolvido por falta de provisão, não faz desaparecer o prejuízo patrimonial enquanto elemento típico do crime.

(Ac. R.C., de 24.02.94, in BMJ, 434, p. 698).

I – Da própria emissão de um cheque sem provisão resulta prejuízo patrimonial, que é co-natural do não pagamento.

II – Tendo o cheque substituído um anterior, que não havia sido pago, a obrigação primitiva continua inalterada, só tendo sido modificada, por acordo das partes, o meio de pagamento, com vista à desistência do anterior procedimento criminal.

(Ac. R.P., de 19.01.94, in BMJ, 433, p. 615).

No crime de emissão de cheque sem provisão, sendo o prejuízo um seu elemento típico, ainda que conatural ou ínsito ao não pagamento, tem de constar da acusação por forma explícita, através da indicação da relação jurídica que subjaz à emissão do cheque, só assim estando o tribunal em condições de ajui-zar se da recusa do pagamento adveio prejuízo para o portador.

(Ac. R.P., de 09.06.93, in BMJ, 428, p. 677).

I – O «Assento» n.º 6/93, de 27/1, resolveu afirmativamente a questão substantiva de saber se o elemento «prejuízo patrimonial» já integrava a moldura penal do art. 24.º do Decreto n.º 13.004, de 12/1/27.

II – Porém, deixou por resolver a questão de natureza processual consistente em saber se a acusação, em processo penal, admite alegações implícitas ou subentendidas respeitantes a elementos típicos dos crimes que dela sejam objecto.

III – O «prejuízo patrimonial» como elemento típico do crime de emissão de cheque sem provisão tem de figurar explícita e claramente na acusação, só assim se podendo situar no objecto do processo por ela delimitado.

IV – De outro modo, atribuir ao juiz o dever de investigar, em julgamento, daquele elemento típico que a acusação omite, é violar o princípio do acusatório consagrado no art. 32.º, n.º 5 da Constituição da República.

V – O art. 358.º, n.º 1 do Cód. Proc. Penal só permite a indagação em audiência de factos descritos na acusação, o que pressupõe que aquela tenha sido «recebida» e em condições de o ser.

(Ac. R.P., de 26.05.93, in CJ, Ano XVIII, T. III, p. 245).

I – Actualmente, o crime de emissão de cheque sem provisão é um crime de dano, pressupondo a existência de um prejuízo patrimonial para o seu tomador ou beneficiário.

II – O cheque emitido com data posterior ou cheque pré-datado pode destinar-se a pagamento, desempenhando a sua função normal de cheque na data nele inscrita.
Dele resultará prejuízo patrimonial se, apresentado a pagamento a partir dessa data, se constatar a falta de provisão.

III – O cheque de garantia destina-se a garantir o cumprimento duma obrigação futura. Dele não resulta, ao menos directamente, aquele prejuízo.

(Ac. R.C., de 25.02.93, in CJ, Ano XVIII, T. I, p. 73).

Art. 11.º　　　　*Regime Jurídico-Penal do Cheque*　　　　169

I – O prejuízo material é uma consequência normal de emissão de cheque sem provisão na medida em que, se não ficar provada a sua inexistência, o prejuízo é um efeito da recusa do pagamento do cheque pelo banco sacado.

II – Consequentemente, as emissões de cheques sem cobertura, abrangendo como consequência normal a verificação do prejuízo material, correspondentes à descrição do tipo legal previsto no Decreto n.º 13 004, de 12 de Janeiro de 1927, e praticadas na vigência deste, preenchem o tipo definido no artigo 11.º, n.º 1, alínea a), do Decreto-Lei n.º 454/91, de 28 de Dezembro.

(Ac. R.E., de 09.12.92, in BMJ, 422, p. 448).

JURISPRUDÊNCIA:

Subsecção única – A figura especial do cheque de garantia

A emissão de cheque sem provisão, após a entrada em vigor do Decreto-Lei n.º 454/91, de 28 de Dezembro, deixou de ser crime de perigo abstracto para passar a ser um de dano, pela inserção do elemento típico «prejuízo patrimonial», directamente conexionado com o título cambiário. Tanto a doutrina como a jurisprudência têm entendido que o chamado «cheque de garantia» se encontra descriminalizado.

(Ac. R.L., de 18.11.97, in BMJ, 471, p. 446).

I – Os cheques de garantia não constituem forma legal de um contrato de mútuo, quando a validade deste, face ao valor do empréstimo, exigir a celebração por escritura pública.

II – A sentença proferida em processo de natureza penal que condena o arguido em indemnização civil pelo facto de ter emitido cheques sem provisão, para garantir um empréstimo que só podia ser celebrado através de escritura pública, deve limitar a condenação à restituição ao queixoso da quantia mutuada, visto o contrato de mútuo ser nulo por vício de forma, não devendo atender-se a despesas bancárias nem ao pedido de juros formulados no pedido de indemnização civil.

(Ac. R.E., de 18.03.97, in BMJ, 465, p. 661).

Não leva à acusação, nem à pronúncia, a emissão de cheques que funcionaram tão-só «como cheques de garantia» por neles não ocorrer, com a respectiva emissão, o necessário prejuízo material.

(Ac. R.E., de 26.11.96, in BMJ, 461, p. 542).

I – O cheque de garantia (não datado) não se confunde com o cheque pré-datado, já que é preenchido sem data e visa garantir uma obrigação futura e incerta e o prejuízo que o credor eventualmente venha a sofrer, não advém directamente da falta de provisão, mas da não satisfação daquela obrigação, até porque no momento em que o cheque foi emitido não existia qualquer dever de pagar.

II – Pelo contrário, o cheque pré-datado destina-se a satisfazer uma obrigação de conteúdo certo e actual ainda que só exigível numa data posterior, merecendo por isso tutela penal desde que verificados os elementos objectivos e subjectivos do «tipo».

(Ac. R.L., de 02.10.96, in BMJ, 460, p. 791).

O cheque de garantia não se destina ao pagamento de uma obrigação, mas assume finalidade fiduciária de mera garantia de pagamento da mesma. Não tem, por isso, tutela penal.

(Ac. R.C., de 29.05.96, in BMJ, 457, p. 456).

I – O cheque de garantia é liminarmente inepto a causar prejuízo patrimonial ao seu tomador, porque, sendo uma réplica da livrança, não opera, na vida corrente dos negócios, como meio de pagamento, essa característica intrínseca à função própria do cheque.

II – Assim, face ao Decreto-Lei n.º 454/91, de 28 de Dezembro, não se acha criminalizada tal realidade.

(Ac. R.L., de 06.02.96, in BMJ, 454, p. 780).

Não merece protecção penal o cheque emitido, não como meio de pagamento, mas numa função de garantir para documentar ou acautelar a posição dos credores.

(Ac. R.P., de 13.12.95, in BMJ, 452, p. 488).

I – O «cheque de garantia» é uma expressão que não tem consagração legal e, consequentemente, um significado jurídico próprio. Todavia,

Art. 11.º — **Regime Jurídico-Penal do Cheque** — 171

a jurisprudência e a doutrina têm aceite como núcleo comum do conceito de «cheque de garantia» a emissão de um cheque que se destina a garantir o cumprimento de uma obrigação futura.

II – Assim, nesses casos, enquanto a dívida garantida não for exigível, não se poderá dizer que há um prejuízo patrimonial do portador do cheque que se verifica não ter provisão.

III – Não reveste, contudo, a natureza e a função de «cheque de garantia» a emissão de um cheque que vise simultaneamente o pagamento de uma letra vencida através da conta bancária do portador e extinguir a dívida do arguido para com esse mesmo portador proveniente de uma venda por este feita àquele.

(Ac. R.E., de 26.09.95, in BMJ, 449, p. 462).

O não pagamento de um cheque entregue em execução de um acordo segundo o qual a assistente desistia de imediato das penhoras por si "levadas a cabo" em processo executivo instaurado contra a sociedade de que o arguido era um dos gerentes, o que traduz a substituição de uma garantia institucional de pagamento por outra não convencional constituída pela posse do cheque, causou prejuízo à assistente, equivalente ao montante do cheque e juros cujo pagamento frustrado a penhora se destinava a assegurar.

(Ac. R.P., de 20.09.95, in BMJ, 449, p. 436).

I – Para efeitos da incriminação prevista no artigo 11.º do Decreto-Lei n.º 454/91, de 28 de Dezembro, haverá, ou não, prejuízo patrimonial atendível, consoante a ordem jurídica, considerada na sua totalidade, confira ou não ao portador do título o direito ao recebimento da quantia nele incorporada.

II – Tendo o arguido assumido voluntária e legalmente a obrigação de garantir a eventual dívida resultante de incumprimento do dono da obra para com o empreiteiro, resulta prejuízo patrimonial criminal-mente relevante da ordem dada ao banco pelo arguido para não pagar o cheque emitido, apesar de o cheque ser de garantia.

(Ac. R.P., de 21.06.95, in BMJ, 448, p. 433).

I – (...).

II – O cheque de garantia não tem, actualmente, a protecção da lei.

(Ac. R.C., de 24.05.95, in CJ, Ano XX, T. III, p. 66).

I – Um cheque que foi emitido para servir de prova documental de um mútuo para o caso de ao mutuário sobrevir qualquer fatalidade, designadamente a morte, não goza de tutela penal.

II – A declaração unilateral do ofendido de que o cheque iria ser apresentado a pagamento não tem a virtualidade de transmudar um meio de garantia e de prova, como era o cheque, num meio de pagamento imediato, não se podendo extrair do silêncio do seu sacador um sinal de assentimento e configurando, por isso, a aposição da data em tal cheque pelo ofendido um preenchimento abusivo.

III – Não se pode dizer que foi causado directamente pelo não pagamento do cheque o prejuízo resultante do incumprimento do contrato de mútuo, por não ter sido restituída a quantia mutuada nas condições acordadas.

(Ac. R.P., de 01.02.95, in BMJ, 444, p. 703).

Comete o crime de emissão de cheque sem provisão o agente que, para garantir ou caucionar o pagamento prometido por outrem, emite um cheque no montante da dívida e o entrega ao credor, o qual, apresentado a pagamento em virtude de o devedor não ter cumprido, veio a ser devolvido por falta de provisão, por esse não pagamento ter causado prejuízo ao credor.

(Ac. R.P., de 04.01.95, in BMJ, 443, p. 446).

O cheque de garantia, emitido sem data e que, posteriormente, não obtém provisão, não é punível porque a sua emissão não causa prejuízo.

(Ac. R.P., de 13.04.94, in BMJ, 436, p. 436).

JURISPRUDÊNCIA:

Secção 3.º – O valor

O crime de emissão de cheque sem provisão reveste actualmente – artigo 11.º do Decreto-Lei n.º 454/91, na redacção que lhe foi dada pelo Decreto-Lei n.º 316/97, de 19 de Novembro – várias modalidades de comportamento típico, tendo, todas elas, no entanto, um elemento comum, ou seja, a emissão e entrega de cheque para

Art.11.º　　　　*Regime Jurídico-Penal do Cheque*　　　　173

pagamento de quantia superior a 12 500$00, que não seja integralmente pago quando apresentado a pagamento e o seu não pagamento cause prejuízo patrimonial ao tomador do cheque ou a terceiro. Não é, assim, punível a emissão de cheque de montante inferior a 12 500$00, mesmo que estes se destinem a satisfazer o pagamento de uma única dívida.

(Ac. R.L., de 12.05.98, in BMJ, 477, p. 551).

O elemento valor superior a 5000$00 e os prazos da apresentação e da recusa do pagamento do cheque, descritos na alínea a) do n.º 1 do artigo 11.º do Decreto-Lei n.º 454/91, de 28 de Dezembro, também se referem às restantes modalidades do crime de emissão de cheque sem provisão previstas nas alíneas b) e c) do mesmo preceito.

(Ac. R.P., de 27.11.96, in BMJ, 461, p. 519).

V. ainda *Ac. R.C. de 28.11.96*, in *CJ, Ano XXI, T. V, p. 56* (em anotação ao art. 13.º LUC), inserido na presente compilação a pág. 110.

JURISPRUDÊNCIA:

Secção 4.º – A falta de provisão

I – A mera entrega de cheques sacados por terceiro pelo devedor ao credor não configura, só por si, um acto de pagamento, mas um meio de o conseguir, isto é, em termos de *datio pro solvendo*, pelo que o direito de crédito ao credor só se extingue quando e na medida em que for satisfeito.

II – O credor que não conseguiu a cobrança dos cheques por falta de provisão na conta de depósitos do sacador não fica obrigado a exercer o direito de crédito baseado na relação jurídica cambiária contra o sacador e o endossante.

III – O não accionamento prévio do sacador e do endossante dos cheques na relação cambiária não consubstancia excepção peremptória susceptível de ser relevantemente invocada pelo devedor na acção declarativa de condenação baseada na relação jurídica subjacente.

(Ac. R.L., de 20.05.99, in BMJ, 487, p. 355).

A apresentação de cheque como documento particular de prova da dívida, isto é, como mero quirógrafo, sem que se prove que o réu é devedor da importância inscrita no cheque, mas apenas que o emitiu a favor do autor e que veio a ser devolvido por falta de provisão, é insuficiente para se poder concluir que o réu é devedor daquela importância, pois o cheque tem apenas valor como documento particular escrito e assinado pelo réu, mas não como título cambiário.

(Ac. R.E., de 25.06.98, in BMJ, 478, p. 465).

A "falta de provisão" é um conceito normativo e pode ser integrado por quaisquer expressões com o mesmo significado, designadamente "falta ou insuficiência de fundos", "falta de quantia disponível", "falta de depósito disponível", "falta de cobertura", "conta encerrada, saldada, liquidada ou cancelada".

(Ac. R.L., de 21.05.97, in CJ, Ano XXII, T. III, p. 144).

O crime de emissão de cheque sem provisão, crime de resultado, só se consuma com a recusa de pagamento por falta de provisão verificada dentro dos oito dias subsequentes à data de emissão, a ela se devendo atender para efeito de aplicação da amnistia.

(Ac. R.P., de 19.02.97, in BMJ, 464, p. 615).

I – Independentemente da eventual responsabilidade civil em que venha a incorrer, e se não for indagada no inquérito a causa de tal atitude, não comete qualquer crime de emissão de cheque sem provisão, mormente o tipificado na al. c) do art. 11.º do Dec.-Lei 454/91, de 28/12, o arguido que, depois de entregar um cheque por si apenas assinado e posteriormente preenchido quanto à data e montante pelo respectivo portador, proíbe o Banco sacado, antes da data constante do título como sendo a da sua emissão, de efectuar o respectivo pagamento.

II – A actual estrutura do crime de emissão de cheque sem provisão como crime de dano ou de resultado, pressupõe que este elemento típico seja verificável sempre *a posteriori* e em concreto, não podendo sê-lo antecipadamente e em abstracto.

(Ac. R.P., de 29.05.96, in CJ, Ano XXI, T. III, p. 234).

Art. 11.º   *Regime Jurídico-Penal do Cheque*   175

A expressão «conta bloqueada» é equivalente a conta «sem provisão» para efeito de preenchimento do ilícito previsto no artigo 11.º, n.º 1, alínea a) do Decreto-Lei n.º 454/91, de 28 de Dezembro, uma vez que tal actua-ção resultou da actividade do arguido ao colocar sem provisão a conta sacada, emitindo sobre ela um cheque que não tinha cobertura.

(Ac. R.P., de 05.07.95, in *BMJ, 449, p. 436).*

Comete o crime de emissão do cheque sem provisão aquele que entregue a outrem cheques sacados sobre uma conta bancária, cujo saldo contabilístico, embora de montante superior não permita o respectivo pagamento, em virtude de dele fazerem parte valores dependentes de boa cobrança dos respectivos titulares.

(Ac. R.E., de 18.05.95, in *CJ, Ano XX, T. III, p. 302).*

I – A declaração, pelo banco sacado, da falta de provisão do cheque é uma condição objectiva de punibilidade do crime de emissão de cheque sem provisão.

II – É manifestamente infundada a acusação por este crime da qual consta que o cheque foi devolvido com a menção de «cancelado».

(Ac. R.L., de 26.04.95, in *CJ, Ano XX, T. II, p. 159).*

Só há crime de emissão de cheque sem provisão se o pagamento for recusado por «falta de provisão» (mas não se a recusa foi devida a «conta cancelada»).

(Ac. R.C., de 20.04.95, in *BMJ, 446, p. 364)*

Só há crime de emissão de cheque sem provisão se o pagamento for recusado por «falta de provisão» (mas não se a recusa foi devida a «conta cancelada» ou «conta bloqueada»).

(Ac. R.C., de 15.03.95, in *BMJ, 445, p. 625).*

O cheque pode não ter provisão e pode não haver crime, pois o prejuízo criminalmente relevante só existe se o tomador tiver direito a receber a quantia em causa e o cheque não lhe for pago.

(Ac. R.P., de 01.03.95, in *BMJ, 445, p. 616).*

176   Regime Jurídico dos Títulos de Crédito   Art. 11.º

V. ainda *Ac. R.P. de 04.10.95*, in *BMJ, 450, p. 557* (em anotação ao art. 3.º LUC), inserido a pág. 104), e *Ac. R.E. de 18.04.95*, in *BMJ, 445, p. 374* (em anotação ao art. 3.º LUC), inseridos a págs. 104).

JURISPRUDÊNCIA:

Subsecção única – Conta cancelada ou bloqueada

I – Conta cancelada ou conta bloqueada são conceitos que se equivalem, significando que a norma está totalmente desprovida de fundos, em poder do banco sacado, que não tem qualquer provisão.

II – Por isso, a devolução de um cheque com esse fundamento equivale, para efeitos penais, à verificação de uma recusa de pagamento por falta de provisão, preenchendo-se portanto, tal condição objectiva de punibilidade.

(Ac. R.L., de 25.11.97, in BMJ, 471, p. 447).

A declaração «devolvido por conta encerrada» aposta no verso de um cheque pela entidade bancária tem o mesmo sentido literal que «conta cancelada» para os efeitos da jurisprudência obrigatória para os tribunais fixada através do acórdão do Supremo Tribunal de Justiça n.º 13/97, fixado em plenário criminal, no recurso n.º 837//96.

(Ac. R.L., de 29.10.97, in BMJ, 470, p. 668).

Apesar de o acórdão do Supremo Tribunal de Justiça de 8 de Maio de 1997 (posição jurisprudencial) apenas fazer referência à declaração «devolvido por conta cancelada», o certo é que tal doutrina é da aplicar relativamente a todos os casos em que a declaração exarada no verso do cheque tenha idêntico sentido e alcance.

(Ac. R.L., de 24.06.97, in BMJ, 468, p. 461).

A recusa de pagamento por motivo de «conta bloqueada» integra o «crime de emissão de cheque sem provisão» no mesmo regime

Art. 11.º   *Regime Jurídico-Penal do Cheque*   177

de recusa de pagamento por motivo de «conta cancelada», aplicando-se a doutrina do acórdão do Supremo Tribunal de Justiça de 8 de Maio de 1997.

(Ac. R.C., de 24.06.97, in BMJ, 468, p. 461).

Um cheque emitido sobre uma conta cancelada, isto é, uma conta extinta, não vale como cheque para efeitos penais, uma vez que com tal título nenhuma ordem válida de pagamento pode ser dada ao banco.

(Ac. R.P., de 11.06.97, in BMJ, 468, p. 475).

I – É requisito essencial do crime de emissão de cheque sem cobertura, que o cheque não seja pago por falta ou insuficiência de provisão, por falta de cobertura ou por proibição de pagamento do cheque emitido.

II – A indicação num cheque de «conta bloqueada» como motivo de recusa de pagamento não preenche a condição de punibilidade da devolução por falta de provisão.

(Ac. R.E., de 20.05.97, in BMJ, 467, p. 649).

Comete o crime de emissão de cheque sem provisão quem, com prejuízo do tomador, emite um cheque que, apresentado a pagamento, é devolvido pelo banco sacado com a indicação de conta cancelada ou bloqueada, pois estas expressões significam que o não pagamento se deveu a falta de provisão e o que interessa é que esta circunstância seja conhecida do agente.

(Ac. R.L., de 14.05.97, in BMJ, 467, p. 610).

A declaração «devolvido por conta cancelada» aposta no verso do cheque pela entidade bancária sacada equivale, para efeitos penais, à verificação da recusa de pagamento por falta de provisão, pelo que deve haver-se por preenchida esta condição objectiva de punibilidade do crime de emissão de cheque sem provisão, previsto e punível pelo artigo 11.º, n.º 1, alínea a), do Decreto-Lei n.º 454/91, de 28 de Dezembro.

(Ac. STJ, de 08.05.97, in BMJ, 467, p. 73 e D.R., 1ª Série, n.º 138--A de 18.06.97, p. 2939).

Sendo anulável, por erro sobre a dimensão da superfície, o negócio de compra e venda de uma loja, não constitui crime a devolução sem pagamento, por cancelamento, de um cheque emitido para sinal e início de pagamento da dita loja.

(Ac. R.C., de 06.02.97, in BMJ, 464, p. 625).

O cheque devolvido com a menção de «cheque cancelado» em virtude da respectiva conta se encontrar «encerrada» não consubstancia o crime de emissão de cheque sem provisão previsto e punido pelo artigo 11.º, n.º 1, do Decreto-Lei n.º 454/91, em qualquer das suas alíneas.
A conduta consubstanciará um crime de burla se da acusação constarem os respectivos elementos típicos.

(Ac. R.L., de 21.01.97, in BMJ, 463, p. 625).

Ainda que o banco sacado posteriormente informe que à data da emissão do cheque e nos oito dias seguintes, a conta apresentava um saldo de zero, a devolução do referido cheque com a indicação «Conta Bloqueada por Mandato do Banco Sacado», não preenche a condição objectiva de punibilidade do crime de emissão de cheque sem provisão.

(Ac. R.L., de 07.01.97, in BMJ, 463, p. 625).

Sendo a «conta cancelada», enquanto tal, uma conta extinta, a recusa de pagamento de um cheque por tal motivo não integra o crime de emissão de cheque sem provisão, o qual pressupõe a existência da conta, sem a qual não poderá ser dada qualquer ordem legítima ao banqueiro para pagar o cheque.

(Ac. R.P., de 13.11.96, in BMJ, 461, p. 519).

I – Conta bloqueada é uma conta tornada indisponível, por qualquer razão, não lhe correspondendo, necessariamente, uma falta de fundos, no Banco sacado, para pagar um cheque emitido.

II – Assim, o cheque devolvido com a menção de «conta bloqueada» não perspectiva a prática de crime de emissão de cheque sem provisão, mas outro qualquer ilícito.

III – Conta cancelada é uma conta extinta, inactiva, liquidada, como se o saldo fosse zero e, portanto, o saque de um cheque, sobre ela, é susceptível de integrar o aludido crime.

(Ac. R.L., de 06.11.96, in CJ, Ano XXI, T. V, p. 143).

I – A menção «conta cancelada» aposta no cheque traduz uma situação de conta liquidada, isto é, eliminada, que deixou de existir.

II – Não vale como cheque, para efeitos penais, o título emitido sobre uma conta cancelada, uma vez que, com tal título, nenhuma ordem de pagamento pode ser dada ao banco, por a convenção de cheque pressupor a existência duma conta.

(Ac. R.P., de 10.07.96, in BMJ, 459, p. 605).

«Cheque cancelado» e outras expressões frequentemente utilizadas pela prática bancária, como «conta cancelada», «conta bloqueada», «conta encerrada», não são sinónimos de falta de provisão do cheque.

(Ac. R.P., de 05.06.96, in BMJ, 458, p. 394).

A lei penal que nos rege não admite, em sede do crime de emissão de cheque sem provisão, o sancionamento do cheque que é devolvido pelo facto de a conta se encontrar «bloqueada e cancelada».

(Ac. R.C., de 17.04.96, in BMJ, 456, p. 510).

A devolução de um cheque por motivo de «conta bloqueada» não equivale a devolução por falta de provisão.

(Ac. R.P., de 13.03.96, in BMJ, 455, p. 568).

Não integra o crime de emissão de cheque sem provisão o título que foi devolvido com a declaração de conta encerrada ou bloqueada, por decisão do banco sacado.

(Ac. R.C., de 14.02.96, in BMJ, 454, p. 808).

A declaração de «conta cancelada» (designadamente quando tal cancelamento é anterior à emissão do cheque) equivale à declaração de falta de provisão.

(Ac. R.E., de 23.01.96, in BMJ, 453, p. 581).

I – Recusado o pagamento do cheque com a indicação de «conta bloqueada», não pode ser imputado ao sacador o crime de emissão de cheque sem provisão, previsto e punido pelo artigo 11.º, n.º 1, alínea a), do Decreto-Lei n.º 454/91, de 28 de Dezembro.

II – A verificação da recusa do pagamento do cheque por falta de provisão, condição objectiva de punibilidade, não pode ser suprida por outro meio de prova exterior ao cheque.

(Ac. R.P., de 29.11.95, in BMJ, 451, p. 507).

I – A rescisão da convenção, a que a prática bancária alia o denominado bloqueio da conta, só terá por efeito o não pagamento desde que o cheque não tenha provisão.

II – Integra a declaração de falta de provisão a que alude o artigo 11.º do Decreto-Lei n.º 454/91, de 28 de Dezembro, qualquer expressão que revele um comportamento donde resulte a inexistência da provisão.

III – A partir do momento em que do título consta a apresentação em tempo útil e o não pagamento por bloqueio, encontra-se cumprido o disposto no artigo 40.º, n.º 3, da Lei Uniforme, nada obstando a que se faça apelo a outro elemento de prova, estranho ao título, para demonstrar a rescisão.

(Ac. R.P., de 08.11.95, in BMJ, 451, p. 507).

Não constitui crime de emissão de cheque sem provisão, por essa conduta não se encontrar tipificada na lei, a emissão de um cheque em que se declara simplesmente que tal devolução aconteceu «por motivo de conta bloqueada».

(Ac. R.P., de 12.07.95, in CJ, Ano XX, T. IV, p. 227).

Não tem relevância penal a devolução de um cheque por motivo de "conta bloqueada".

(Ac. R.C., de 10.05.95, in CJ, Ano XX, T. III, p. 64).

Não integra a prática do crime de emissão de cheque sem provisão, a emissão de um cheque que, apresentado tempestivamente a pagamento, não foi pago, mas devolvido com a declaração de «conta cancelada».

(Ac. R.C., de 22.03.95, in CJ, Ano XX, T. II, p. 40).

| Art. 11.º | Regime Jurídico-Penal do Cheque | 181 |

I – Verifica-se a condição objectiva de punibilidade do crime de emissão de cheque sem provisão, se o cheque foi devolvido sem pagamento com a declaração de «conta liquidada», aposta no verso.

II – (...).

(Ac. R.L., de 22.03.95, in CJ, Ano XX, T. II, p. 148).

I – Cancelada a conta bancária em data anterior à da emissão e apresentação do cheque a pagamento, a recusa do pagamento por motivo de cheque cancelado não configura a condição objectiva de punibilidade respeitante à verificação de inexistência ou insuficiência de provisão e recusa de pagamento por esse motivo.

II – A conta cancelada não é susceptível de ser movimentada e não pode servir para satisfazer qualquer pagamento de cheque emitido sobre a mesma.

III – A emissão e entrega de cheque, com conhecimento do cancelamento da conta, podem integrar a prática do crime de burla, sendo, por isso, necessário que a acusação integre os respectivos factos.

(Ac. R.P., de 15.03.95, in BMJ, 445, p. 615).

Recusado o pagamento do cheque pelo motivo de «cheque cancelado», não pode ser imputado ao sacador o crime de emissão de cheque sem provisão, previsto e punido pelo artigo 11.º, n.º 1, alínea a), do Decreto-Lei n.º 454/91, de 28 de Dezembro.

(Ac. R.P., de 15.03.95, in BMJ, 445, p. 615).

A declaração de recusa do pagamento por conta cancelada não é susceptível de preencher a exigência legal de o cheque ser devolvido por falta de provisão, uma vez que a declaração do sacado de recusa do pagamento por falta de provisão tem de ser escrita sobre o cheque e não pode ser suprida por recurso a elementos estranhos ao próprio título.

(Ac. R.P., de 15.03.95, in BMJ, 445, p. 615).

A indicação «conta bloqueada», como motivo de recusa do pagamento de um cheque, não preenche a condição de punibilidade da devolução por falta de provisão, que tem de ser expressamente referida no título ou no *allongue*.

(Ac. R.P., de 09.11.94, in BMJ, 441, p. 395).

I – O preenchimento do tipo legal de emissão de cheque sem cobertura exige, além do mais, que o pagamento do cheque seja recusado por falta de provisão, verificado nos termos e no prazo da Lei Uniforme.

II – A declaração do sacado, aposta no verso do cheque, de que este foi «devolvido por conta cancelada» não integra aquele requisito.

(Ac. R.P., de 17.11.93, in *BMJ, 431, p. 553).*

V. ainda *Ac. R.P. de 10.01.96*, in *BMJ, 453, p. 559* (em anotação ao art. 29.º LUC) inserido a págs. 119 e o *Ac. R.P de 21.06.95*, in *BMJ, 448, p. 434* (em anotação ao art. 29.º LUC), inserido a págs. 120).

JURISPRUDÊNCIA:

Secção 5.º – A irregularidade do saque

Não impede o preenchimento do crime de emissão de cheque sem provisão o facto de não ter sido o agente a assinar o título, posto que se verifiquem todos os restantes requisitos e, bem assim, as necessárias condições objectivas de punibilidade – apresentação no prazo legal do cheque a pagamento e a verificação, no mesmo prazo, da falta de provisão.

(Ac. R.E., de 10.03.98, in *BMJ, 475, p. 795).*

A falta de uma das assinaturas exigidas no convénio do cheque para a movimentação de fundos depositados na conta não exclui a responsabilidade daquele que no cheque apôs a sua assinatura no lugar destinado ao sacador, verificados que sejam os demais requisitos da punibilidade.

(Ac. R.P., de 28.05.97, in *BMJ, 467, p. 628).*

A falta de assinatura pelo funcionário respectivo da declaração aposta no verso de um cheque devolvido por falta de provisão constitui irregularidade sanável, designadamente na fase de julgamento, não podendo ser causa de rejeição da acusação por manifestamente infundada.

(Ac. R.P., de 02.04.97, in *BMJ, 466, p. 586).*

Apesar de constar da ficha bancária que, para obrigar a sociedade, são necessárias as assinaturas de dois gerentes, não é manifestamente infundada a acusação por crime de emissão de cheque sem provisão deduzida contra o gerente que emitiu um cheque sobre a conta da sociedade, cujo pagamento foi recusado, no prazo legal, por falta de provisão.

(Ac. R.P., de 27.11.96, in BMJ, 461, p. 518).

Não prejudica a validade do título como cheque a inobservância das prescrições estabelecidas no contrato ou convenção entre os titulares da conta, não sendo, por isso, obstáculo à imputação do crime de emissão de cheque sem provisão a falta de alguma das assinaturas que, face à convenção, serão necessárias para a validade do saque.

(Ac. R.P., de 15.05.96, in BMJ, 457, p. 444).

JURISPRUDÊNCIA:

Secção 6.º – O extravio

Se, na vigência do Código Penal de 1982, mas antes do início da do Decreto-Lei n.º 454/91, depois de ter preenchido, assinado e entregue o cheque ao tomador, o sacador solicita, por escrito, ao banco sacado que não o pague porque se extraviou (o que sabe não corresponder à verdade) e se, por isso, quando o tomador/portador lhe apresenta o cheque, dentro do prazo legal de apresentação, o sacado recusa o pagamento e, no verso do título, lança a declaração de que o cheque não foi pago por aquele motivo, o sacador não comete o crime previsto e punido pelo artigo 228.º, n.º 1, alínea b), e 2, nem o previsto e punido pelo artigo 228.º, n.º 1, alínea b), do Código Penal de 1982.

(Assento n.º 4/2000, de 17.02, in D.R., I-A, n.º 40, p. 570).

A declaração feita pelo arguido ao banco sacado de que determinado cheque havia sido extraviado, o que sabia ser falso, pretendendo, assim, evitar o pagamento do mesmo, causando prejuízo ao seu portador legítimo, integra o crime do artigo 11.º, n.º 1, alínea c), do Decreto-Lei n.º 454/91, de 28 de Dezembro.

(Ac. R.P., de 06.05.98, in BMJ, 477, p. 564).

A falsa comunicação, ao banco sacado, do extravio do cheque, feita com o propósito de obstar ao pagamento, integra o crime de emissão de cheque sem provisão da alínea c) do n.º 1 do artigo 11.º do Decreto-Lei n.º 454/91, de 28 de Dezembro, e não o crime de falsificação.

(Ac. R.P., de 30.04.97, in BMJ, 466, p. 586).

A falsa declaração de extravio ou perdimento do cheque para efeito de obstaculizar o seu pagamento, comunicada através de documento particular, constitui o crime de emissão de cheque sem provisão, a que alude a alínea c) do artigo 11.º do Decreto-Lei n.º 454/91, em concurso real com o crime de falsificação, a que alude o artigo 256.º, n.º 1, do Código Penal. (¹)

(Ac. R.C., de 20.11.96, in BMJ, 461, p. 531).

I – A emissão de um cheque em 1990 a que foi aposta a nota de «extraviado» e foi emitido na ignorância de falta de cobertura não integra o crime de cheque sem provisão, por ausências de dolo e condição objectiva de punibilidade.

II – Não integra o crime de burla por não aplicação retroactiva da nova legislação, por um lado, e, por outro, ausência de dolo específico, traduzida na intenção de prejudicar.

III – A carta endereçada ao banco a comunicar o extravio de um cheque quando é do conhecimento do autor que o cheque não tem provisão integra um crime de falsificação simples [artigo 228.º, n.º 1, alínea b), do Código Penal].

IV – O sacador comete o crime de falsificação de título transmissível por endosso, quando tal carta determinou a aposição no cheque da nota de extravio pelo empregado bancário que o fez de boa fé. V – Verifica-se o dever de indemnizar quando os factos constam da acusação e traduzem a responsabilidade do arguido pela dívida assumida, sendo também devidos os juros para compensar não só o prejuízo causado, como os benefícios que o lesado deixou de obter como consequência da lesão.

(Ac. STJ, de 30.11.93, in BMJ, 431, p. 280).

(¹) O art. 256.º do Cód. Penal ("Falsificação de documento") encontra-se inserido a pág. 159.

Art. 11.º   *Regime Jurídico-Penal do Cheque*   185

I – Se o depositante avisar o Banco (Depositário) de que houve extravio de um cheque, é ilícito o seu pagamento, a não ser que o Banco cumpra o seu ónus de provar que o detentor do cheque o adquiriu por meios legítimos e que tal lho demonstrara.

II – Dada aquela ilicitude o Banco não pode anotar no cheque, apresentado a pagamento sete meses após a sua revogação, que o não paga por falta de provisão.

III – O depositário responde pelos danos causados, nomeadamente em consequência do processo crime instaurado.

(Ac. STJ, de 19.10.93, in CJ, Ano I, T. III, p. 69).

JURISPRUDÊNCIA:

Secção 7.º – A apresentação a pagamento

I – Após a entrada em vigor do D-L 316/97, de 19-XI, a data de entrega do cheque passou a ser elemento constitutivo do crime de emissão do cheque sem provisão.

II – Por isso, quando aquele facto não conste do despacho de pronúncia, este enfermará de deficiência não suprível através da prova que se venha a produzir em julgamento.

(Ac. R.L., de 03.11.98, in CJ, Ano XXIII, T. V, p. 135).

I – Ocorrendo dúvidas sobre a data da entrega do cheque, elas têm que funcionar a favor do arguido por força do *in dubio pro reo*.

II – Por isso, o arguido deve ser absolvido se não se puder apurar com segurança que o cheque foi preenchido com data anterior à sua entrega ao tomador.

III – (...).

IV – (...).

V – (...).

(Ac. R.C., de 17.06.98, in CJ, Ano XXIII, T. III, p. 57).

No novo regime jurídico do cheque a data da emissão e entrega ao tomador passou a ser elemento indispensável a apurar. Não tendo este facto sido apurado em sede de julgamento, a resposta a dar a esta questão poder-se-á encontrar num estudo da Procuradoria-Geral Distrital de Lisboa, e publicado em 25 de Novembro de 1997, em que se defende que «se da decisão recorrida não constam os factos conducentes a ajuízar pela descriminalização [...] mas os elementos constantes do processo [...] são de modo a ver com muita probabilidade que estamos perante uma situação de descriminalização, deve julgar-se no sentido da insuficiência da matéria de facto provada [artigo 410.º, n.º 2, alínea a), do Código de Processo Penal] e determinar-se o reenvio (artigos 426.º e 431.º do Código de Processo Penal)».

(Ac. R.P., de 03.02.98, in BMJ, 474, p. 539).

Constituem condições de punibilidade do crime previsto e punido no artigo 11.º, n.º 1, alínea c), do Decreto-Lei n.º 454/91, de 28 de Dezembro, a apresentação do cheque a pagamento no prazo legal previsto na Lei Uniforme do Cheque e a verificação do não pagamento no mesmo prazo.

(Ac. R.P., de 14.05.97, in BMJ, 467, p. 627).

A exigência de o cheque ser apresentado a pagamento nos termos e prazos da LURC, tanto respeita ao comportamento previsto na alínea a) do n.º 1 do art. 11.º, do Dec.-Lei n.º 454/91, como aos previstos nas alíneas b) e c) do mesmo artigo, pelo que a responsabilidade pela manutenção da provisão ou pelo não bloqueamento do pagamento só há-de verificar-se, também para efeitos penais, durante o prazo estabelecido na Lei Uniforme.

(Ac. R.P., de 14.05.97, in CJ, Ano XXII, T. III, p. 228).

I – Comete o crime de emissão de cheque sem cobertura aquele que, para pagamento da dívida que, em 14/10/92, tinha para com um seu fornecedor, saca um cheque, sem data, autorizando-o a datá-lo, o que ele fez em 10/2/93, se esse cheque, apresentado a pagamento, foi devolvido por falta de provisão.

II – A tal não obsta o facto de as transacções comerciais entre ambos terem cessado em Dezembro de 1992.

(Ac. R.P., de 03.07.96, in CJ, Ano XXI, T. IV, p. 237).

O cheque apresentado a pagamento antes da data nele aposta, embora deva ser pago segundo a Lei Uniforme sobre Cheques, não tem protecção penal, porque esta exige que o comportamento do agente cause prejuízo patrimonial e isso não acontece com o não recebimento do valor titulado antes da data acordada.

(Ac. R.C., de 29.05.96, in BMJ, 457, p. 453).

Um cheque datado de 30 de Fevereiro é de considerar como datado no último dia desse mês.

(Ac. R.C., de 04.05.94, in CJ, Ano XIX, T. III, p. 44).

I – Apesar de a lei pretender que o cheque tenha a indicação da data em que é passado, admite que contenha uma data posterior àquela.
II – Para a verificação do crime de emissão de cheque sem provisão, caso tenha sido apresentado a pagamento antes da data nele indicada como de emissão, é necessário que o seu portador proceda a nova apresentação nos oito dias subsequentes à data indicada no título e que o pagamento seja recusado por falta de fundos.

(Ac. R.P., de 13.04.94, in BMJ, 436, p. 438).

I – O cheque subscrito e entregue com data futura só tem tutela penal se for apresentado e recusado o pagamento (que, como actos estranhos ao arguido, continuam a ser condições objectivas de punibilidade) nos termos e prazos previstos na LU, a contar da data nele aposta. Se for apresentado antes não se configurará o elemento do tipo "prejuízo". II – (...).

(Ac. R.C., de 27.01.94, in CJ, Ano XIX, T. I, p. 52).

TÍTULO VI – Condições gerais agravantes e atenuantes

JURISPRUDÊNCIA:

Secção 1.ª – Condições agravantes

Subsecção 1 – O valor

I – Tendo em atenção que a unidade de conta – UC – em 1993, era de 10.000$00, os 1.166.732$00 do cheque dos autos não atingem

200 UCs e não devem ser tidos, para efeitos de punição geral, como valor consideravelmente elevado.

II – Assim sendo, o crime de cheque sem provisão é punível com prisão até 3 anos.

III – E, decorridos que estão mais de 5 anos sobre a prática dos factos, sem que tenham ocorrido quaisquer causas de interrupção ou suspensão da prescrição, está extinto o respectivo procedimento criminal por prescrição do mesmo.

(Ac. R.L., de 03.11.99, in CJ, A. XXIV, T. V, p. 135).

O conceito de regime geral de punição do crime de burla a que o artigo 11.º do Decreto-Lei n.º 454/91 faz apelo engloba os respectivos pressupostos processuais; um cheque no montante de 1 590 000$00 tem valor elevado e, por conseguinte, reveste natureza pública o crime que se materializa na sua emissão sem provisão.

(Ac. R.P., de 04.06.97, in BMJ, 468, p. 486).

Sendo o montante do cheque de valor elevado face ao Código Penal revisto, não é admissível a desistência de queixa, dado que, com o novo regime, apenas passou a semipúblico o crime referente a cheque de valor inferior a 50 unidades de conta.

(Ac. R.P., de 12.03.97, in BMJ, 465, p. 642).

I – Para efeitos do disposto na alínea a) do n.º 2 do art. 218.º do C. Penal não é legítimo considerar a totalidade do valor de vários cheques de que o arguido, em concurso real, seja acusado de emitir sem provisão, devendo atender-se apenas ao de cada um deles.

II – (...).

(Ac. R.E., de 12.12.95, in CJ, Ano XX, T. V, p. 303).

I – Considerável significa importante, notável, avultado ou numeroso; consideravelmente elevado é o valor que dá nas vistas, que chama a atenção, que sai fora da vulgaridade, da mediania, que é produto de grande ambição para quem o procura.

II – Não pode, assim, reputar-se como consideravelmente elevado o montante 880 000$00, referido a Março de 1993, aposto num cheque cujo pagamento foi recusado por falta de provisão.

(Ac. R.P., de 20.09.95, in BMJ, 449, p. 437).

Um cheque no montante de 297 000$00, emitido em 1992, não é de valor consideravelmente elevado, quer à luz do critério legal expresso no Código Penal, aprovado pelo Decreto-Lei n.º 48/95, de 15 de Março, quer à luz dos critérios que têm sido seguidos pela jurisprudência: a alçada das Relações em matéria cível ou o salário mínimo nacional correspondente a um ano.

(Ac. R.P., de 14.06.95, in BMJ, 448, p. 434).

A ponderação sobre a questão de saber se o valor deve ter-se por consideravelmente elevado tem que reportar-se ao momento da prática do crime.

(Ac. R.C., de 04.05.95, in BMJ, 447, p. 583).

I – (...).

II – O montante de 200.000$00 não é um valor consideravelmente elevado para efeitos de agravação (art. 314.º, c) do C. Penal).

(Ac. R.L., de 22.03.95, in CJ, Ano XX, T. II, p. 148).

JURISPRUDÊNCIA:

Subsecção 2 – Habitualidade

Os conceitos de "habitualidade" do art. 314.º, a), do C.P. de 1982 e de "modo de vida" do art. 218.º, 2, b), do C.P. revisto não são coincidentes. O "modo de vida" pressupõe a habitualidade mas exige ainda que o agente viva da actividade delituosa, faça dela ponte de proventos para a sua sustentação.

(Ac. R.C., de 19.09.96, in CJ, Ano XXI, T. IV, p. 69).

I – Para ajuizar da existência de habitualidade, uma vez que os respectivos pressupostos não se acham, legislativamente, estabelecidos o julgador deverá socorrer-se do seu prudente arbítrio. Comummente, no entanto, aceitam-se como tal: a) o cometimento reiterado e b) a manifestação de que o agente possui uma tendência interna e estável para esse cometimento, derivada de uma predisposição de carácter, ou adquirida gradualmente.

II – (...).

(Ac. R.L., de 25.06.96, in CJ, Ano XXI, T. III, p. 154).

I – (...).

II – O conceito de "modo de vida", embora a pressuponha, não se esgota com a existência de mera "habitualidade", é necessário, ainda que, a actividade criminosa seja a fonte dos proventos de sustentação do arguido.

(Ac. R.E., de 12.12.95, in CJ, Ano XX, T. V, p. 303).

A inclinação ou tendência do agente para a prática de crimes de emissão de cheques sem provisão deve apreciar-se não só em função do número de cheques sem provisão que emite mas também em função da motivação determinante dessa emissão, para que não se confunda a habitualidade com a pluriocasionalidade.

(Ac. R.C., de 15.04.93, in BMJ, 426, p. 534).

JURISPRUDÊNCIA:

Secção 2.ª – Condições atenuantes

A declaração em que o ofendido desiste da queixa e se dá por integralmente ressarcido dos danos sofridos, embora extemporaneamente apresentada (e não podendo, por isso, valer como desistência da queixa), implica sempre algum valor atenuativo.

(Ac. R.C., de 07.01.93, in BMJ, 423, p. 608).

NOTA:

Tem-se entendido, pacificamente, que o pagamento efectuado até ao início da audiência de julgamento em primeira instância tem valor atenuativo, nos termos dos artigos 72.º e 73.º do C.P. que aqui se transcrevem:

"Artigo 72.º – Atenuação especial da pena

1 – O tribunal atenua especialmente a pena, para além dos casos expressamente previstos na lei, quando existirem circunstâncias anteriores ou posteriores ao crime, ou contemporâneas dele, que diminuam por forma acentuada a ilicilude do facto, a culpa do agente ou a necessidade da pena.

2 – Para efeito do disposto no número anterior, são consideradas, entre outras, as circunstâncias seguintes:

Art. 11.º   *Regime Jurídico-Penal do Cheque*   191

a) Ter o agente actuado sob influência de ameaça grave ou sob ascendente de pessoa de quem dependa ou a quem deva obediência;

b) Ter sido a conduta do agente determinada por motivo honroso, por forte solicitação ou tentação da própria vítima ou por provocação injusta ou ofensa imerecida;

c) Ter havido actos demonstrativos de arrependimento sincero do agente, nomeadamente a reparação, até onde lhe era possível, dos danos causados;

d) Ter decorrido muito tempo sobre a prática do crime, mantendo o agente boa conduta.

3 – Só pode ser tomada em conta uma única vez a circunstância que, por si mesma ou conjuntamente com outras circunstâncias, der lugar simultaneamente a uma atenuação especialmente prevista na lei e à prevista neste artigo.

Artigo 73.º – Termos da atenuação especial

1 – Sempre que houver lugar à atenuação especial da pena, observa-se o seguinte relativamente aos limites da pena aplicável:

a) O limite máximo da pena de prisão é reduzido de um terço;

b) O limite mínimo da pena de prisão é reduzido a um quinto se for igual ou superior a 3 anos e ao mínimo legal se for inferior;

c) O limite máximo da pena de multa é reduzido de um terço e o limite mínimo reduzido ao mínimo legal;

d) Se o limite máximo da pena de prisão não for superior a 3 anos pode a mesma ser substituída por multa, dentro dos limites gerais.

2 – A pena especialmente atenuada que tiver sido em concreto fixada é passível de substituição, incluída a suspensão, nos termos gerais."

TÍTULO VII – Extinção da Responsabilidade Criminal

Secção 1.ª – Extinção da responsabilidade criminal propriamente dita

Para uma compreensão globalizante desta figura jurídico-penal, que nos permita um melhor enquadramento no crime de emissão de cheque sem provisão, transcrevem-se, a seguir, os artigos 118.º, 127.º e 128.º do C.P.:

"Artigo 118.º – Prazos de prescrição

1 – O procedimento criminal extingue-se, por efeito de prescrição, logo que sobre a prática do crime tiverem decorridos os seguintes prazos:

a) 15 anos, quando se tratar de crimes puníveis com pena de prisão cujo limite máximo for superior a 10 anos;
b) 10 anos, quando se tratar de crimes puníveis com pena de prisão cujo limite máximo for igual ou superior a 5 anos, mas que não exceda 10 anos;
c) 5 anos, quando se tratar de crimes puníveis com pena de prisão cujo limite máximo for igual ou superior a 1 ano, mas inferior a 5 anos;
d) 2 anos, nos casos restantes.

2 – Para efeito do disposto no número anterior, na determinação do máximo da pena aplicável a cada crime são tomados em conta os elementos que pertençam ao tipo de crime, mas não as circunstâncias agravantes ou atenuantes.

3 – Quando a lei estabelecer para qualquer crime, em alternativa, pena de prisão ou de multa, só a primeira é considerada para efeito do disposto neste artigo.

Artigo 127.º – Morte, amnistia, perdão genérico e indulto

A responsabilidade criminal extingue-se ainda pela morte, pela amnistia, pelo perdão genérico e pelo indulto.

Artigo 128.º – Efeitos

1 – A morte do agente extingue tanto o procedimento criminal como a pena ou a medida de segurança.

2 – A amnistia extingue o procedimento criminal e, no caso de ter havido condenação, faz cessar a execução tanto da pena e dos seus efeitos como da medida de segurança.

3 – O perdão genérico extingue a pena, no todo ou em parte.

4 – O indulto extingue a pena, no todo ou em parte, ou substitui-a por outra mais favorável prevista na lei."

De atender, quanto ao perdão genérico e amnistia de pequenas infracções à Lei n.º 29/99, de 12.05, que a seguir se transcreve:

LEI N.º 29/99, DE 12 de Maio

Perdão genérico e amnistia de pequenas infracções (¹)

A Assembleia da República decreta, nos termos da alínea c) do artigo 161.º da Constituição, para valer como lei geral da República, o seguinte:

Artigo 1.º (Âmbito de aplicação do perdão)

1 – Nas infracções praticadas até 25 de Março de 1999, inclusive, é perdoado um ano de todas as penas de prisão, ou um sexto das penas de prisão até oito anos, ou um oitavo ou um ano e seis meses das penas de prisão de oito ou mais anos, consoante resulte mais favorável ao condenado.

2 – O disposto no número anterior é aplicável às penas de prisão maior, de prisão militar e de presídio militar.

3 – O perdão referido no n.º 1 é aplicável às penas de prisão fixadas em alternativa a penas de multa.

4 – Em caso de cúmulo jurídico, o perdão incide sobre a pena única e é materialmente adicionável a perdões anteriores, sem prejuízo do disposto no artigo 3.º.

Artigo 2.º (Exclusões)

1 – Não beneficiam do perdão e da amnistia previstos na presente lei:

a) Os reincidentes e os delinquentes habituais ou por tendência;

b) Os membros das forças policiais e de segurança ou funcionários e guardas dos serviços prisionais relativamente à prática, no exercício das suas funções, de infracções que constituam violação de direitos, liberdades e garantias pessoais dos cidadãos, independentemente da pena;

c) Os infractores ao Código da Estrada, seu Regulamento, legislação complementar e demais legislação rodoviária, quando tenham praticado a infracção sob a influência do álcool ou de estupefacientes ou com abandono de sinistrado, independentemente da pena.

2 – Não beneficiam, ainda, do perdão previsto no artigo anterior:

a) Os condenados por crime de homicídio previsto nos artigos 131.º, 132.º e 133.º do Código Penal;

b) Os condenados pela prática de crimes contra as pessoas a pena de prisão superior a 10 anos, que já tenha sido reduzida por perdão anterior;

(¹) As epígrafes não constam do texto oficial.

194   *Regime Jurídico dos Títulos de Crédito*   *Art. 11.º*

c) Os condenados pelo crime de violação previsto no artigo 164.º do Código Penal e pelos crimes previstos nos artigos 158.º, 159.º, 160.º e 161.º do mesmo Código;

d) Os condenados em pena de prisão superior a três anos pela prática dos crimes previstos nos artigos 163.º, 165.º, 166.º e 167.º, de que tenham sido vítimas menores de 16 anos;

e) Os condenados pela prática de crimes contra a economia ou fiscais, de burla ou de abuso de confiança, quando cometidos através de falsificação de documentos, ou por titulares de cargos públicos;

f) Os condenados pela prática dos crimes previstos nos artigos 239.º, 240.º, 241.º, 243.º, 244.º e 245.º do Código Penal;

g) Os condenados pela prática dos crimes previstos nos artigos 299.º, 300.º e 301.º do Código Penal;

h) Os condenados pela prática dos crimes previstos nos artigos 372.º, 373.º e 374.º do Código Penal;

i) Os condenados pela prática dos crimes previstos no artigo 37.º do Decreto-Lei n.º 28/84, de 20 de Janeiro, quando os subsídios, subvenções ou créditos sejam provenientes de fundos coumnitários ou da respectiva contrapartida nacional e quando tenha ocorrido aproveitamento pessoal;

j) Os condenados pela prática dos crimes previstos na Lei n.º 19/86, de 19 de Julho, e no artigo 272.º do Código Penal quando estes tenham sido cometidos com dolo;

l) Os condenados em pena de prisão pela prática dos crimes previstos na Lei n.º 34/87, de 16 de Julho;

m) Os condenados pela prática dos crimes previstos no Decreto-Lei n.º 390/91, de 10 de Outubro;

n) Os condenados pela prática dos crimes previstos nos artigos 21.º, 22.º, 23.º, 25.º, 26.º e 28.º do Decreto-Lei n.º 15/93, de 22 de Janeiro;

o) Os condenados pelo crime previsto no artigo 2.º do Decreto-Lei n.º 325/95, de 2 de Dezembro.

3 – A exclusão do perdão prevista nos n.os 1 e 2 não prejudica a aplicação do perdão previsto no artigo anterior em relação a outros crimes cometidos, devendo, para o efeito, proceder-se a adequado cúmulo jurídico.

Artigo 3.º (Regime especial)

Relativamente às infracções praticadas até 25 de Março de 1999, inclusive, a pena de prisão aplicada em medida não superior a três anos a delinquentes com menos de 21 anos, à data da prática do crime, ou com 70 ou mais anos, em 25 de Março de 1999, será sempre substituída por multa na parte não perdoada, salvo se forem reincidentes ou se se encontrarem em alguma das situações previstas no artigo seguinte.

Art. 11.º   *Regime Jurídico-Penal do Cheque*   195

Artigo 4.º (Perdão condicional)

O perdão a que se refere a presente lei é concedido sob a condição resolutiva de o beneficiário não praticar infracção dolosa três anos subsequentes à data da entrada em vigor da presente lei, caso em que à pena aplicada à infracção superveniente acrescerá a pena ou parte da pena perdoada.

Artigo 5.º (Reparação do dano)

1 – Sempre que o condenado o tenha sido também em indemnização o perdão é concedido sob condição resolutiva de reparação ao lesado ou, nos casos de crime de emissão de cheque sem provisão, ao portador do cheque.

2 – A condição referida no número anterior deve ser satisfeita nos 90 dias imediatos à notificação que para o efeito será feita ao condenado.

3 – Considera-se satisfeita a condição referida no n.º 1 quando o lesado ou o portador do cheque se declarem reparados ou renunciem à reparação.

4 – Sempre que o lesado for desconhecido ou quando este ou o portador do cheque não forem encontrados ou ocorrendo outro motivo justificado e se a reparação consistir no pagamento de quantia determinada, considera-se satisfeita a condição referida no n.º 1 se o respectivo montante for depositado na Caixa Geral de Depósitos em nome e à ordem do lesado ou do portador do cheque, no prazo previsto no n.º 2, ou à ordem do tribunal.

5 – No caso de condenação por crime de emissão de cheque sem provisão na qual o montante indemnizatório não tenha sido fixado, será o mesmo calculado nos termos do n.º 3 do artigo 1.º-A do Decreto-Lei n.º 454/91, de 28 de Dezembro, na redacção introduzida pelo Decreto-Lei n.º 316/97, de 19 de Novembro.

6 – Nos demais casos em que se não mostre suficientemente apurado o valor da indemnização reparatória, o juiz, mediante requerimento do Ministério Público ou do arguido, a apresentar no prazo referido no n.º 2, fixa, por despacho irrecorrível, e após efectuar as diligências que julgue necessárias, o valor da indemnização.

7 – Nas situações previstas no número anterior ou quando a situação económica do condenado e a ausência de antecedentes criminais o justifique, o juiz, oficiosamente ou a requerimento, concede novo prazo de 90 dias para a satisfação da condição referida no n.º 1.

Artigo 6.º (Condenações em pena suspensa)

Relativamente a condenações em pena suspensa, o perdão a que se refere a presente lei e o disposto no artigo 3.º só devem ser aplicados se houver lugar à revogação da suspensão.

Artigo 7.º (Âmbito de aplicação da amnistia)

Desde que praticadas até 25 de Março de 1999, inclusive, e não constituam ilícito antieconómico, fiscal, aduaneiro, ambiental e laboral são amnistiadas as seguintes infracções:

a) As contravenções a que correspondam unicamente penas de multa;

b) As contra-ordenações cujo limite máximo de coima aplicável não exceda 500 contos em caso de dolo e 1000 contos em caso de negligência;

c) As infracções disciplinares e os ilícitos disciplinares militares que não constituam simultaneamente ilícitos penais não amnistiados pela presente lei e cuja sanção aplicável não seja superior à suspensão ou prisão disciplinar;

d) Os crimes cuja pena aplicável não seja superior a um ano de prisão ou multa, com exclusão dos cometidos através da comunicação social.

Artigo 8.º (Objectos perdidos a favor do Estado)

São declarados perdidos a favor do Estado os objectos que tiverem servido ou estiverem destinados a servir para a prática de uma infracção amnistiada pelo artigo 7.º, ou que por estas tiverem sido produzidos, quando, pela sua natureza ou pelas circunstâncias do caso, oferecerem sério risco de ser utilizados para o cometimento de novas infracções.

Artigo 9.º (Restituição da taxa de justiça devida pela constituição de assistente)

Nos processos pendentes, antes de ser declarado extinto o procedimento criminal por força da amnistia decretada no artigo 7.º, são oficiosamente restituídas as quantias relativas à taxa de justiça pagas pela constituição de assistente.

Artigo 10.º (Renúncia à amnistia)

1 – Independentemente da aplicação imediata da presente lei, os arguidos por infracções previstas no artigo 7.º podem requerer, no prazo de 10 dias a contar da sua entrada em vigor, que a amnistia não lhes seja aplicada, ficando sem efeito o despacho que a tenha decretado.

2 – A declaração do arguido prevista no número anterior é irretratável.

Artigo 11.º (Responsabilidade civil emergente de factos amnistiados)

1 – A amnistia prevista no artigo 7.º não extingue a responsabilidade civil emergente de factos amnistiados.

Art. 11.º　　　　*Regime Jurídico-Penal do Cheque*　　　　197

2 – O assistente que à data da entrada em vigor da presente lei se encontre notificado e em prazo para deduzir pedido de indemnização cível por dependência da acção penal extinta pela amnistia pode fazê-lo, oferecendo prova nos termos do processo declarativo sumário.

3 – O lesado não constituído assistente e o assistente ainda não notificado para deduzir pedido cível sê-lo-á, para, querendo, em 10 dias, deduzir o pedido cível, nos termos do número anterior, sob pena de o dever fazer em separado no foro cível.

4 – Quem já haja deduzido tal pedido pode, no prazo de 10 dias seguidos, contados a partir da notificação que para tanto lhe deve ser feita, requerer o prosseguimento do processo, apenas para apreciação do mesmo pedido, com aproveitamento implícito da prova indicada para efeitos penais.

5 – Quanto aos processos com despacho de pronúncia ou que designe dia para audiência de julgamento, em que o procedimento criminal seja declarado extinto por força da alínea d) do artigo 7.º, pode o ofendido, no prazo de 10 dias seguidos, contados a partir do trânsito em julgado da correlativa decisão, requerer o seu prosseguimento, apenas para fixação da indemnização cível a que tenha direito, com aproveitamento implícito da prova indicada para efeitos penais.

6 – Nas acções de indemnização cível propostas em separado, na sequência da aplicação da presente lei, qualquer das partes ou terceiros intervenientes podem, até oito dias antes da audiência de discussão e julgamento, requerer a apensação do processo em que tenha sido decretada a amnistia ou, até ao encerramento da audiência de discussão e julgamento, requerer a junção de certidão da parte do processo relevante para o pedido cível.

Artigo 12.º (Tentativa de composição das partes e reexame dos pressupostos da prisão preventiva)

Relativamente aos processos que tenham por objecto factos ocorridos até 25 de Março de 1999, inclusive:

1 – Ainda não submetidos a julgamento e que, não obstante a amnistia decretada no artigo 7.º, hajam de prosseguir para apreciação de crimes susceptíveis de desistência de queixa, o tribunal, antes de iniciar a audiência de discussão e julgamento, deverá realizar tentativa de composição das partes.

2 – Nos 45 dias imediatos à entrada em vigor da presente lei proceder-se-á, a requerimento do Ministério Público ou oficiosamente, consoante a fase processual, ao reexame dos pressupostos da prisão preventiva, ponderando-se a possibilidade de revogação face à pena previsível em consequência da aplicação desta lei.

198 *Regime Jurídico dos Títulos de Crédito* Art. 11.º

Artigo 13.º (Cancelamento dos registos das contravenções e contra-ordenações estradais)

Sem prejuízo das normas do registo criminal, são cancelados todos os registos relativos a contravenções e contra-ordenações por violação de normas do Código da Estrada e legislação complementar cometidas até 25 de Março de 1999 e amnistiadas pela presente lei.

Artigo 14.º (Entrada em vigor)

A presente lei entra em vigor no dia seguinte ao da sua publicação.

Secção 2.º – Sucessão de leis

Dada a descriminalização operada pelo D.L. 316/97, de 19.11, no que diz respeito aos cheques pós-datados, transcreve-se aqui, o artigo 2.º do C.P. relativo à sucessão de leis:

"Artigo 2.º – Aplicação no tempo

1 – As penas e as medidas de segurança são determinadas pela lei vigente no momento da prática do facto ou do preenchimento dos pressupostos de que dependem.

2 – O facto punível segundo a lei vigente no momento da sua prática deixa de o ser se uma lei nova o eliminar do número das infracções; neste caso, e se tiver havido condenação, ainda que transitada em julgado, cessam a execução e os seus efeitos penais.

3 – Quando a lei valer para um determinado período de tempo, continua a ser punível o facto praticado durante esse período.

4 – Quando as disposições penais vigentes no momento da prática do facto punível forem diferentes das estabelecidas em leis posteriores, é sempre aplicado o regime que concretamente se mostrar mais favorável ao agente, salvo se este já tiver sido condenado por sentença transitada em julgado".

JURISPRUDÊNCIA:

Julgado extinto o procedimento criminal contra o arguido, por ter sido descriminalizada a sua conduta, se já houver pedido de indemnização civil formulado, deve o rocesso prosseguir para apreciação do mesmo, desde que o lesado o requeira atempada-

Art. 11.º   *Regime Jurídico-Penal do Cheque*   199

mente e tenha sido já proferido o despacho a que alude o art. 311.º do CPP.

(Ac. R.P., de 13.01.99, in CJ, A. XXIV, T. I, p. 230).

A despenalização do crime de cheque sem provisão por efeito da entrada em vigor do Decreto-Lei n.º 316/97 não evita que se tenha de conhecer o pedido civil formulado.

(Ac. R.C., de 07.01.99, in BMJ, 483, p. 281).

  I – Se um cheque, objecto de condenação transitada em julgado, foi entregue ao tomador antes da data nele aposta, o arguido deve beneficiar da descriminalização operada pelo D-L 316/97, cessando os efeitos da pena em que foi condenado, como impõe expressamente o art. 2.º-2 do C.P..

  II – A sentença que condenou o arguido pela emissão de cheque prédatado, sendo embora justa à luz da lei vigente à data em que foi proferida, passou a conter um elemento *injusto*: a pena, já que, segundo o art. 2.º-2 do C.P., ela não deverá ser cumprida.

  III – O facto pré-datamento, não sendo naturalisticamente um facto novo, é-o normativamente, já que sendo um facto irrelevante para a configuração e punição do crime de emissão de cheque sem provisão à data da sentença revidenda, passou posteriormente a ter significação normativa, descriminalizando a conduta.

  IV – Os factos de o cheque ter sido emitido ou não antes da data nele inscrita e o apuramento desse circunstancialismo temporal, com cabal observância do contraditório e respeito pelos direitos das partes, só pode operar-se através de realização de julgamento. E não o prevendo para esta hipótese as normas processuais vigentes, que, aliás, também não lhe prevêem incidente adequado, existe caso omisso, com lacuna a integrar nos termos do art. 4.º do CPP.

  V – Trata-se de situação a exigir indispensável regulação processual, não prevista directamente pela lei processual, mas com similitude com a contemplada na al. d) do n.º 1 do art. 449.º do CPP, pelo que se justifica aplicar-se-lhe o recurso extraordinário de revisão.

  VI – Aceitando a utilização do recurso de revisão por analogia, a estas situações, nos termos preceituados no art. 4.º do CPP, deve ser feita com as necessárias adaptações, como seja a procedência da revisão implicar não a absolvição do arguido e sim, tão-só, a cessação da execução da condenação e dos seus efeitos penais.

(Ac. STJ, de 26.11.98, in CJ, Ano VI, T. III, p. 223).

A publicação de uma nova lei despenalizadora de determinado facto não constitui facto novo para efeitos de possibilitar a revisão da sentença.

(Ac. STJ, de 05.11.98, in CJ, Ano VI, T. III, p. 215).

I – Não constando da sentença já transitada se os cheques foram ou não *«pós-datados»*, não há que aplicar o disposto no art.° 2.°, n.° 2, do CP. II – A lei penal do cheque, na revisão feita pelo D-L 316/ 97, de 19-11, não é inconstitucional.

(Ac. R.P., de 15.04.98, in CJ, Ano XXIII, T. II, p. 248).

I – A descriminalização do n.° 3 do artigo 11.° do Decreto-Lei n.° 454/ /91, de 28 de Dezembro, na redacção dada pelo Decreto-Lei n.° 316/97, de 19 de Novembro, só ocorre quando o cheque seja emitido com data poste-rior à da sua entrega ao tomador.

II – Não se verifica tal descriminalização quando, embora a data constante do cheque, como de emissão, tenha sido nele aposta anteriormente, o certo é que o cheque só foi entregue ao ofendido, através do seu mandatário, na data que no cheque consta como data de emissão.

(Ac. STJ, de 02.04.98, in BMJ, 476, p. 59).

Para efeitos de aplicação da Lei n.° 15/94 – Lei da Amnistia –, deverá atender-se à data em que os cheques foram apresentados a pagamento e devolvidos por falta de provisão, pois só então se verifica a consumação do crime.

(Ac. R.P., de 13.11.96, in BMJ, 461, p. 519).

I – (...).

II – Se por cada um dos referidos cheques correram processos criminais em comarcas diferentes e o arguido foi condenado em ambos, tendo transitado em julgado a sentença da primeira condenação, não pode subsistir a última condenação, cuja sentença, ainda não transitada, terá de ser revogada por obediência ao princípio *ne bis idem.*

(Ac. R.P., de 22.05.96, in BMJ, 457, p. 445).

Art. 11.º   Regime Jurídico-Penal do Cheque   201

(...) E se o agente foi julgado em comarca diferente por um desses cheques, o trânsito em julgado da decisão aí proferida a declarar extinto o procedimento criminal impede assim um novo julgamento relativamente aos factos relativos aos demais cheques.

(Ac. R.C., de 06.03.96, in BMJ, 455, p. 579).

I – (...).

II – Se o arguido for julgado e condenado por decisão transitada relativamente a um desses cheques, não pode voltar a sê-lo em relação a outro dos títulos, face ao princípio *ne bis idem* e à excepção do caso julgado.

(Ac. R.P., de 15.11.95, in BMJ, 451, p. 508).

I – A passagem de um novo cheque de valor correspondente ao de um cheque não pago por falta de provisão, pelo qual tinha sido apresentada em tempo, participação criminal, extingue a dívida respectiva, por novação objectiva.

II – Se esta extinção da dívida se verificou antes de o arguido ter sido, como tal, constituído, a responsabilidade criminal deste extinguir--se-á, pela cessação do prejuízo patrimonial do portador do cheque.

III – Se, porém, o processo prosseguiu até julgamento, deve o arguido, ser absolvido, por se encontrar extinta a dívida a que o cheque dizia respeito.

(Ac. R.P., de 08.11.95, in CJ, Ano XX, T. V, p. 247).

I – Nos termos do n.º 1 do artigo 126.º do Código Penal, a amnistia extingue o procedimento criminal e, no caso de já ter havido condenação, faz cessar a execução tanto da pena principal como das penas acessórias. No primeiro caso trata-se da chamada «amnistia própria», no segundo da «amnistia imprópria».

II – A Lei n.º 15/94, de 11 de Maio, como os anteriores diplomas que concederam amnistias, abarca indistintamente a amnistia própria a imprópria em relação às infracções contempladas nessas leis, consubstanciando, assim, um regime que corresponde ao conceito amplo de amnistia consagrada no artigo 126.º do Código Penal e (mas), no que respeita aos crimes contra o património, instituindo um regime especial condicionando a eficácia da amnistia à prévia reparação do lesado (artigo 2.º).

III – Assim, os arguidos condenados pela prática de crimes de emissão de cheque sem provisão cometidos até 16 de Março de 1994 devem ser notificados para satisfazer a condição da reparação ao lesado no prazo de 90 dias, nos termos do n.º 2 do artigo 2.º da Lei n.º 15/94 e, satisfazendo-a, beneficiam de amnistia concedida pelo artigo 1.º, alínea g), desse diploma.

(Ac. R.E., de 11.07.95, in BMJ, 449, p. 461).

Condenado o réu, à sua revelia, como autor de um crime de emissão de cheque sem provisão previsto e punido pelos artigos 23.º e 24.º, n.º 1, do Decreto-Lei n.º 13 004, de 12 de Janeiro de 1927, deve anular-se o julgamento e ordenar-se a sua repetição, nos termos do artigo 577.º do Código de Processo Penal de 1929, se a sentença se mostrar omissa quanto ao prejuízo patrimonial, que passou a ser um elemento do tipo legal de crime.

(Ac. R.P., de 05.07.95, in BMJ, 449, p. 436).

Efectuado o depósito liberatório a que se refere o n.º 3 do artigo 11.º do Decreto-Lei n.º 454/91, de 28 de Dezembro, deverá o juiz apreciar imediatamente a aplicação da amnistia da Lei n.º 15/94, de 11 de Maio, sem necessidade de ordenar previamente a notificação do assistente para se pronunciar sobre a validade do depósito.

(Ac. R.P., de 03.05.95, in BMJ, 447, p. 565).

O quantitativo exigido para a extinção da responsabilidade pela prática de um crime de emissão de cheque sem provisão nos termos do n.º 3 do artigo 11.º do Decreto-Lei n.º 454/91, de 28 de Dezembro, abrange, além do valor do cheque e dos juros moratórios e compensatórios, a taxa adicional de 10%, que é calculada sobre o somatório do valor do cheque e dos juros.

(Ac. R.P., de 03.05.95, in BMJ, 447, p. 565).

I – (...).
II – Ocorre excepção de caso julgado quando o arguido tiver sido julgado e condenado, por decisão transitada em julgado, como autor do crime de emissão de cheque sem provisão, relativamente a algum desses títulos.

(Ac. R.P., de 19.04.95, in BMJ, 446, p. 350).

Art. 11.º   *Regime Jurídico-Penal do Cheque*   203

I – Impõe-se a medida de prisão preventiva, sempre que ao crime corresponda pena de prisão de máximo superior a 8 anos e existam fortes motivos para se recear que, restituído o arguido à liberdade, haja perigo de fuga e de continuação da actividade criminosa.

II – Sendo a amnistia concedida sob condição suspensiva da prévia reparação ao portador do cheque, que deverá ser satisfeita após notificação a efectuar ao arguido, não impõe a lei uma suspensão do processo após aquela notificação.

(Ac. R.P., de 09.11.94, in CJ, Ano XIX, T. V, p. 247).

No crime de emissão de cheque sem provisão, a confissão dos factos não assume qualquer relevância.

(Ac. R.C., de 03.11.94, in BMJ, 441, p. 406).

I – (...).

II – Tendo o não pagamento dos cheques dado origem a uma pluralidade de processos, julgado um por decisão transitada em julgado, no sentido de inexistir crime, verifica-se o pressuposto da *exceptio rei judicatae* que impede a reapreciação da causa, sob pena de violação do princípio *ne bis in idem*.

(Ac. R.P., de 06.07.94, in BMJ, 439, p. 650 e CJ, Ano XIX, T. IV, p. 223).

I – O art.º 11.º, n.º 1, al. a), do Dec.-Lei 454/91, de 28 de Dezembro, não criou um novo tipo legal de crime de emissão de cheque sem cobertura nem teve o efeito de despenalizar as condutas anteriormente previstas no art. 24.º do Dec. 13.004, de 12 de Janeiro de 1927, apenas operando essa despenalização quanto aos cheques de valor não superior a 7.500$00 e aos demais em que se não prove prejuízo.

II – Ora, sendo o prejuízo patrimonial conatural ao não pagamento de um cheque por falta de provisão, cumpre aos tribunais investigar e decidir se, no caso concreto, se prova ou não tal prejuízo.

III – É isso jurisprudência obrigatória fixada para os tribunais judiciais pelo acordão do S.T.J. de 27 de Janeiro de 1993.

IV – Assim, se o cheque é de valor superior a 5.000$00 e se decidiu que a acusação por emissão de cheque sem provisão era infundada, por se não ter alegado prejuízo, essa decisão está em contradição e oposição com o referido acordão com força obrigatória geral.

(Ac. STJ, de 08.06.94, in CJ, Ano II, T. II, p. 244).

Se o arguido, na mira da aplicação da Lei de Aministia – Lei n.º 23/91, de 4 de Julho –, fez o depósito das quantias em dívida, mas se tal depósito, por extemporâneo, não permitiu a amnistia do crime, pago que esteja o montante do cheque, a quantia depositada deve ser imediatamente restituída ao depositante, uma vez que os artigos 149.º e 152.º do Código das Custas Judiciais, são normas excep-cionais que, por esse motivo, são inaplicáveis em processo penal.

(Ac. R.P., de 11.05.94, in BMJ, 437, p. 581).

I – São de equiparar ao pagamento da quantia indicada no cheque devolvido por falta de provisão, todas as formas legais de extinção da obrigação pecuniária nele incorporada, desde que verificadas até ao momento processualmente intransponível do primeiro inter-rogatório de arguido em processo penal.

II – A renúncia é uma forma válida de extinção daquele tipo de obriga-ção.

III – O primeiro interrogatório do arguido em processo penal, desde que não se trate de arguido detido, integra-se no âmbito da competência do M.º P.º para conclusão do inquérito, também na categoria dos actos por aquela entidade delegáveis nos órgãos da polícia criminal.

(Ac. R.P., de 11.05.94, in CJ, Ano XIX, T. III, p. 248).

O arguido que não foi interrogado no decurso do inquérito (mesmo que a sua falta tenha sido justificada) só pode obter a extinção do procedimento criminal (por pagamento ou depósito das quantias devidas) até ser deduzida acusação.

(Ac. R.C., de 17.02.94, in BMJ, 434, p. 698).

O primeiro interrogatório prestado por arguido, durante o inquérito e perante técnico de justiça, que é órgão de polícia criminal, releva para os fins do disposto no n.º 3 do artigo 11.º do Decreto-Lei n.º 454/91, de 28 de Dezembro, pelo que o pagamento posterior do montante do cheque não pode operar a extinção de responsabilidade criminal.

(Ac. R.P., de 12.01.94, in BMJ, 433, p. 616).

Art. 11.º *Regime Jurídico-Penal do Cheque* 205

I – O crime de emissão de cheque sem cobertura, ressalvadas as situações previstas no artigo 303.º do Código Penal *ex vi* do artigo 313.º do mesmo Código, reveste natureza pública.

II – Contra tal qualificação não joga a possibilidade de extinção da responsabilidade pelo pagamento até ao primeiro interrogatório que nada tem a ver com a desistência da queixa, já que opera *ope legis* e somente dentro do limite fixado.

(Ac. R.E., de 19.10.93, in BMJ, 430, p. 539).

I – Após a entrada em vigor do Decreto-Lei n.º 454/91, de 28 de Dezembro, e sem prejuízo do disposto nas alíneas b) e c) do seu artigo 11.º, os pressupostos do crime de emissão de cheque sem provisão continuam a ser precisamente os indicados no direito anterior:

– A emissão e a entrega do cheque ao tomador;
– A apresentação do cheque a pagamento no prazo legal;
– O não pagamento do cheque por falta de provisão;
– O consequente prejuízo patrimonial do ofendido.

II – O legislador do Decreto-Lei n.º 454/91, de 28 de Dezembro, não pretendeu criar uma figura jurídica inteiramente nova, ab-rogando o direito anterior sobre os cheques, mas tão-somente regulamentar o crime previsto nos artigos 23.º e 24.º do Decreto n.º 13 004, em novos moldes, para conseguir objectivos específicos.

III – Não foi intenção do legislador do Decreto-Lei n.º 454/91, de 28 de Dezembro, descriminalizar todas as condutas criminosas anteriores a 23 de Março de 1992 – data da entrada em vigor daquele diploma –, porque, se esse fosse o objectivo, não teria deixado de o declarar expressamente, como o fez em relação aos cheques sem provisão de montante não superior a 5000$00.

IV – Nos termos dos artigos 8.º e 11.º do Decreto-Lei n.º 454/91, de 28 de Dezembro, foram descriminalizados todos os crimes de emissão de cheques, anteriores ou posteriores à data da entrada em vigor daquele diploma, cujos montantes não sejam superiores a 5000$00.

V – Na punição dos crimes de emissão de cheques sem provisão, cometidos antes da entrada em vigor do Decreto-Lei n.º 454/91, deverá ter-se em consideração o disposto no artigo 2.º, n.º 4, do Código Penal, em obediência ao preceituado nos n.ºs 1 e 4 do artigo 29.º da Constituição da República.

(Ac. STJ, de 03.02.93, in BMJ, 424, p. 351).

206   *Regime Jurídico dos Títulos de Crédito*   *Art. 11.º*

Vidé no mesmo sentido:

Ac. STJ de 25.05.94, in *BMJ, 437, p. 258*; *Ac. STJ de 15.09.93*, in *BMJ, 429, p. 498* e *Ac. STJ de 27.01.93*, in *BMJ, 423, p. 65*, não inseridos na presente compilação.
V. ainda *Ac. STJ, de 13.10.99*, in *CJ, A. VII, T. III, p. 169* (em anotação ao art. 29.º LUC inserida a pág. 117); *Ac. R.L, de 03.11.99*, in *CJ, A. XXIV, T. V, p. 135* (em anotação ao art. 11.º RJPC inserida a pág. 188).

TÍTULO VIII – Suspensão da execução da pena

NOTA:

Sobre esta matéria versam os artigos 50.º a 56.º do C.P., que, aqui, se transcrevem:

"Artigo 50.º – Pressupostos e duração

1 – O tribunal suspende a execução da pena de prisão aplicada em medida não superior a 3 anos se, atendendo à personalidade do agente, às condições da sua vida, à sua conduta anterior e posterior ao crime e às circunstâncias deste, concluir que a simples censura do facto e a ameaça da prisão realizam de forma adequada e suficiente as finalidades da punição.

2 – O tribunal, se o julgar conveniente e adequado à realização das finalidades da punição, subordina a suspensão da execução da pena de prisão, nos termos dos artigos seguintes, ao cumprimento de deveres ou à observância de regras de conduta, ou determina que a suspensão seja acompanhada de regime de prova.

3 – Os deveres, as regras de conduta e o regime de prova podem ser impostos cumulativamente.

4 – A decisão condenatória especifica sempre os fundamentos da suspensão e das suas condições.

5 – O período de suspensão é fixado entre 1 e 5 anos a contar do trânsito em julgado da decisão.

Artigo 51.º – Deveres

1 – A suspensão da execução da pena de prisão pode ser subordinada ao cumprimento de deveres impostos ao condenado e destinados a reparar o mal do crime, nomeadamente:

Art. 11.º   Regime Jurídico-Penal do Cheque   207

a) Pagar dentro de certo prazo, no todo ou na parte que o tribunal considerar possível, a indemnização devida ao lesado, ou garantir o seu pagamento por meio de caução idónea;

b) Dar ao lesado satisfação moral adequada;

c) Entregar a instituições, públicas ou privadas, de solidariedade social ou ao Estado, uma contribuição monetária ou prestação em espécie de valor equivalente.

2 – Os deveres impostos não podem em caso algum representar para o condenado obrigações cujo cumprimento não seja razoavelmente de lhe exigir.

3 – Os deveres impostos podem ser modificados até ao termo do período de suspensão sempre que ocorrerem circunstâncias relevantes supervenientes ou de que o tribunal só posteriormente tiver tido conhecimento.

Artigo 52.º – Regras de conduta

1 – O tribunal pode impor ao condenado o cumprimento, pelo tempo de duração da suspensão, de regras de conduta destinadas a facilitar a sua reintegração na sociedade, nomeadamente:

a) Não exercer determinadas profissões;

b) Não frequentar certos meios ou lugares;

c) Não residir em certos lugares ou regiões;

d) Não acompanhar, alojar ou receber determinadas pessoas;

e) Não frequentar certas associações ou não participar em determinadas reuniões;

f) Não ter em seu poder objectos capazes de facilitar a prática de crimes;

g) Apresentar-se periodicamente perante o tribunal, o técnico de reinserção social ou entidades não policiais.

2 – O tribunal pode ainda, obtido o consentimento prévio do condenado, determinar a sua sujeição a tratamento médico ou a cura em instituição adequada.

3 – É correspondentemente aplicável o disposto nos n.ºs 2 e 3 do artigo anterior.

Artigo 53.º – Suspensão com regime de prova

1 – O tribunal pode determinar que a suspensão seja acompanhada de regime de prova, se o considerar conveniente e adequado a facilitar a reintegração do condenado na sociedade.

2 – O regime de prova assenta num plano individual de readaptação social, executado com vigilância e apoio, durante o tempo de duração da suspensão, dos serviços de reinserção social.

208   *Regime Jurídico dos Títulos de Crédito*   *Art. 11.º*

3 – O regime de prova é, em regra, de ordenar quando a pena de prisão cuja execução for suspensa tiver sido aplicada em medida superior a 1 ano e o condenado não tiver ainda completado, ao tempo do crime, 25 anos de idade.

Artigo 54.º – Plano individual de readaptação social

1 – O plano individual de readaptação social é dado a conhecer ao condenado, obtendo-se, sempre que possível, o seu acordo.

2 – O tribunal pode impor os deveres e regras de conduta referidos nos artigos 51.º e 52.º e ainda outras obrigações que interessem ao plano de readaptação e ao aperfeiçoamento do sentimento de responsabilidade social do condenado, nomeadamente:

     a) Responder a convocatórias do magistrado responsável pela execução e do técnico de reinserção social;

     b) Receber visitas do técnico de reinserção social e comunicar-lhe ou colocar à sua disposição informações e documentos comprovativos dos seus meios de subsistência;

     c) Informar o técnico de reinserção social sobre alterações de residência e de emprego, bem como sobre qualquer deslocação superior a 8 dias e sobre a data do previsível regresso;

     d) Obter autorização prévia do magistrado responsável pela execução para se deslocar ao estrangeiro.

Artigo 55.º – Falta de cumprimento das condições da suspensão

Se, durante o período da suspensão, o condenado, culposamente, deixar de cumprir qualquer dos deveres ou regras de conduta impostos, ou não corresponder ao plano de readaptação, pode o tribunal:

     a) Fazer uma solene advertência;

     b) Exigir garantias de cumprimento das obrigações que condicionam a suspensão;

     c) Impor novos deveres ou regras de conduta, ou introduzir exigências acrescidas no plano de readaptação;

     d) Prorrogar o período de suspensão até metade do prazo inicialmente fixado, mas não por menos de 1 ano nem por forma a exceder o prazo máximo de suspensão previsto no n.º 5 do artigo 50.º.

Artigo 56.º – Revogação da suspensão

1 – A suspensão da execução da pena de prisão é revogada sempre que, no seu decurso, o condenado:

Art. 11.º   *Regime Jurídico-Penal do Cheque*   209

a) Infringir grosseira ou repetidamente os deveres ou regras de conduta impostos ou o plano individual de readaptação social; ou

b) Cometer crime pelo qual venha a ser condenado, e revelar que as finalidades que estavam na base da suspensão não puderam, por meio dela, ser alcançadas.

2 – A revogação determina o cumprimento da pena de prisão fixada na sentença, sem que o condenado possa exigir a restituição de prestações que haja efectuado."

JURISPRUDÊNCIA:

Cumpre a condição suspensiva fixada no artigo 2.º da Lei n.º 15/ /94 o arguido que, no prazo de 90 dias após a notificação que para o efeito lhe foi feita, procedeu ao depósito do montante do cheque, acrescido dos juros moratórios e compensatórios calculados à taxa máxima de juro praticada, ainda que o montante do depósito enferme de erro quantitativo, prontamente reparado logo que dele foi dado conhecimento ao arguido.

(Ac. R.C., de 20.11.96, in BMJ, 461, p. 531).

Constatada a situação de carência económica do arguido da prática de um crime de emissão de cheque sem provisão e que não terá possibilidades de cumprir a condição, não é curial fazer depender a suspensão da execução da pena de prisão que lhe foi imposta do pagamento do valor do cheque e respectivos juros.

(Ac. R.C., de 30.05.96, in BMJ, 457, p. 453).

Nos crimes de emissão de cheque sem provisão só deve optar-se por condicionar a suspensão da execução da pena ao pagamento da indemnização se o tribunal dispuser de elementos que convençam de que o arguido pode pagar essa indemnização (com ou sem sacrifício do seu património).

(Ac. R.C., de 08.06.95, in BMJ, 448, p. 447).

TÍTULO XIX – **Responsabilidade civil**

NOTA:

A responsabilidade civil emergente de crime, ganha especial relevo, no que diz respeito ao crime de emissão de cheque sem provisão, muito por força da relação subjacente que o cheque titula. Por outro lado, várias são as normas do universo jurídico-penal que gravitam em torno desta figura, algumas de natureza substantiva (artigos 129.º e 130.º do C.P.), outros de natureza adjectiva (artigos 71.º a 84.º do C.P.P.) que cabem, aqui, transcrever:

CÓDIGO PENAL

"Artigo 129.º – Responsabilidade civil emergente de crime

A indemnização de perdas e danos emergentes de crime é regulada pela lei civil. (1)

Artigo 130.º – Indemnização do lesado

1 – Legislação especial fixa as condições em que o Estado poderá assegurar a indemnização devida em consequência da prática de actos criminalmente tipificados, sempre que não puder ser satisfeita pelo agente.

2 – Nos casos não cobertos pela legislação a que se refere o número anterior, o tribunal pode atribuir ao lesado, a requerimento deste e até ao limite do dano causado, os objectos declarados perdidos ou o produto da sua venda, ou o preço ou o valor correspondentes a vantagens provenientes do crime, pagos ao Estado ou transferidos a seu favor por força dos artigos 109.º e 110.º.

3 – Fora dos casos previstos na legislação referida no n.º 1, se o dano provocado pelo crime for de tal modo grave que o lesado fique privado de meios de subsistência, e se for de prever que o agente o não reparará, o tribunal atribui ao mesmo lesado, a requerimento seu, no todo ou em parte e até ao limite do dano, o montante da multa.

4 – O Estado fica sub-rogado no direito do lesado à indemnização até ao montante que tiver satisfeito".

---

(1) Quanto à responsabilidade civil por factos ilícitos, v. arts. 483.º a 498.º do C.C., no que concerne à obrigação de juros, v. arts. 559.º do C.C., conjugado com as Portarias n.os 262/99 e 263/99, ambas de 12.04, relativas às taxas de juro a aplicar nas obrigações comerciais (12%) e nas obrigações civis (7%), respectivamente.

Quanto à obrigação de indemnizar, v. arts. 562.º a 572.º do C.C..

CÓDIGO DE PROCESSO PENAL

"Artigo 71.º – Princípio de adesão

O pedido de indemnização civil fundado na prática de um crime é deduzido no processo penal respectivo, só o podendo ser em separado, perante o tribunal civil, nos casos previstos na lei.

Artigo 72.º – Pedido em separado

1 – O pedido de indemnização civil pode ser deduzido em separado, perante o tribunal civil, quando:

a) O processo penal não tiver conduzido à acusação dentro de oito meses a contar da notícia do crime, ou estiver sem andamento durante esse lapso de tempo;

b) O processo penal tiver sido arquivado ou suspenso provisoriamente, ou o procedimento se tiver extinguido antes do julgamento;

c) O procedimento depender de queixa ou de acusação particular;

d) Não houver ainda danos ao tempo da acusação, estes não forem conhecidos ou não forem conhecidos em toda a sua extensão;

e) A sentença penal não se tiver pronunciado sobre o pedido de indemnização civil, nos termos do artigo 82.º, n.º 3;

f) For deduzido contra o arguido e outras pessoas com responsabilidade meramente civil, ou somente contra estas haja sido provocada, nessa acção, a intervenção principal do arguido;

g) O valor do pedido permitir a intervenção civil do tribunal colectivo, devendo o processo penal correr perante tribunal singular;

h) O processo penal correr sob a forma sumária ou sumaríssima;

i) O lesado não tiver sido informado da possibilidade de deduzir o pedido civil no processo penal ou notificado para o fazer, nos termos dos artigos 75.º, n.º 1, e 77.º, n.º 2.

2 – No caso de o procedimento depender de queixa ou de acusação particular, a prévia dedução do pedido perante o tribunal civil pelas pessoas com direito de queixa ou de acusação vale como renúncia a este direito.

Artigo 73.º – Pessoas com responsabilidade meramente civil

1 – O pedido de indemnização civil pode ser deduzido contra pessoas com responsabilidade meramente civil e estas podem intervir voluntariamente no processo penal.

2 – A intervenção voluntária impede as pessoas com responsabilidade meramente civil de praticarem actos que o arguido tiver perdido o direito de praticar.

212   *Regime Jurídico dos Títulos de Crédito*

Artigo 74.º – Legitimidade e poderes processuais

1 – O pedido de indemnização civil é deduzido pelo lesado, entendendo-se como tal a pessoa que sofreu danos ocasionados pelo crime, ainda que se não tenha constituído ou não possa constituir-se assistente.

2 – A intervenção processual do lesado restringe-se à sustentação e à prova do pedido de indemnização civil, competindo-lhe, correspondentemente, os direitos que a lei confere aos assistentes.

3 – Os demandados e os intervenientes têm posição processual idêntica à do arguido quanto à sustentação e à prova das questões civis julgadas no processo, sendo independente cada uma das defesas.

Artigo 75.º – Dever de informação

1 – Logo que, no decurso do inquérito, se tomar conhecimento da existência de eventuais lesados, devem estes ser informados, pela autoridade judiciária ou pelos órgãos de polícia criminal, da possibilidade de deduzirem pedido de indemnização civil em processo penal e das formalidades a observar.

2 – Quem tiver legitimidade para deduzir pedido de indemnização civil deve manifestar no processo, até ao encerramento do inquérito, o propósito de o fazer.

Artigo 76.º – Representação

1 – O lesado pode fazer-se representar por advogado, sendo obrigatória a representação sempre que, em razão do valor do pedido, se deduzido em separado, fosse obrigatória a constituição de advogado, nos termos da lei do processo civil.

2 – Os demandados e os intervenientes devem fazer-se representar por advogado.

3 – Compete ao Ministério Público formular o pedido de indemnização civil em represenatação do Estado e de outras pessoas e interesses cuja representação lhe seja atribuída por lei.

Artigo 77.º – Formulação do pedido

1 – Quando apresentado pelo Ministério Público ou pelo assistente, o pedido é deduzido na acusação ou no prazo em que esta deve ser formulada.

2 – O lesado que tiver manifestado o propósito de deduzir pedido de indemnização civil, nos termos do artigo 75.º, n.º 2, é notificado do despacho de acusação, ou, não o havendo, do despacho de pronúncia, se a ele houver lugar, para, querendo, deduzir o pedido, em requerimento articulado, no prazo de 20 dias.

Art. 11.º   *Regime Jurídico-Penal do Cheque*   213

3 – Se não tiver manifestado o propósito de deduzir pedido de indemnização ou se não tiver sido notificado nos termos do número anterior, o lesado pode deduzir o pedido até 10 dias depois de ao arguido ser notificado o despacho de acusação ou, se o não houver, o despacho de pronúncia.

4 – Quando, em razão do valor do pedido, se deduzido em separado, não fosse obrigatória a constituição de advogado, o lesado, nos prazos estabelecidos nos números anteriores, pode requerer que lhe seja arbitrada a indemnização civil. O requerimento não está sujeito a formalidades especiais e pode consistir em declaração em auto, com indicação do prejuízo sofrido e das provas.

5 – Salvo nos casos previstos no número anterior, o pedido de indemnização civil é acompanhado de duplicados para os demandados e para a secretaria.

Artigo 78.º – Contestação

1 – A pessoa contra quem for deduzido pedido de indemnização civil é notificada para, querendo, contestar no prazo de 20 dias.

2 – A contestação é deduzida por artigos.

3 – A falta de contestação não implica confissão dos factos.

Artigo 79.º – Provas

1 – As provas são requeridas com os articulados.

2 – Cada requerente, demandado ou interveniente pode arrolar testemunhas em número não superior a 10 ou a 5, consoante o valor do pedido exceda ou não a alçada da relação em matéria cível.

Artigo 80.º – Julgamento

O lesado, os demandados e os intervenientes são obrigados a comparecer no julgamento apenas quando tiverem de prestar declarações a que não puderem recusar--se.

Artigo 81.º – Renúncia, desistência e conversão do pedido

O lesado pode, em qualquer altura do processo:

a) Renunciar ao direito de indemnização civil e desistir do pedido formulado;

b) Requerer que o objecto da prestação indemnizatória seja convertido em diferente atribuição patrimonial, desde que prevista na lei.

214 Regime Jurídico dos Títulos de Crédito Art. 11.º

Artigo 82.º – Liquidação em execução de sentença e reenvio para os tribunais civis

1 – Se não dispuser de elementos bastantes para fixar a indemnização, o tribunal condena no que se liquidar em execução de sentença. Neste caso, a execução corre perante o tribunal civil, servindo de título executivo a sentença penal.

2 – Pode, no entanto, o tribunal, oficiosamente ou a requerimento, estabelecer uma indemnização provisória por conta da indemnização a fixar posteriormente, se dispuser de elementos bastantes, e conferir-lhe o efeito previsto no artigo seguinte.

3 – O tribunal pode, oficiosamente ou a requerimento, remeter as partes para os tribunais civis quando as questões suscitadas pelo pedido de indemnização civil inviabilizarem uma decisão rigorosa ou forem susceptíveis de gerar incidentes que retardem intoleravelmente o processo penal.

Artigo 82.º-A – Reparação da vítima em casos especiais

1 – Não tendo sido deduzido pedido de indemnização civil no processo penal ou em separado, nos termos dos artigos 72.º e 77.º, o tribunal, em caso de condenação, pode arbitrar uma quantia a título de reparação pelos prejuízos sofridos quando particulares exigências de protecção da vítima o imponham.

2 – No caso previsto no número anterior, é assegurado o respeito pelo contraditório.

3 – A quantia arbitrada a título de reparação é tida em conta em acção que venha a conhecer de pedido civil de indemnização.

Artigo 83.º – Exequibilidade provisória

A requerimento do lesado, o tribunal pode declarar a condenação em indemnização civil, no todo ou em parte, provisoriamente executiva, nomeadamente sob a forma de pensão.

Artigo 84.º – Caso julgado

A decisão penal, ainda que absolutória, que conhecer do pedido civil constitui caso julgado nos termos em que a lei atribui eficácia de caso julgado às sentenças civis."

JURISPRUDÊNCIA:

Tendo o arguido sido condenado, por sentença transitada em julgado, por crime de emissão de cheque sem provisão, por conduta entretanto descriminalizada por lei nova, os efeitos dessa condenação devem cessar nos termos do art. 2.º, n.º 2 do CP.

(Ac. R.C., de 14.07.99, in CJ, A. XXIV, T. III, p. 61).

Sendo a arguida absolvida do crime de que vinha acusada em virtude de ter ocorrido descriminalização da sua conduta, a sua responsabilidade civil mantém-se se o facto era lícito à data em que foi praticado.

(Ac. R.P., de 18.11.98, in CJ, Ano XXIII, T. V, p. 225).

I – (...).

II – (...).

III – O pedido de indemnização formulado pelo lesado no processo crime, deve proceder, ainda que o arguido seja absolvido, desde que se provem os danos provenientes de violação de um interesse civilmente relevante.

IV – Porém, estando-se no âmbito das relações imediatas, o arguido não pode ser condenado no pedido civil, se não se provar que ele é sujeito da relação fundamental.

V – É o que sucede no caso de cheque entregue pelo arguido, para pagamento de dívida da sociedade de que era sócio gerente.

(Ac. R.C., de 17.06.98, in CJ, Ano XXIII, T. III, p. 57).

Os juros devidos nas indemnizações por ilícito de cheque sem provisão, são os legais.

(Ac. R.E., de 16.05.98, in CJ, Ano XXIII, T. III, p. 282).

I – O pedido de indemnização civil deduzido em processo penal tem sempre de ser fundamentado na prática de um crime.

II – Se o arguido for absolvido desse crime, haverá que considerar o pedido cível formulado se existir ilícito ou responsabilidade fundada no risco, ou seja, responsabilidade civil extra-contratual.

III – O que nunca se pode é julgar procedente o pedido com base em responsabilidade civil contratual.

(Ac. STJ, de 02.04.98, in CJ, Ano VI, T. II, p. 179).

216   *Regime Jurídico dos Títulos de Crédito*   *Art. 11.º*

Os arguidos que ajam em representação e no interesse das sociedades de que são gerentes são solidariamente responsáveis, com as referidas sociedades, pelos prejuízos causados pelo crime que cometeram.

(Ac. R.C., de 24.10.97, in BMJ, 470, p. 692).

I – A acção cível que adere ao processo penal, ficando nele enxertada, é apenas a que tem por objecto a indemnização de perdas e danos emergentes de crime.

II – Por isso, se o pedido não é o da indemnização por danos ocasionados pelo crime, se não se funda na responsabilidade civil do agente pelos danos que, com a prática do crime causou, é o pedido inadmissível no processo penal.

III – É o que sucede quando, em processo por crime de emissão de cheque sem provisão, esse pedido tem por fundamento a obrigação formal que um cheque titula, por ele quando apresentado a pagamento no prazo legal não ter sido pago por falta de provisão, sem que se prove qualquer prejuízo ao ofendido.

(Ac. STJ, de 06.11.96, in CJ, Ano IV, T. III, p. 185).

I – (...).

II – Quando o arguido só posteriormente à notificação da acusação tenha sido colocado, na situação de preso à ordem do processo onde aquela foi proferida, o prazo para ser deduzido pedido indemnizatório cível, decorrerá nos termos do n.º 1 e não do n.º 2 do artigo 104.º do Código de Processo Penal.

(Ac. R.L., de 25.06.96, in CJ, Ano XXI, T. III, p. 154).

I – O pedido de indemnização civil deduzido em processo penal tem sempre de ser fundamentado na prática de um crime.

II – Se o arguido for absolvido desse crime, haverá que considerar o pedido cível formulado se existir ilícito ou responsabilidade fundada no risco, ou seja, responsabilidade civil extra-contratual.

III – Por isso, se o arguido for absolvido, não há possibilidade de condenação em indemnização cível por outras causas, nomeadamente por incumprimento de uma obrigação.

IV – A responsabilidade civil pelo facto ilícito tem de ser reportada ao momento da sua prática, a menos que haja, relativamente à omissão de conduta posterior, o dever jurídico de praticar o acto omitido.

Art. 11.º Regime Jurídico-Penal do Cheque 217

V – Por isso, é correcto o julgamento de improcedência do pedido cível formulado em processo crime por emissão de cheque sem provisão, quando o arguido é absolvido do crime e apenas se apurou que, posteriormente à emissão dos cheques ele foi avisado que a sua conta estava cancelada.

(Ac. STJ, de 25.01.96, in CJ, Ano IV, T. I, p. 189).

Emitido um cheque sem provisão pelo sócio gerente de uma sociedade por quotas sobre conta bancária desta, é o mesmo responsável criminalmente, sendo a responsabilidade pelo pagamento do cheque e dos respectivos juros da própria sociedade.

(Ac. R.P., de 21.12.94, in BMJ, 442, p. 259).

I – A responsabilidade pelos danos resultantes do pagamento pelo sacado de cheques em que foi falsificada a assinatura do sacador, determina-se segundo os princípios da responsabilidade civil.

II – Em princípio age com culpa pelo pagamento de eurocheques o utilizador abusivo, o vero titular que os deixou, com o respectivo cartão, no interior de automóvel, junto a uma das nossas praias, donde foram furtados.

III – Porém, se de imediato fez todas as diligências possíveis, in-cluindo junto das competentes entidades bancárias, e se o pagamento só teve lugar em Espanha, quatro meses após o furto, houve negligência por parte daquelas, não difundindo convenientemente o evento.

IV – Ficou, assim, quebrado o nexo de causalidade entre a conduta do titular dos cheques e o seu pagamento indevido, nenhuma responsabilidade podendo ser assacada a este.

V – São tidas por nulas quaisquer cláusulas contratuais que conduzam sempre à responsabilização do titular dos cheques por utilização abusiva destes, por tal ofender os princípios da boa fé e do equilíbrio de interesses (cfr. artigos 16.º e 17.º do Decreto-Lei n.º 446/85, de 25 de Outubro).

(Ac. R.L., de 19.05.94, in BMJ, 437, p. 565).

I – Deduzido pedido de indemnização em processo crime por emissão de cheque sem cobertura que foi arquivado por insuficiência de prova indiciária, pode o ofendido propor acção cível para ser indemnizado.

218   *Regime Jurídico dos Títulos de Crédito*   *Art. 11.º-A*

II – No domínio das relações imediatas tudo se passa como se a relação deixasse de ser literal e abstracta, ficando sujeita às excepções que se fundamentem nas relações pessoais.

(Ac. STJ, de 12.01.94, in CJ, Ano II, T. I, p. 36).

Art. 11.º-A (Queixa)

1. O procedimento criminal pelo crime previsto no artigo anterior depende de queixa.

2. A queixa deve conter a indicação dos factos constitutivos da obrigação subjacente à emissão, da data de entrega do cheque ao tomador e dos respectivos elementos de prova.

3. Sem prejuízo de se considerar apresentada a queixa para todos os efeitos legais, designadamente o previsto no artigo 115.º do Código Penal, o Ministério Público, quando falte algum dos elementos referidos no número anterior, notificará o queixoso para, no prazo de 15 dias, proceder à sua indicação.

4. Compete ao Procurador-Geral da República, ouvido o departamento respectivo, autorizar a desistência da queixa nos casos em que o Estado seja ofendido.

TÍTULO I – Queixa

Secção 1.ª – Titularidade do direito de queixa

NOTA:

Sobre esta matéria versam os artigos 113.º e 114.º do C.P., aqui, transcritos:

"Artigo 113.º – Titulares do direito de queixa

1 – Quando o procedimento criminal depender de queixa, tem legitimidade para apresentá-la, salvo disposição em contrário, o ofendido, considerando-se como tal o titular dos interesses que a lei espe-cialmente quis proteger com a incriminação.

2 – Se o ofendido morrer sem ter apresentado queixa nem ter renunciado a ela, o direito de queixa pertence sucessivamente às pessoas a seguir indicadas, salvo se alguma delas houver compartipado no crime:

Art. 11.º-A   *Regime Jurídico-Penal do Cheque*   219

a) Ao cônjuge sobrevivo não separado judicialmente de pessoas e bens, aos descendentes e aos adoptados e aos ascendentes e aos adoptantes;

b) Aos irmãos e seus descendentes e à pessoa que com o ofendido vivesse em condições análogas às dos cônjuges.

3 – Se o ofendido for menor de 16 anos ou não possuir discernimento para entender o alcance e o significado do exercício do direito de queixa, este pertence ao representante legal e, na sua falta, às pessoas indicadas nas alíneas do número anterior, segundo a ordem aí referida, salvo se alguma delas houver comparticipado no crime.

4 – Qualquer das pessoas pertencentes a uma das classes referidas nos n.ºs 2 e 3 pode apresentar queixa independentemente das restantes.

5 – Quando o direito de queixa não puder ser exercido porque a sua titularidade caberia apenas, no caso, ao agente do crime, pode o Ministério Público dar início ao procedimento se especiais razões de interesse público o impuserem.

6 – Quando o procedimento criminal depender de queixa, o Ministério Público pode, nos casos previstos na lei, dar início ao procedimento quando o interesse da vítima o impuser.

Artigo 114.º – Extensão dos efeitos da queixa

A apresentação da queixa contra um dos comparticipantes no crime torna o procedimento criminal extensivo aos restantes".

Secção 2.ª – Procedimento dependente de queixa

Esta matéria é regulada pelo artigo 49.º do C.P.P., aqui, transcrito:

"Artigo 49.º – Legitimidade em procedimento dependente de queixa

1 – Quando o procedimento criminal depender de queixa, do ofendido ou de outras pessoas, é necessário que essas pessoas dêem conhecimento do facto ao Ministério Público, para que este promova o processo.

2 – Para o efeito do número anterior, considera-se feita ao Ministério Público a queixa dirigida a qualquer outra entidade que tenha a obrigação legal de a transmitir àquele.

3 – A queixa pode ser apresentada pelo titular do direito respectivo, por mandatário judicial ou por mandatário munido de poderes especiais.

4 – O disposto nos números anteriores é correspondentemente aplicável aos casos em que o procedimento criminal depender da participação de qualquer autoridade."

220 *Regime Jurídico dos Títulos de Crédito* *Art. 11.º-A*

JURISPRUDÊNCIA:

A apresentação simultânea de queixa crime e de acção executiva para pagamento de quantia certa implica a declaração de extinção do procedimento criminal, por renúncia ao direito de queixa.

(Ac. R.L., de 10.02.99, in CJ, A. XXIV, T. I., p. 144).

I – Os crimes de emissão de cheques sem provisão cometidos na vigência do Código Penal de 1982 não estavam dependentes de queixa para se iniciar o procedimento criminal.

II – Com a entrada em vigor do Código Penal revisto, que passou a exigir queixa relativamente a tais crimes, concedendo o prazo de seis meses para o seu exercício, o prazo conta-se a partir da entrada em vigor da nova formulação, ou seja, desde 1 de Outubro de 1995.

(Ac. R.P., de 26.11.97, in BMJ, 471, p. 456).

I – Há que distinguir, no instituto da queixa, as normas exclusivamente processuais (princípio da aplicação imediata – Código de Processo Penal, artigo 5.º) das normas processuais penais materiais (irretro-actividade desfavorável, retroactividade favorável – Código Penal, artigos 2.º, n.º 4, e 3.º).

II – Às primeiras pertencem as normas dos artigos 49.º a 52.º do Código de Processo Penal e às segundas as normas constantes dos artigos 111.º a 116.º do Código Penal de 1982.

III – Não se aplicando, porque desfavorável ao arguido, a lei nova que, em 29 de Março de 1992, conferiu ao crime simples de emissão de cheque sem cobertura, antes quase público, contornos de crime público, o portador de um cheque devolvido em 16 de Outubro de 1991 sem pagamento por falta de provisão, se pretendesse a perse-guição criminal do respectivo sacador, teria que «dar conhecimento do facto ao Ministério Público» até 16 de Abril de 1992.

IV – Como, no caso, a queixa só foi apresentada em 3 de Novembro de 1995, a sua ostensiva intempestividade inviabilizava, a um tempo, o processo (por falta desse pressuposto processual que, nos crimes quase públicos, representa a queixa tempestiva) e a perseguição criminal do visado (na medida em que a sua responsabilidade se extinguira há muito com a caducidade, em 16 de Abril de 1992, do exercício do correspondente direito da queixa por parte da vítima).

(Ac. R.L., de 20.05.97, in BMJ, 467, p. 622).

Art. 11.º-A   *Regime Jurídico-Penal do Cheque*   221

I – (...).

II – A questão de os subscritores da queixa só depois de decorrido o prazo de seis meses terem feito prova da qualidade de gerentes da sociedade ofendida não se identifica com a questão da ratificação da queixa. Efectivamente, aqueles subscritores da queixa agiram em nome da sociedade, tendo poderes para o fazer, tendo apenas faltado um documento a comprovar essa qualidade.

Sendo assim, a queixa foi apresentada por quem o poderia e deveria fazer, pelo que não havia de ratificá-la como se tivesse sido apresentada por quem não o podia fazer.

(Ac. R.E., de 26.09.95, in BMJ, 449, p. 461).

É válida e eficaz uma denúncia pelo crime de emissão de cheque sem provisão feita pelo sócio-gerente da ofendida, uma sociedade por quotas.

(Ac. R.C., de 11.05.94, in CJ, Ano XIX, T. III, p. 47).

I – De acordo com o Decreto n.º 13 004, de 12 de Janeiro de 1927, o crime de emissão de cheque sem cobertura assumia natureza semipública e, como tal, para que o Ministério Público tivesse legitimidade para promover o processo penal, necessário se mostrava que o ofendido (por si ou por mandatário munido de poderes especiais) desse conhecimento do facto através da respectiva queixa.

II – (...).

(Ac. R.E., de 05.04.94, in BMJ, 436, p. 466).

O crime de emissão de cheque sem provisão previsto e punido pelo artigo 11.º, n.º 1, alínea a), do Decreto-Lei n.º 454/91, de 28 de Dezembro, tem natureza de crime público, não dependendo pois o procedimento criminal de queixa do ofendido.

Tal crime será apenas semipúblico nos casos em que o crime de burla assume tal natureza.

A extinção de responsabilidade pelo pagamento até ao primeiro interrogatório não tem nada a ver com a desistência da queixa, operando aquela *ope legis* e somente dentro do limite fixado.

(Ac. R.E., de 01.02.94, in BMJ, 434, p. 713).

222   *Regime Jurídico dos Títulos de Crédito*   *Art. 11.º-A*

I – (...).

II – O denunciante de um crime de emissão de cheque sem provisão que apresentou a sua queixa com negligência grave deve ser condenado no pagamento de taxa de justiça e custas, em obediência ao disposto no art. 520.º c) do C. P. Penal.

(Ac. R.C., de 27.01.94, in CJ, Ano XIX, T. I, p. 52).

I – O procedimento criminal por crime de emissão de cheque sem provisão depende de queixa.

II – (...).

(Ac. R.P., de 17.11.93, in CJ, Ano XVIII, T. V, p. 257).

Secção 3.ª – Queixa apresentada por mandatário

Nota:

A queixa apresentada por mandatário está prevista no n.º 3 do artigo 49.º ("Legitimidade em procedimento dependente de queixa") do C.P.P., que aqui, se transcreve:

«A queixa pode ser apresentada pelo titular do direito respectivo, por mandatário judicial ou por mandatário munido de poderes especiais.»

No que diz respeito à apresentação de queixa pelo mandatário, o artigo 40.º ("Falta, insuficiência e irregularidade do mandato") do C.P.C. ganha um especial relevo, fazendo-se aqui a sua transcrição:

"1. A falta de procuração e a sua insuficiência ou irregularidade podem, em qualquer altura, ser arguidas pela parte contrária e suscitadas oficiosamente pelo tribunal.

2. O juiz fixa o prazo dentro do qual deve ser suprida a falta ou corrigido o vício e ratificado o processado. Findo este prazo sem que esteja regularizada a situação, fica sem efeito tudo o que tiver sido praticado pelo mandatário, devendo este ser condenado nas custas respectivas e, se tiver agido culposamente, na indemnização dos prejuízos a que tenha dado causa.

3. Sempre que o vício resulte de excesso de mandato, o tribunal participa a ocorrência ao Conselho Distrital da Ordem dos Advogados."

Art. 11.º-A — Regime Jurídico-Penal do Cheque

JURISPRUDÊNCIA:

Face ao acórdão do Supremo Tribunal de Justiça, de 27 de Setembro de 1994, de força obrigatória para os tribunais portugueses, é liquido que para que uma queixa apresentada por mandatário forense seja válida basta que a procuração contenha simples poderes forenses, não se exigindo sequer poderes especiais para uma categoria de actos.

(Ac. R.E., de 24.01.95, in BMJ, 443, p. 465).

Enquanto crime de natureza semipública, a falta de procuração e//ou a sua insuficiência ou irregularidade podem ser arguidas em qualquer altura e suscitadas oficiosamente pelo Tribunal e, logo que tal aconteça de harmonia com o n.º 2 do artigo 40.º do Código de Processo Civil.

Ratificado o processo dentro do prazo estabelecido, tal ratificação opera *ex tunc* reportando-se os seus efeitos à data da apresentação da queixa.

(Ac. R.E., de 12.04.94, in BMJ, 436, p. 465).

I – (...).

II – Havendo falta ou insuficiência de poderes de representação, nomeadamente para efectivação do direito de queixa, tal facto pode ser suprido ou corrigido o vício e ratificado o processo *ex tunc* nos termos conjugados do disposto nos artigos 4.º do Código de Processo Penal, 40.º do Código de Processo Civil e 268.º do Código Civil.

(Ac. R.E., de 05.04.94, in BMJ, 436, p. 466).

Apresentada participação por crime de emissão de cheque sem provisão, por mandatário não munido dos «poderes especiais específicos» exigidos pelo artigo 49.º do Código de Processo Penal, na interpretação do Assento n.º 2/92 do Supremo Tribunal de Justiça, é possível a ratificação do processado, mesmo que ocorrida para além do prazo de seis meses aludido no artigo 112.º do Código Penal.

(Ac. R.P., de 12.01.94, in BMJ, 433, p. 613).

I – (...).

II – Tendo a queixa sido apresentada por mandatário dentro do limite temporário fixado pelo art. 112.º do Cód. Penal, sem que este estivesse munido, para o efeito, de poderes especiais especificados, essa irregularidade pode ser sanada, com a ratificação da queixa.

III – Compete ao juiz, antes de julgar a ilegitimidade por insuficiência da procuração, convidar o titular do direito de queixa a ratificar a mesma; não o fazendo, comete nulidade que, em recurso, acarreta a revogação do despacho em que se julgou insubsistente a acusação por falta de legitimidade do Ministério Público.

(Ac. R.P., de 17.11.93, in CJ, Ano XVIII, T. V, p. 257).

Sendo a queixa apresentada por mandatário não munido de poderes especificados, é de admitir a possibilidade de validação do processo, pelo titular do direito da queixa, mesmo no caso de já ter expirado o prazo para o seu exercício.

(Ac. R.P., de 26.05.93, in CJ, Ano XVIII, T. III, p. 248).

Tendo a queixa sido atempadamente apresentada, embora por mandatário não munido dos necessários poderes especiais, pode ela ser ratificada pelo ofendido, mesmo depois de esgotado o prazo do artigo 112.º do Código Penal.

(Ac. R.C., de 05.05.93, in BMJ, 427, p. 596).

A participação por crime de emissão de cheque sem provisão feita atempadamente por mandatário sem poderes especiais pode ser ratificada (com efeito retroactivo) pelo ofendido, mesmo que esteja já esgotado o prazo do artigo 112.º, n.º 1, do Código Penal.

(Ac. R.C., de 24.03.93, in BMJ, 425, p. 631).

I – Não constando da procuração passada ao mandatário os poderes especiais especificados para a prática de uma classe ou categoria de actos, verifica-se a ilegitimidade do Ministério Público.

II – Não é de admitir a possibilidade da validação do processo pelo titular do direito de queixa estando já expirado o prazo para o seu exercício.

(Ac. R.P., de 10.03.93, in CJ, Ano XVIII, T II, p. 233).

Art. 11.º-A — Regime Jurídico-Penal do Cheque — 225

Apresentada atempadamente denúncia por crime de emissão de cheque sem provisão por advogado constituído mas ao qual não foram outorgados os necessários poderes especiais, pode o ofendido ratificá-la até ao julgamento.

(Ac. R.C., de 03.02.93, in BMJ, 424, p. 745).

A faculdade de suprimento da falta, insuficiência e irregularidade do mandato, prevista no artigo 40.º do Código de Processo Civil só pode entender-se como aplicável aos casos de intervenção de profissionais do foro em representação das partes.

(Ac. R.P., de 20.01.93, in BMJ, 423, p. 595).

I – O M.º P.º carece de legitimidade para exercer a acção penal, se, no momento da queixa, por se tratar de crime semi-público, o subscritor desta não possuía os poderes especiais exigidos para a apresentar.

II – Tratando-se de crime de emissão de cheque sem provisão (semi-público ao tempo da sua prática e da queixa, mas que, pela lei actual, já o não é), será, em princípio, aquele regime o aplicável, por ser o mais favorável.

III – A faculdade de suprimento da falta, insuficiência ou irregularidade do mandato, prevista no art. 40.º do Cód. Proc. Civil, só é aplicável nos casos de intervenção de profissionais do foro em representação das partes.

IV – O facto de a sociedade ofendida ter, entretanto, vindo desistir da queixa, por intermédio do mesmo procurador sem poderes para a apresentar, não obsta a que se conheça do recurso.

(Ac. R.P., de 20.01.93, in CJ, Ano XVIII, T. I, p. 245).

Secção 4.ª – Extinção, renúncia e desistência do direito de queixa

NOTA:

Estas matérias vêm reguladas nos artigos 115.º e 116.º do C.P. que, aqui, se transcrevem.

"Artigo 115.º – Extinção do direito de queixa

1 – O direito de queixa extingue-se no prazo de 6 meses a contar da data em que o titular tiver tido conhecimento do facto e dos seus autores, ou a partir da morte do ofendido, ou da data em que ele se tiver tornado incapaz.

226   *Regime Jurídico dos Títulos de Crédito*   *Art. 11.º-A*

2 – O não exercício tempestivo do direito de queixa relativamente a um dos comparticipantes no crime aproveita aos restantes, nos casos em que também estes não puderem ser perseguidos sem queixa.

3 – Sendo vários os titulares do direito de queixa, o prazo conta-se autonomamente para cada um deles.

Artigo 116.º – Renúncia e desistência da queixa

1 – O direito de queixa não pode ser exercido se o titular a ele expressamente tiver renunciado ou tiver praticado factos donde a renúncia necessariamente se deduza.

2 – O queixoso pode desistir da queixa, desde que não haja oposição do arguido, até à publicação da sentença da 1.ª instância. A desistência impede que a queixa seja renovada.

3 – A desistência da queixa relativamente a um dos comparticipantes no crime aproveita aos restantes, salvo oposição destes, nos casos em que também estes não puderem ser perseguidos sem queixa."

JURISPRUDÊNCIA:

Optando o portador do cheque emitido sem provisão pelo recurso à acção executiva antes de exercer a acção penal, isso significa que se desinteressou do ressarcimento dos prejuízos sofridos através do processo penal, conduta que vale como renúncia ao direito de queixa.

(Ac. R.E., de 14.01.97, in BMJ, 463, p. 660).

Renúncia ao exercício do direito de queixa pelo crime de emissão de cheque sem provisão o tomador que, antes de participar criminalmente contra o subscritor do título, propõe acção cível contra a sociedade de que os arguidos são sócios gerentes e em representação da qual emitiram, sobre a conta de depósito dela, o cheque, englobando no pedido a importância nele inserta.

(Ac. R.P., de 30.11.94, in BMJ, 441, p. 396).

Com a entrada em vigor do Decreto-Lei n.º 454/91, de 28 de Dezembro, o crime de emissão de cheque sem provisão (que até aí, na vigência do regime anterior se apresentem como um ilícito de

Art. 11.º-A *Regime Jurídico-Penal do Cheque*

natureza semipública) têm natureza pública pelo que é irrelevante a desistência da queixa apresentada pelo ofendido.

(Ac. R.E., de 05.04.94, in *BMJ, 436, p. 466).*

Actualmente, o crime de emissão de cheque sem provisão não depende (na maior parte dos casos, excepto quanto aos crimes familiares do artigo 303.º do Código Penal) de queixa do ofendido, pelo que não é válida nem eficaz a respectiva desistência como causa de extinção do procedimento criminal.

(Ac. R.L., de 12.01.94, in *BMJ, 433, p. 604).*

I – O crime de emissão de cheque sem cobertura na vigência do Decreto-Lei n.º 454/91, de 28 de Dezembro, deixou de ser um crime de perigo de dano e passou a ser um crime de dano pura e simplesmente.

II – Por outro lado, deixou de ser um crime quase-público para passar a ser um crime público, exceptuados os casos apontados pelo artigo 303.º do Código Penal e, como tal, para efeitos de extinção de procedimento criminal, tanto a renúncia como a desistência dos ofendidos são irrelevantes.

(Ac. R.E., de 12.10.93, in *BMJ, 430, p. 539).*

Cfr., ainda e neste sentido, os acórdãos:
R.P. de 17.05.95, in *BMJ, 447, p, 565; R.P. de 26.01.94,* in *CJ, Ano XIX, T. I, p. 254; R.P. de 12.01.94,* in *BMJ, 433, p. 616; R.C. de 06.10.93,* in *BMJ, 430, p. 526; R.C. de 22.09.93,* in *BMJ, 429, p. 894; R.C. de 09.06.93,* in *BMJ, 428, p. 690; e R.C. de 28.04.93,* in *CJ, Ano XVIII, T. II, p. 71,* não inseridos na presente compilação.

A desistência da queixa depende de homologação pelo Ministério Público, conforme preceitua o artigo 51.º ("Homologação da desistência da queixa ou da acusação particular") do C.P.P., que, aqui, se transcreve:

"1 – Nos casos previstos nos artigos 49.º e 50.º, a intervenção do Ministério Público no processo cessa com a homologação da desistência da queixa ou da acusação particular.

2 – Se o conhecimento da desistência tiver lugar durante o inquérito, a homologação cabe ao Ministério Público; se tiver lugar durante a instrução ou o julgamento, ela cabe, respectivamente, ao juiz de instrução ou ao presidente do tribunal.

3 – Logo que tomar conhecimento da desistência, a autoridade judiciária competente para a homologação notifica o arguido para, em cinco dias, declarar, sem necessidade de fundamentação, se a ela se opõe. A falta de declaração equivale a não oposição.

4 – Se o arguido não tiver defensor nomeado e for desconhecido o seu paradeiro, a notificação a que se refere o número anterior efectua-se editalmente."

TÍTULO II – A relevância processual da constituição de assistente

O regime jurídico do assistente está regulado nos artigos 68.º a 70.º do C.P.P. que, aqui, se transcrevem:

"Artigo 68.º – Assistente

1 – Podem constituir-se assistentes no processo penal, além das pessoas e entidades a quem leis especiais conferirem esse direito:

a) Os ofendidos, considerando-se como tais os titulares dos interesses que a lei especialmente quis proteger com a incriminação, desde que maiores de 16 anos;

b) As pessoas de cuja queixa ou acusação particular depender o procedimento;

c) No caso de o ofendido morrer sem ter renunciado à queixa, o cônjuge sobrevivo não separado judicialmente de pessoas e bens, os descendentes e adoptados, ascendentes e adoptantes, ou, na falta deles, irmãos e seus descendentes e a pessoa que com o ofendido vivesse em condições análogas às dos cônjuges, salvo se alguma destas pessoas houver comparticipado no crime;

d) No caso de o ofendido ser menor de 16 anos ou por outro motivo incapaz, o representante legal e, na sua falta, as pessoas indicadas na alínea anterior, segundo a ordem aí referida, salvo se alguma delas houver comparticipado no crime;

e) Qualquer pessoa nos crimes contra a paz e a humanidade, bem como nos crimes de tráfico de influência, favorecimento pessoal praticado por funcionário, denegação de justiça, prevaricação, corrupção, peculato, participação económica em negócio, abuso de poder e de fraude na obtenção ou desvio de subsídio ou subvenção.

Art. 11.º-A   *Regime Jurídico-Penal do Cheque*   229

2 – Tratando-se de procedimento dependente de acusação particular, o requerimento tem lugar no prazo de oito dias a contar da declaração referida no artigo 246.º, n.º 4.

3 – Os assistentes podem intervir em qualquer altura do processo, aceitando-o no estado em que se encontrar, desde que o requeiram ao juiz:

    a) Até cinco dias antes do início do debate instrutório ou da audiência de julgamento;

    b) Nos casos dos artigos 284.º e 287.º, n.º 1, alínea b), no prazo estabelecido para a prática dos respectivos actos.

4 – O juiz, depois de dar ao Ministério Público e ao arguido a possibilidade de se pronunciarem sobre o requerimento, decide por despacho que é logo notificado àqueles.

5 – Durante o inquérito, a constituição de assistente e os incidentes a ela respeitantes podem correr em separado, com junção dos elementos necessários à decisão.

Artigo 69.º – Posição processual e atribuições dos assistentes

1 – Os assistentes têm a posição de colaboradores do Ministério Público, a cuja actividade subordinam a sua intervenção no processo, salvas as excepções da lei.

2 – Compete em especial aos assistentes:

    a) Intervir no inquérito e na instrução, oferecendo provas e requerendo as diligências que se afigurarem necessárias;

    b) Deduzir acusação independente da do Ministério Público e, no caso de procedimento dependente de acusação particular, ainda que aquele a não deduza;

    c) Interpor recurso das decisões que os afectem, mesmo que o Ministério Público o não tenha feito.

Artigo 70.º – Representação judiciária dos assistentes

1 – Os assistentes são sempre representados por advogado. Havendo vários assistentes, são todos representados por um só advogado. Se divergirem quanto à escolha, decide o juiz.

2 – Ressalva-se do disposto na segunda parte do número anterior o caso de haver entre os vários assistentes interesses incompatíveis, bem como o de serem diferentes os crimes imputados ao arguido. Neste último caso, cada grupo de pessoas a quem a lei permitir a constituição como assistente por cada um dos crimes pode constituir um advogado, não sendo todavia lícito a cada pessoa ter mais de um representante."

JURISPRUDÊNCIA:

I – A intervenção como assistente deve ser admitida em qualquer altura do processo.

II – No entanto, o assistente só poderá participar no debate instrutório ou na audiência, se tiver requerido a sua constituição até cinco dias antes desses actos.

III – O arguido que, na mesma ocasião, preenche e entrega à ofendida uma série de 43 cheques, que vêm a não ser pagos por falta de provisão, comete um único crime de emissão de cheque sem cobertura.

IV – Por isso, se o arguido já foi condenado por tal crime com base num dos cheques da série, não pode ser julgado de novo pelo mesmo crime com base em qualquer dos outros cheques emitidos na mesma ocasião, sob pena de ofensa do caso julgado.

(Ac. R.P., de 06.11.96, in CJ, Ano XXI, T. V, p. 228).

I – O demandante cível não constituído assistente no processo crime não tem legitimidade para recorrer da sentença proferida no que concerne ao aspecto penal na parte em que esta directamente afecta a pretensão da tutela cível por ele deduzida.

II – O cheque entregue em branco só é válido desde que completado nos termos dos acordos realizados, nada na lei fazendo presumir que a simples entrega do cheque contém em si a anuência para seu preenchimento.

(Ac. R.C., de 16.05.96, in CJ, Ano XXI, T. III, p. 44).

Não tem legitimidade para se constituir assistente, nem para recorrer, quem, sendo formalmente o tomador do cheque, não é o verdadeiro titular do crédito nele incorporado.

(Ac. R.P., de 08.11.95, in CJ, Ano XX, T. V, p. 245).

O ofendido, desde que a sua intervenção processual se limite a sustentação e prova do pedido de indemnização cível, não tem legitimidade para recorrer de despacho no qual se declare extinto, por prescrição, um crime de emissão de cheque sem provisão e cessada a situação de contumácia.

405) (Ac. R.E., de 04.07.95, in CJ, Ano XX, T. IV, p. 284).

Art. 12.º (Sanções acessórias)

1. O tribunal pode aplicar, isolada ou cumulativamente, conforme os casos, as seguintes sanções acessórias a quem for condenado por crime de emissão de cheque sem provisão, previsto no artigo 11.º:

a) Interdição do uso de cheque;
b) Publicidade da decisão condenatória.

2. A interdição do uso de cheque terá a duração mínima de seis meses e a duração máxima de seis anos.

3. A publicidade da decisão condenatória faz-se a expensas do condenado, em publicação de divulgação corrente na área do domicílio do agente e do ofendido, bem como através da afixação de edital, por período não inferior a um mês, nos lugares destinados para o efeito pela junta de freguesia do agente e do mandante ou do representado.

4. A publicidade é feita por extracto de que constem os elementos da infracção e as sanções aplicadas, bem como a identiticação do agente.

5. A sentença que condenar em interdição do uso de cheque é comunicada ao Banco de Portugal, que informa todas as instituições de crédito de que devem abster-se de fornecer ao agente e aos seus mandatários módulos de cheque para movimentação das suas contas de depósito, salvo no caso previsto no artigo 6.º.

6. A sentença que condenar em interdição do uso de cheque deve ordenar ao condenado que restitua às instituições de crédito que lhos forneceram todos os módulos de cheques que tiver em seu poder ou em poder dos seus mandatários.

7. Incorre na pena do crime de desobediência quem não respeitar a injunção a que se refere o número anterior e na do crime de desobediência qualificada quem emitir cheques enquanto durar a interdição fixada na sentença.

8. O condenado em interdição do uso de cheque poderá ser reabilitado judicialmente se, pelo menos por um período de dois anos depois de cumprida a pena principal, se tiver comportado por forma que torne razoável supor que não cometerá novos crimes da mesma natureza.

9. A sentença que conceder a reabilitação é igualmente comunicada ao Banco de Portugal para informação a todas as instituições de crédito.

NOTA:
Era a seguinte a anterior redacção deste artigo:

Art. 12.º (Sanções acessórias)

1 – A quem for condenado por crime de emissão de cheque sem provisão pode o tribunal aplicar as seguintes sanções acessórias:
   a) *Interdição temporária do uso de cheque;*
   b) *Publicidade da decisão condenatória.*

2 – A interdição temporária do uso de cheque terá a duração mínima de seis meses e a máxima de três anos.

3 – A publicidade da decisão condenatória faz-se, a expensas do condenado, em publicação periódica editada na área da comarca da prática da infracção ou, na sua falta, em publicação periódica da comarca mais próxima, bem como através da afixação de edital, por período não inferior a 30 dias, no local habitualmente destinado para o efeito.

4 – Em casos particularmente graves, pode o tribunal, também a expensas do condenado, ordenar que a publicidade seja feita no Diário da República, ou através de qualquer meio de comunicação so-cial.

5 – A publicidade será feita por extracto de que constem os elementos da infracção e as sanções aplicadas, bem como a identificação do agente.

6 – A sentença que condenar em interdição temporária do uso de cheque deve ordenar ao condenado que restitua às instituições de crédito que lhos forneceram todos os módulos de cheques que tiver em seu poder ou em poder dos seus mandatários.

7 – Incorre na pena do crime de desobediência quem não respeitar a injunção a que se refere o número anterior e na do crime de desobediência qualificada quem emitir cheques enquanto durar a interdição fixada na sentença.

8 – O condenado em interdição do uso de cheque poderá ser reabilitado judicialmente se, pelo menos por um período de dois anos depois de cumprida a pena principal, se tiver comportado por forma que torne razoável supor que não cometerá novos crimes da mesma natureza.

9 – A sentença que condenar em interdição de uso de cheque é comunicada ao Banco de Portugal, que informará todas as instituições de crédito de que devem abster-se de fornecer ao condenado e aos seus mandatários cheques para movimentação das suas contas de depósito, salvo no caso previsto no art. 6.º.

10 – A sentença que conceder a reabilitação é igualmente comunicada ao Banco de Portugal para informação a todas as instituições de crédito.

JURISPRUDÊNCIA:

I – O Decreto-Lei n.º 459/91, de 28 de Dezembro, não sofre de inconstitucionalidade por oposição à Lei Uniforme Relativa ao Cheque, internacionalmente vinculante do Estado Português,

Art. 13.º   *Regime Jurídico-Penal do Cheque*   233

designadamente ao seu artigo 12.º, pois que aquele diploma não afasta a responsabilidade, perante o banco sacado, do sacador de cheque de valor igual ou inferior a 5000$00, apenas impondo uma responsabilização principal da entidade bancária relativamente a terceiros, mesmo que o cheque não tenha provisão, mantendo-se no entanto a responsabilidade do sacador perante aquela entidade.

II – O referido diploma não ofende igualmente o artigo 29.º da Constituição da República, pois que o «princípio da legalidade das penas», ali consagrado, não significa que a indicação da punição de um determinado crime não possa ser feita por referência às penas de outro tipo legal de crime, mas sim que não podem ser definidas como criminosas condutas, nem aplicadas penas ou medidas de segurança, que não tenham sido estruturadas como tais antes da prática dos factos em que as primeiras se traduzem.

III – A expressão «cheque sem provisão» tanto pode abrange o cheque que não tem fundos no momento em que é emitido, como aquele que os não tem no momento em que é apresentado a pagamento, quer por força de um movimento normal da conta, que deixe esta sem cobertura para o pagamento do cheque, quer por actuação voluntária do sacador, através de uma retirada voluntária de fundos ou de uma ordem de proibição de pagamento do cheque dada à entidade bancária.

IV – Não há, por conseguinte, inconstitucionalidade do Decreto-Lei n.º 454/91, por desconformidade com a respectiva lei de autorização legislativa (Lei n.º 30/91, de 20 de Julho), pois que o intuito do legislador foi o de consagrar a interpretação jurisprudencial segundo a qual constituem modalidades do crime de emissão de cheque sem provisão o cheque relativamente ao qual o sacador levante, após a sua emissão, os fundos necessários ao seu integral pagamento, e o cheque cujo pagamento pela entidade sacada seja proibido por ordem do sacador.

(Ac. STJ, de 23.06.93, in BMJ, 428, p. 324).

Vide, no mesmo sentido, *Ac. STJ, in BMJ, 430, p. 234*, não publicado na presente compilação.

Art. 13.º (Tribunal competente)

É competente para conhecer do crime previsto neste diploma o tribunal da comarca onde se situa o estabelecimento da instituição de crédito em que o cheque for inicialmente entregue para pagamento.

234 *Regime Jurídico dos Títulos de Crédito* Art. 13.º

NOTA:

Era a seguinte a anterior redacção deste artigo:

Art. 13.º *(Tribunal competente)*

É competente para conhecer do crime de emissão de cheque sem provisão o tribunal da comarca onde se situa o estabelecimento de crédito em que o cheque for inicialmente entregue para pagamento.

JURISPRUDÊNCIA:

A dúvida quanto à data da entrega do cheque ao tomador que, face à superveniente publicação do Decreto-Lei n.º 316/97, de 19 de Novembro (que veio dar nova redacção ao n.º 3 do artigo 11.º do Decreto-Lei n.º 454/91, de 28 de Dezembro), resulta da matéria de facto dada como assente na sentença, constitui o vício da alínea a) do n.º 2 do artigo 410.º do Código de Processo Penal, o que conduz ao reenvio do processo para novo julgamento relativamente à totalidade do seu objecto, em conformidade com o teor dos artigos 426.º e 431.º daquele mesmo código.

(Ac. R.C., de 12.02.98, in BMJ, 474, p. 558).

O tribunal territorialmente competente para conhecer de um crime de emissão de cheque sem cobertura é aquele em cuja área se situa o banco onde o cheque foi inicialmente entregue para pagamento, mesmo que tal cheque venha a ser enviado para a sede desse banco e, aí, apresentado na Câmara de Compensação, onde, então, se verificou a falta de provisão.

(Ac. S.T.J., de 05.06.96, in CJ, Ano IV, T. II, p. 193).

I – (...).

II – Tendo os cheques sido apresentados a pagamento na área de diversas comarcas e instaurado procedimento criminal autónomo por cada um dos títulos, é competente para o julgamento de todos os processos o tribunal à ordem do qual o arguido se encontra preso.

(Ac. R.P., de 29.05.96, in BMJ, 457, p. 444).

Art. 13.º-A   *Regime Jurídico-Penal do Cheque*   235

I – O Tribunal Singular é sempre o competente para proceder ao julgamento de crimes de emissão de cheques sem provisão qualquer que seja o seu valor, conforme dispõe o artigo 16.º, n.º 2, alínea b) do Código de Processo Penal.

II – A realização de julgamento antes de findo o prazo estabelecido no n.º 2 do artigo 2.º da Lei n.º 15/94, de 11 de Maio, constitui uma irregularidade que deve considerar-se sanada se o arguido não a tiver tempestivamente invocada.

(Ac. R.E., de 21.11.95, in CJ, Ano XX, T. V, p. 299).

A competência para a formação do cúmulo jurídico de penas em que estejam em causa apenas crimes de emissão de cheque sem provisão pertence ao tribunal singular.

(Ac. R.P., de 10.05.95, in BMJ, 447, p. 566).

I – (...).

II – Tal crime (*o de falsificação de cheque*) consumou-se com a declaração falsa de extravio perante o funcionário da agência do banco sacado, e não com qualquer ulterior oposição escrita da nota de extravio no título, pelo que é territorialmente competente para conhecer da infracção o tribunal da comarca da área onde aquela declaração foi produzida.

(Ac. S.T.J., de 27.10.93, in BMJ, 430, p. 272).

Art. 13.º-A (Dever de colaboração na investigação)

1. As instituições de crédito devem fornecer às autoridades judiciárias competentes todos os elementos necessários para a prova do motivo do não pagamento de cheque que lhes for apresentado para pagamento nos termos e prazos da Lei Uniforme Relativa ao Cheque, através da emissão de declaração de insuficiência de saldo com indicação do valor deste, da indicação dos elementos de identificação do sacador e do envio de cópia da respectiva ficha bancária de assinaturas.

2. As instituições de crédito têm o dever de informar as entidades com quem celebrarem convenção de cheque da obrigação referida no número anterior, quanto às informações que a essas entidades digam respeito.

236   *Regime Jurídico dos Títulos de Crédito*   Art. 13.°-A

JURISPRUDÊNCIA:

I – O artigo 13.°-A do Decreto-Lei n.° 316/97, de 19 de Novembro, que alterou o Decreto-Lei n.° 454/91, de 28 de Dezembro, impõe às instituições de crédito a obrigação de fornecerem às autoridades judiciárias competentes todos os elementos necessários para a prova do motivo do não pagamento de cheque que lhe for apresentado para pagamento nos termos e prazos da Lei Uniforme Relativa ao Cheque, obrigação essa a consubstanciar através da emissão de declaração de insuficiência de saldo com indicação do valor deste, da indicação dos elementos de identificação do sacado e do envio de cópia da respectiva ficha bancária.

II – «O facto de impender, por via do n.° 2 do preceito vindo de mencionar, sobre as entidades bancárias o dever de informarem as entidades com quem vierem a celebrar convenção de cheque daquela obrigação, não obsta a que de imediato, em relação às convenções vigentes, tal obrigação seja de cumprimento imediato, de acordo com o princípio geral expresso no artigo 5.° do Código Civil.» (Extracto do acórdão)

III – Aquela obrigação constitui facto configura-tivo de inutilidade superveniente da lide, o que conduz à extinção da instância, nos termos da alínea e) do artigo 287.° do Código de Processo Civil aplicável *ex vi* do disposto no artigo 4.° do Código de Processo Penal, dos incidentes respeitante à quebra do sigilo bancário, pendentes à data da entrada em vigor do Decreto-Lei n .° 316/97, de 19 de Novembro.

(Ac. R.L., de 06.01.98, in BMJ, 473, p. 548).

O interesse público da administração de justiça, valor de superior relevância num Estado de direito, sobrepõe-se ao protegido pelo segredo bancário.

(Ac. R.L., de 21.02.96, in BMJ, 454, p. 787).

Ordenada pelo juiz em 1.ª instância a apreensão de elementos existentes em certo banco, com vista à investigação de um crime de emissão de cheque sem provisão, e recusado o fornecimento dos mesmos com base no sigilo profissional sem que aquele magistrado haja procedido como podia a dispensa do mesmo, justifica-se a intervenção da instância imediatamente superior, a nível de incidente, a pedido do objector ou a solicitação oficiosa do tribunal *a quo* (artigos 182.° e 135.°, n.ᵒˢ 2 e 3, do Código de Processo Penal).

(Ac. R.L., de 07.02.96, in BMJ, 454, p. 787).

I – Com a revogação do Dec.-Lei n.° 14/84, de 11/1, que previa a obrigatoriedade de fornecimento por parte dos bancos de elementos bancários (ficha de assinatura e extracto de conta-corrente), hoje a obtenção desses elementos só será concretizável mediante autorização do respectivo titular da conta ou por decisão do tribunal superior.

II – O interesse público do Estado em exercer o *«jus puniendi»* relativamente ao agente de um crime é sensivelmente superior aos interesses que consubstanciam o sigilo bancário.

(Ac. R.P., de 29.03.95, in CJ, Ano XX, T. II, p. 231).

I – Cabe ao juiz de instrução criminal da área onde corre o inquérito por cheque sem cobertura decidir sobre a busca e apreensão a realizar no respectivo estabelecimento bancário, requeridas pelo Ministério Público, em ordem a obter cópia da ficha de assinatura e do extracto bancário do sacador do cheque, elementos que tal estabelecimento recusou fornecer.

II – E a esse juiz cabe, deferindo a busca e apreensão, decidir qual a entidade judicial que as concretizará, se ele próprio, se o juiz de instrução criminal com jurisdição na área onde se situa a dependência em que está aberta a conta bancária.

(Ac. R.L., de 28.03.95, in CJ, Ano XX, T. II, p. 154).

A C.G.D. deve ser dispensada da obrigação de sigilo bancário, fornecendo fotocópias da ficha de assinaturas e do extracto da conta corrente de um cliente, a fim de permitir que o Ministério Público investigue a ocorrência de crime de emissão de cheque sem provisão.

(Ac. R.E., de 14.02.95, in CJ, Ano XX, T. I, p. 286).

I – Com a revogação do Dec.-Lei 14/84, que no art. 3.° n.° 2 previa a obrigatoriedade de fornecimento, por parte dos Bancos, de elementos para inquérito ou instrução, tal dever de informação passa a estar sujeito ao regime do C. P. Penal.

238 *Regime Jurídico dos Títulos de Crédito* *Art. 14.º*

II – Se a autoridade judiciária, após averiguações em processo por crime de emissão de cheque sem cobertura, concluir pela ilegitimidade de escusa do estabelecimento bancário em fornecer cópia da ficha de assinaturas e extracto da conta bancária, baseado no sigilo bancário, deve requer ao JIC que seja ordenada a apresentação desses documentos.

III – Este deve deferir ao requerido, se tal diligência não for manifestamente inútil.

(Ac. R.L., de 23.11.94, in CJ, Ano XIX, T. V, p. 156).

A solicitação do magistrado que procede ao inquérito deve a instituição bancária fornecer-lhe o extracto da conta corrente do arguido e cópia da respectiva ficha de assinaturas, pois a prestação dessas informações não representa ilegítima quebra do sigilo bancário.

(Ac. R.C., de 20.04.94, in BMJ, 436, p. 452).

Art. 14.º (Contra-ordenações)

1. Constitui contra-ordenação punível com coima de 150 000$ a 2 500 000$:

a) A omissão do dever de comunicação ao Banco de Portugal a que se refere o artigo 2.º;

b) A inobservância dos requisitos a que se refere o artigo 7.º.

2. Constitui contra-ordenação punível com coima de 300 000$ a 5 000 000$:

a) A não rescisão da convenção que atribua o direito de emissão de cheques, a celebração de nova convenção ou o fornecimento de módulos de cheques com infracção do disposto neste diploma;

b) A omissão, no prazo de 30 dias úteis após a ocorrência dos factos que a determinam, da notificação a que se refere o artigo 1.º-A, n.ᵒˢ 1 e 2;

c) A violação do disposto nos artigos 8.º, n.º 1, e 9.º, n.º 1;

d) A recusa, considerada injustificada, de pagamento de cheque, nos termos do artigo 8.º, n.º 2.

3. As contra-ordenações previstas nos números anteriores são sempre puníveis a título de negligência.

Art. 14.º — Regime Jurídico-Penal do Cheque — 239

4. Se os factos referidos nos números anteriores forem praticados pelos órgãos de pessoa colectiva ou equiparada, no exercício das suas funções, o montante mínimo das coimas aplicadas é, respectivamente, de 400 000$ e 800 000$, em caso de dolo, e de 200 000$ e 400 000$, em caso de negligência.

5. A instrução do processo de contra-ordenação e a aplicação da coima competem ao Banco de Portugal.

6. O produto das coimas aplicadas é distribuído da seguinte forma:

a) 40% para o Banco de Portugal;
b) 60% para o Estado.

Nota:
Era a seguinte a anterior redacção deste artigo:

Art. 14.º (Contra-ordenações)

1 – Constitui contra-ordenação punível com coima de 500$ a 1 500 000$:

a) A não rescisão da convenção que atribua o direito de emissão de cheques ou a celebração de nova convenção de cheque com infracção do disposto no artigo 1.º;

b) A omissão do dever de comunicação ao Banco de Portugal a que se refere o n.º 1 do artigo 2.º;

c) O fornecimento de módulos de cheques ou a omissão do dever de proceder à imediata rescisão, em infracção ao disposto nos n.ºˢ 2 e 3 do artigo 3.º;

d) A inobservância dos requisitos a que se refere o artigo 7.º;

e) O fornecimento de cheques contra o disposto no n.º 9 do artigo 12.º do presente diploma.

2 – Se os factos referidos no número anterior forem praticados pelos órgãos de pessoa colectiva ou equiparada, no exercício das suas funções, as coimas aplicadas a estes serão elevadas até 5 000 000$ em caso de dolo e até 2 500 000$ em caso de negligência.

3 – A instrução do processo de contra-ordenação e a aplicação da coima competem ao Banco de Portugal.

CAPÍTULO V – Disposições finais

Art. 15.º (Norma revogatória)

São revogados:

a) O Decreto-Lei n.º 182/74, de 2 de Maio, com as modificações introduzidas pelos Decretos-Leis n.os 184/74, de 4 de Maio, 218/ /74, de 18 de Maio e 519-Xl/79, de 29 de Dezembro;
b) O Decreto-Lei n.º 14/84, de 11 de Janeiro.

Art. 16.º (Entrada em vigor)

O presente diploma entra em vigor três meses após a data da sua publicação.

PARTE III

OUTROS TÍTULOS

1) TÍTULOS DE TRANSPORTE

a) DOCUMENTOS QUE DEVEM ACOMPANHAR AS MERCADORIAS

**Decreto-Lei n.º 45/89,
de 11 de Fevereiro** ([1]) ([2])

Art. 1.º (Documentos de transporte)

1 – Todos os bens em circulação, seja qual for a sua natureza ou espécie, deverão ser acom-panhados de dois exemplares do documento de transporte.

2 – Consideram-se bens, para efeitos do presente diploma, os que puderem ser objecto de transmissão nos termos do artigo 3.º do Código do Imposto sobre o Valor Acrescentado.

3 – Entende-se por documento de transporte a factura, guia de remessa, nota de venda a dinheiro, nota de devolução, guia de transporte ou documentos equivalentes.

([1]) Com a redacção introduzida pelos Decretos-Lei n.º 197/93, de 27.05, que alterou o art. 12.º; n.º 166/94 de 09.06 que alterou os arts. 1.º, 2.º, 3.º, 5.º, 6.º, 7.º, 10.º, 13.º e 15.º e aditou o art. 8.º-A; n.º 166/94, de 09.06, que alterou os arts. 1.º, 2.º, 3.º, 5.º, 6.º, 7.º, 10.º, 13.º e 15.º; e n.º 25/97, de 23.01 que alterou a alínea b) do n.º 2 e f) do n.º 5 do art. 5.º, inserida no texto.

([2]) As epígrafes não constam do texto original.

242   *Regime Jurídico dos Títulos de Crédito*

4 – A utilização de quaisquer dos tipos de documentos referidos no número anterior deve ser uniforme, até 31 de Dezembro de cada ano, em relação às operações comerciais da mesma natureza ou espécie.

Art. 2.º (Noção de bens em circulação)

1 – Consideram-se bens em circulação todos os que forem encontrados fora dos locais de produção, fabrico ou transformação, de exposição, dos estabelecimentos de venda por grosso e a retalho ou de armazéns de retém, por motivo de transmissão onerosa, incluindo a troca, de transmissão gratuita, de devolução, de afectação a uso próprio, de entrega à experiência ou para fins de demonstração, de remessa à consignação ou de simples transferência, efectuadas pelos sujeitos passivos referidos no artigo 2.º do Código do Imposto sobre o Valor Acrescentado.

2 – Consideram-se ainda bens em circulação:

a) Os bens encontrados em veículos no acto de carga ou descarga, mesmo quando estas tenham lugar no interior dos estabelecimentos comerciais, lojas, oficinas, armazéns ou recintos fechados que não sejam casa de habitação;

b) Os bens expostos para venda em feiras, mercados e outros locais a que se referem os Decretos-Leis n.os 252/86, de 25 de Agosto, e 259/95, de 30 de Setembro.

3 – Quando, em relação aos bens em circulação nos termos dos números anteriores, o seu detentor ou transportador declare que os mesmos não provêm de um sujeito passivo, poderá exigir-se prova da proveniência quando haja fundamentadas suspeitas de prática de infracção fiscal, procedendo-se à apreensão provisória desses mesmos bens e dos veículos transportadores, nos termos do n.º 14 do artigo 13.º, se essa prova não for imediatamente feita. Do auto de apreensão constarão, obrigatoriamente os fundamentos que levaram à apreensão provisória.

4 – Se a prova exigida no número anterior não for feita dentro de cinco dias úteis, a apreensão provisória converter-se-á em definitiva, observando-se o disposto no artigo 15.º.

5 – Excluem-se do âmbito do presente diploma:

a) Os bens manifestamente para uso pessoal ou doméstico do próprio;

b) Os bens provenientes de retalhistas, sempre que tais bens se destinem a consumidores finais que previamente os tenham adquirido, com excepção dos materiais de construção quando transportados em veículos de mercadorias;

c) Os bens pertencentes ao activo imobilizado;d) Os bens provenientes de produtores agrícolas, apícolas, silvícolas ou de pecuária resultantes da sua própria produção transportados pelo próprio ou por sua conta;

e) Os bens dos mostruários entregues aos pracistas e viajantes, as amostras destinadas a ofertas de pequeno valor e o material de propaganda, em conformidade com os usos comerciais e que, inequivocamente, não se destinem a venda;

f) Os produtos sujeitos a impostos especiais de consumo, tal como são definidos na alínea 1) do artigo 2.º do Decreto-Lei n.º 123/ /94, de 18 de Maio, e nos artigos 2.º do Decreto-Lei n.º 104/93, de 5 Abril, 2.º do Decreto-Lei n.º 117/92, de 22 de Junho, e 2.º do Decreto-Lei n.º 325/93, de 25 de Setembro, que circulem nos termos previstos no Decreto-Lei n.º 52/93, de 26 de Fevereiro, acom-panhados dos documentos criados pelos Regulamentos (CEE) n.os 2719/92, da Comissão, de 11 de Setembro, e 3647/ 92, da Comissão, de 17 de Dezembro.

6 – Relativamente aos bens não sujeitos à obrigatoriedade de documento de transporte a que se refere o número anterior poderá exigir-se prova da sua proveniência e destino.

7 – A prova referida no número anterior poderá ser feita mediante a apresentação de qualquer documento comprovativo da natureza e quantidade dos bens, sua proveniência e destino.

8 – Quando, face à natureza, espécie e quantidade das mercadorias transportadas, se possa concluir que as mesmas não integram nenhuma das situações previstas no n.º 5 proceder-se-á à imediata apreensão provisória das mesmas e do veículo transportador, nos termos do n.º 3, no caso de não ser feita prova de se tratar de situações excluídas do âmbito de aplicação do diploma.

Art. 3.º (Conteúdo dos documentos)

1 – As facturas deverão conter, obrigatoriamente, os elementos referidos no n.º 5 do artigo 35.º do Código do Imposto sobre o Valor Acrescentado.

2 – As guias de remessa ou documentos equivalentes deverão conter, pelo menos, os seguintes elementos:

a) Nome, firma ou denominação social, domicílio ou sede e número de identificação fiscal do remetente;

244   *Regime Jurídico dos Títulos de Crédito*

b) Nome, firma ou denominação social e domicílio ou sede do destinatário ou adquirente;

c) Número de identificação fiscal do destinatário ou adquirente, quando este seja sujeito passivo, nos termos do artigo 2.º do Código do Imposto sobre o Valor Acrescentado;

d) Especificação dos bens, com a indicação das quantidades.

3 – Os documentos de transporte referidos nos números anteriores cujo conteúdo não seja processado por mecanismos de saída de computador deverão conter, impressos tipograficamente, a referência à autorização ministerial relativa à tipografia que os imprimiu e ainda os elementos identificativos da tipografia, nomeadamente a designação social, sede e número de identificação fiscal.

4 – As facturas, guias de remessa ou documentos equivalentes deverão ainda indicar os locais de carga e descarga, referidos como tais, e a data e hora em que se inicia o transporte.

5 – Na falta de menção expressa dos locais de carga e descarga e da data do início do transporte, presumir-se-ão como tais os constantes do documento de transporte.

6 – Os documentos de transporte, quando o destinatário não seja conhecido na altura da saída dos bens dos locais referidos no n.º 1 do artigo 2.º, deverão ser processados globalmente; posteriormente, à medida que forem feitos fornecimentos, deverá ser processado, em duplicado, factura, guia de remessa, nota de venda a dinheiro, talão de venda previamente numerado ou documento equivalente, fazendo referência ao respectivo documento global, utilizando-se o duplicado para justificar a saída dos bens.

7 – As alterações ao local de destino, ocorridas durante o transporte, ou a não aceitação imediata e total dos bens transportados deverão ser anotadas pelo transportador nos respectivos documentos de transporte.

8 – No caso em que o destinatário ou adquirente não seja sujeito passivo, far-se-á menção do facto no documento de transporte.

9 – Em relação aos bens transportados por vendedores ambulantes e vendedores em feiras e mercados, destinados à venda a retalho, abrangidos pelo regime especial de isenção ou regime especial dos pequenos retalhistas a que se referem os artigos 53.º e 60.º do Código do IVA, respectivamente, o documento de transporte poderá ser substituído pelas facturas de aquisição processadas nos termos e de harmonia com o artigo 35.º do Código do IVA.

Art. 4.º (Numeração dos documentos)

1 – Os documentos referidos no n.º 3 do artigo 1.º devem ser processados em triplicado, utilizando-se impressos numerados, seguida e tipograficamente ou através de mecanismos de saída do computador, com uma ou mais séries, convenientemente referenciadas.

2 – A numeração dos documentos referidos no número anterior deve ser aposta no acto da impressão, ser progressiva e não conter mais de onze dígitos.

Art. 5.º (Destino dos exemplares dos documentos)

1 – Os documentos de transporte serão processados pelos sujeitos passivos referidos na alínea *a)* do n.º 1 do artigo 2.º do Código do IVA e pelos detentores dos bens e antes do início da sua circulação nos termos dos n.os 1 e 2 do artigo 2.º do presente diploma.

2 – Os exemplares dos documentos referidos no número anterior são destinados:

a) O original, que acompanhará os bens, ao destinatário ou adquirente dos mesmos;

b) O duplicado, que igualmente acompanhará os bens, à direcção distrital respectiva, sendo recolhido nos actos de fiscalização durante a circulação dos bens pelas entidades referidas no artigo 12.º e junto do destinatário pelos serviços da Direcção-Geral das Contribuições e Impostos;

c) O triplicado, ao remetente dos bens.

3 – O pessoal das entidades referidas no n.º 1 do artigo 12.º aporá, quando for caso disso, a marca e a matrícula do veículo e a identificação do seu condutor nos duplicados dos documentos de transporte e fará a sua entrega ou remessa, através dos serviços competentes, à direcção distrital de finanças da área da sede do remetente, devendo, ainda, averbar no original do documento o facto de ter sido recolhido o respectivo duplicado.

4 – Sem prejuízo do disposto no artigo 52.º do Código do IVA, deverão ser mantidos em arquivo, até ao final do segundo ano seguinte ao da emissão, os originais e triplicados dos documentos de transporte, bem como os duplicados que não tenham sido recolhidos durante a circulação.

246   *Regime Jurídico dos Títulos de Crédito*

5 – Os sujeitos passivos que utilizem documentos de transporte cujo conteúdo seja processado através de mecanismos de computador são obrigados a conservar em boa ordem até ao final do 5.º ano seguinte ao da sua emissão os suportes informáticos relativos à análise, programação e execução dos respectivos tratamentos.

Art. 6.º (Documentos de transporte)

1 – Os transportadores de bens, seja qual for o seu destino e os meios utilizados para o seu transporte, exigirão sempre aos remetentes dos mesmos o original e o duplicado do documento referido no artigo 1.º.

2 – Tratando-se de bens importados que circulem entre a alfândega e o local do primeiro destino, o transportador poderá fazer-se acompanhar, em substituição do documento referido no número anterior de documentação exigida pela respectiva legislação aduaneira, o mesmo se aplicando a mercadorias não desembaraçadas da acção aduaneira.

3 – Tratando-se de bens destinados a ser exportados por via rodoviária, o documento de transporte referido no n.º 1 poderá ser substituído pela documentação exigida pela legislação aduaneira ou pela declaração de expedição internacional (CMR) desde que obedeça ao disposto no n.º 1 do artigo 1.º.

Art. 7.º (Impressão dos documentos de transporte)

1 – A impressão dos documentos de transporte referidos no presente diploma e cujo conteúdo não seja processado através de mecanismos de saída de computador só poderá ser efectuada em tipografias devidamente autorizadas pelo Ministro das Finanças.

2 – No caso da emissão de documentos de transporte cujo conteúdo seja processado por mecanismos de saída de computador, deverão os sujeitos passivos comunicar previamente tal facto à direcção de finanças do distrito da sua sede.

3 – Os documentos de transporte processados nos termos do número anterior deverão conter a expressão «Processado por computador».

4 – A autorização referida no n.º 1 é concedida, mediante a apresentação do respectivo pedido, às pessoas singulares ou colectivas ou entidades fiscalmente equiparadas que exerçam a actividade de tipografia ou que a iniciem, condição de que:

Títulos de Transporte

a) Não tenham sofrido condenação nos termos dos artigos 23.º, 24.º, 25.º, 28.º, 29.º, 32.º, 35.º, 37.º e 38.º do Regime Jurídico das Infracções Fiscais não Aduaneiras, aprovado pelo Decreto-Lei n.º 20-A/90, de 15 de Janeiro, e nos termos dos artigos 21.º a 37.º e 39.º a 41.º do Regime Jurídico das Infracções Fiscais Aduaneiras, aprovado pelo Decreto-Lei n.º 376-A/89, de 25 de Outubro;

b) Não estejam em falta relativamente ao cumprimento das obrigações constantes do n.º 1 do artigo 26.º e n.os 1 e 2 do artigo 40.º do Código do IVA;

c) Não se encontrem em estado de falência;

d) Não tenham sido condenados por crimes previstos nos artigos 228.º, 230.º, 231.º, 236.º, 237.º, 241.º, 245.º e 247.º do Código Penal.

5 – O pedido deve ser apresentado na repartição de finanças da área da sede ou domicílio do requerente, contendo a identificação, actividades exercidas e número e local dos estabelecimentos de tipografia, e deve ser acompanhado dos seguintes elementos:

a) Certificado do registo criminal do proprietário da empresa ou, tratando-se de sociedade, de cada um dos sócios gerentes ou administradores em exercício;

b) Certificado, processado pela entidade judicial respectiva, para efeitos da alínea *c*) do número anterior.

6 – São válidas, para efeitos deste diploma, as autorizações concedidas na vigência do Decreto-Lei n.º 97/86, de 16 de Maio.

Art. 8.º (Revogação da autorização)

O Ministro das Finanças, por proposta do director-geral das Contribuições e Impostos, poderá determinar a revogação da autorização concedida nos termos do artigo anterior em todos os casos em que se deixe de verificar qualquer das condições referidas no n.º 4 do artigo anterior, sejam detectadas irregularidades relativamente às disposições do presente diploma e do Código do Imposto sobre o Valor Acrescentado ou se verifiquem outros factos que ponham em causa a idoneidade da empresa autorizada.

Art. 8.º-A (Processamento dos documentos de transporte)

O Ministro das Finanças poderá determinar a obrigatoriedade de os sujeitos passivos processarem os documentos de transporte, nos termos do n.º 3 do artigo 3.º e n.º 1 do artigo 7.º, quando forem detectadas situações irregulares ou anómalas resultantes da utilização dos referidos documentos processados por computador de harmonia com o n.º 2 do artigo 7.º.

Art. 9.º (Processamento de mais de três exemplares)

1 – Nos casos em que, por exigências comerciais, for necessário o processamento de mais de três exemplares dos documentos referidos, é permitido à tipografia autorizada executá-los, com a condição de que deve fazer imprimir nos exemplares que excederem aquele número uma barra com a seguinte indicação: «Cópia do documento não válida para os fins previstos no Decreto-Lei n.º 45/89 de 11 de Fevereiro».

2 – Quando, por exigência de ordem prática, não seja bastante a utilização de um único exemplar dos impressos referidos no n.º 3 do artigo 1.º, deverá utilizar-se o impresso com o número seguinte, nele se referindo que é a continuação do anterior.

Art. 10.º (Aquisição de impressos)

1 – A aquisição dos impressos referidos no artigo 7.º deve ser efectuada mediante requisição escrita do adquirente utilizador, a qual conterá os elementos necessários ao registo a que se refere o n.º 2 do presente artigo.

2 – O fornecimento dos impressos deverá ser registado previamente pela tipografia autorizada, em livro próprio, segundo o modelo aprovado.

3 – O livro de registo a que se refere o número anterior deverá ser de folhas fixas, devidamente numeradas, e será obrigatoriamente apresentado na repartição de finanças do concelho ou bairro da situação dos estabelecimentos, para que o respectivo chefe as rubrique e assine os termos de abertura e de encerramento.

4 – Os livros e as requisições referidos nos números anteriores deverão ser mantidos em arquivo, por ordem cronológica, pelo prazo de cinco anos.

Títulos de Transporte 249

5 – Até 15 de Março de cada ano, as tipografias autorizadas deverão comunicar à direcção distrital de finanças da área da respectiva sede ou domicílio os dados identificativos dos sujeitos a quem no ano anterior foram fornecidos os impressos referidos no artigo 7.º, com indicação das respectivas quantidades e a numeração atribuída.

6 – A comunicação referida no número anterior poderá ser substituída pela remessa de duplicados ou fotocópias das requisições ou fotocópias das folhas do livro a que referem os n.ᵒˢ 1 e 2 do presente artigo com menção de que está conforme ao original aposta pela tipografia.

7 – A direcção de finanças referida no número anterior promoverá, até 30 de Abril seguinte, a remessa às outras direcções de finanças dos dados respeitantes aos sujeitos passivos cujas sedes se situem na respectiva área territorial.

Art. 11.º (Tipografias autorizadas)

1 – É permitido às tipografias autorizadas encarregar outras tipografias, desde que também autorizadas, da impressão dos documentos que lhes forem requisitados, desde que façam acompanhar os seus pedidos da fotocópia das requisições recebidas.

2 – Tanto a tipografia que efectuou a impressão como a que a solicitou devem efectuar os registos e a comunicação referidos no artigo 10.º.

Art. 12.º (Fiscalização)

1 – A fiscalização do cumprimento do presente diploma compete à Direcção-Geral das Contribuições e Impostos, à Direcção-Geral das Alfândegas e à Guarda Fiscal, cabendo também a esta última, conjuntamente com as restantes autoridades, designadamente a Guarda Nacional Republicana e a Polícia de Segurança Pública, prestar toda a colaboração que lhes for solicitada para o efeito.

2 – Para assegurar a eficácia das acções de fiscalização, o pessoal referido no número anterior poderá mesmo contra a vontade do detentor ou transportador dos bens, proceder à abertura das embalagens, malas ou outros quaisquer contentores de mercadorias.

3 – Relativamente à abertura, por parte do pessoal referido no presente artigo, de embalagens ou contentores acondicionantes de produtos que,

250   *Regime Jurídico dos Títulos de Crédito*

pelas suas características de fácil deterioração ou perigo, não devam ser manuseados ou expostos ao meio ambiente serão tomadas as seguintes providências:

a) As embalagens ou contentores de tais produtos devem ser sempre rotulados ou acompanhados de uma declaração sobre a natureza do produto;

b) As entidades fiscalizadoras, em tais casos, não devem abrir as referidas embalagens, sem prejuízo de, em caso de dúvida quanto aos bens transportados, se tomarem as medidas adequadas para que se verifique, em condições aconselháveis, se os bens em circulação condizem com os documentos de transporte que os acompanham.

4 – Os funcionários a quem incumbe a fiscalização prevista no n.º 1, sempre que se verifiquem quaisquer infracções às normas do presente diploma, devem levantar o respectivo auto de notícia, com a ressalva do disposto no número seguinte.

5 – Sempre que a Guarda Fiscal seja solicitada para colaborar com a Direcção-Geral das Contribuições e Impostos ou com a Direcção-Geral das Alfândegas, cabe aos funcionários destes dois organismos lavrar os autos de notícia a que haja lugar.

6 – Sempre que a infracção for detectada no decurso de operações em que colaborem quer a Guarda Nacional Republicana, quer a Guarda Fiscal, quer a Polícia de Segurança Pública, a parte do produto das multas que se mostrem devidas destinada ao autuante será repartida, em partes iguais, pelos dois serviços.

Art. 13.º (Sanções)

1 – A falta de emissão ou de imediata exibição do documento de transporte ou dos documentos referidos nos n.ºs 9 do artigo 3.º e 2 e 3 do artigo 6.º, bem como as inexactidões ou omissões neles cometidas que não sejam as especificadas no n.º 2 do presente artigo, farão incorrer os infractores nas seguintes penalidades:

a) Multa de 50 000$ a 1 500 000$, aplicável ao remetente dos bens;

b) Multa de 50 000$ a 3 000 000$, aplicável ao transportador dos bens, excepto nos casos de inexactidões relativas à especificação dos bens em circulação ou à indicação das respectivas quantidades, quando o transporte seja efectuado por transportadores públicos

regulares de passageiros ou mercadorias ou por empresas concessionárias a prestarem o mesmo serviço por conta daqueles;
c) Multa de 100 000$ a 3 500 000$, aplicável ao remetente dos bens, quando o veículo transportador lhe pertença.

2 – A falta de indicação do número de identificação fiscal do destinatário ou adquirente dos bens ou da menção referida no n.º 8 do artigo 3.º ou ainda o não cumprimento do disposto no n.º 7 do artigo 3.º farão incorrer os infractores nas seguintes penalidades:
a) Multa de 10 000$ a 1 000 000$, aplicável ao remetente dos bens;
b) Multa de 10 000$ a 1000 000$, aplicável ao transportador dos bens;
c) Multa de 20 000$ a 2 000 000$, aplicável ao remetente dos bens, quando o veículo transportador lhe pertença.

3 – Será unicamente imputada ao transportador a infracção resultante da alteração do destino final dos bens, ocorrida durante o transporte, sem que tal facto seja por ele anotado.
4 – A falta de cumprimento do disposto no n.º 4 do artigo 5.º será punida com multa entre 10 000$ e 1 000 000$, aplicável ao destinatário ou adquirente das mercadorias.
5 – Por quaisquer inexactidões ou omissões verificadas nos documentos de transporte arquivados, bem como nos casos em que o documento de transporte tenha sido processado nos termos do n.º 8 do artigo 3.º e se venha a verificar que os destinatários ou adquirentes são sujeitos passivos, o remetente incorrerá em multa entre 10 000$ e 1 000 000$.
6 – A recusa de exibição, ocultação, destruição, inutilização, falsificação ou viciação dos documentos de transporte referidos nos artigos 1.º e 6.º, bem como das requisições e do livro referidos nos n.os 1 e 2 do artigo 10.º, serão punidas com multa de 150 000$ a 5 000 000$, sem prejuízo do procedimento criminal que ao caso couber.
7 – A impressão por parte de tipografias não autorizadas de documentos de transporte exigíveis nos termos do presente diploma será punida nos termos do número anterior.
8 – Incorrem na multa de 10 000$ a 500 000$ as tipografias autorizadas que não possuam, autenticado nos termos do n.º 3 do artigo 10.º, o livro de registo referido no n.º 2 daquele artigo.
9 – A falta de registo a que se refere o n.º 2 do artigo 10.º será punida com multa de 10 000$ a 500 000$.

252   *Regime Jurídico dos Títulos de Crédito*

10 – O fornecimento dos impressos referidos no artigo 7.º sem observância do disposto no n.º 1 do artigo 10.º será punido com multa de 200 000$ a 6 000 000$, a qual será aplicável não só ao fornecedor como ao adquirente.

11 – A falta de entrega ou a entrega fora do prazo legal da comunicação prevista no n.º 5 do artigo 10.º, bem como as omissões nelas cometidas, serão punidas com multa de 10 000$ a 500 000$.

12 – As coimas previstas nos números anteriores serão graduadas nos termos do artigo 190.º do Código de Processo Tributário e do artigo 19.º do Regime Jurídico das Infracções Fiscais não Aduaneiras, não recaindo sobre elas qualquer adicional.

13 – Presume-se sempre não emitido o documento de transporte que não seja imediatamente exibido pelo transportador.

14 – Independentemente das penalidades referidas no n.º 1, as faltas nele referidas relativas aos bens em circulação implicam a apreensão destes, bem como dos veículos que os transportarem, sempre que estes veículos não estejam afectos aos transportes públicos regulares de passageiros ou mercadorias ou afectos a empresas concessionárias a prestarem o mesmo serviço por conta daqueles.

15 – No caso de os bens apreendidos nos termos do número anterior estarem sujeitos a deterioração ou depreciação, observar-se-á o preceituado no artigo 851.º do Código de Processo Civil, bem como as disposições do Código de Processo Tributário aplicáveis.

16 - Somente serão aplicáveis as sanções referidas nos n.os 1 e 2 do presente artigo quando as infracções forem verificadas durante a circulação dos bens.

Art. 14.º (Auto de apreensão)

1 – Da apreensão dos bens e dos veículos será lavrado auto em duplicado ou, no caso do n.º 4 do presente artigo, em triplicado, sendo os mesmos entregues a um fiel depositário, de abonação correspondente ao valor provável dos bens apreendidos, salvo se puderem ser removidos, sem inconveniente, para qualquer depósito público.

2 – O original do auto de apreensão será entregue na repartição de finanças da área onde foi detectada a transgressão.

3 – O duplicado do auto de apreensão será entregue ao fiel depositário mediante recibo.

4 – Quando o fiel depositário não for o condutor do veículo ou o transportador, será entregue a este último, ou, na sua ausência, ao primeiro, um exemplar do auto de apreensão.

5 – Nos casos de apreensão em que o remetente não seja o transportador dos bens, proceder-se-á, no prazo de três dias úteis, à notificação do remetente para efeitos do disposto no n.º 1 do artigo 15.º.

6 – No caso de as penalidades a aplicar serem as constantes dos n.os 2 a 11 do artigo anterior, será levantado, de imediato, auto de notícia, em duplicado, que será entregue na repartição de finanças da área onde foi detectada a infracção.

7 – As penalidades previstas no número anterior serão reduzidas a metade sempre que o infractor, dentro dos quinze dias imediatos à detecção da infracção, se apresente a regularizar a respectiva situação tributária.

Art. 15.º (Regularização da situação autuada)

1 – Nos quinze dias seguintes à apreensão ou à notificação referida no n.º 5 do artigo anterior, poderão os transgressores regularizar a situação encontrada em falta, mediante a exibição do original e do duplicado do documento de transporte ou dos documentos referidos nos n.os 2 e 3 do artigo 6.º e do pagamento das multas aplicáveis, nos termos do n.º 1 do artigo 13.º, com redução a metade, na repartição de finanças a que se refere o n.º 2 do artigo anterior.

2 – As despesas originadas pela apreensão serão da responsabilidade do infractor, sendo cobradas conjuntamente com a multa.

3 – Decorrido o prazo referido no n.º 1 sem que se encontre regularizada a situação, e sem prejuízo do disposto nos n.os 5 e 6 deste artigo, serão levantados os autos de notícia relativos às infracções verificadas.

4 – Para efeitos do número anterior, a repartição de finanças comunicará o facto ao apreensor, que, após o levantamento do auto respectivo, lho remeterá.

5 – Nos casos em que o chefe da repartição de finanças competente constate ter a apreensão sido feita sem fundamento ou em que tenha sido feita a prova referida nos n.os 3 e 6 do artigo 2.º, não deverá ser levantado auto de notícia, arquivando-se o auto de apreensão, depois de ouvido o apreensor, sempre que tal se mostre conveniente.

6 – Nos casos de a apreensão ter sido insuficientemente fundamentada ou ainda quando se reconheça haver manifesta impossibilidade em fazer a prova referida nos n.os 3 e 5 do artigo 2.º, poderá o chefe da repartição

254   *Regime Jurídico dos Títulos de Crédito*

de finanças proceder de conformidade com o disposto no número anterior após proceder às diligências que se mostrarem necessárias.

7 – As decisões proferidas nos termos dos n.os 5 e 6 do presente artigo poderão ser alteradas, no prazo de 30 dias, por despacho do director distrital de finanças, a quem o respectivo processo será remetido.

8 – O despacho proferido nos termos do número anterior poderá determinar o prosseguimento do processo, unicamente para pagamento das multas que se mostrarem devidas, considerando-se sempre definitiva a libertação dos bens e meios de transporte.

9 – Nos casos referidos no número anterior serão os infractores notificados do despacho do director de finanças, podendo utilizar a faculdade prevista no n.º 1 do artigo 15.º, contando-se o prazo aí referido a partir da data da notificação.

10 – As decisões a que se referem os n.os 5 e 7 serão sempre comunicadas ao apreensor.

Art. 16.º (Levantamento da apreensão)

1 – A sentença condenatória declarará sempre perdidos a favor da Fazenda Nacional os bens apreendidos ou o produto da sua venda, efectuada nos termos do n.º 15 do artigo 13.º.

2 – O levantamento da apreensão do veículo e dos bens respectivos só se verificará quando:

   a) Forem pagas as multas aplicadas nos termos do n.º 1 do artigo 13.º e as despesas originadas pela apreensão e, bem assim, exibidos o original e o duplicado ou, no caso de extravio, 2.ª via ou fotocópia do documento de transporte ou dos documentos mencionados nos n.os 2 e 3 do artigo 6.º;

   b) For prestada caução, por meio de depósito em dinheiro ou de fiança bancária, que garanta o montante das multas e dos encargos referidos na alínea a);

   c) Se verificar o trânsito em julgado da sentença de absolvição.

3 – Nos casos de apreensão em que o remetente não seja transportador dos bens, o levantamento da apreensão, quer dos bens, quer do veículo, será efectuado nos termos do número anterior, relativamente a cada um deles, independentemente da regularização efectuada pelo outro infractor.

Art. 17.º (Cumulação de infracções)

Quando em relação a um mesmo bem se verificar, simultaneamente, a existência de uma infracção prevista no presente diploma e de outra de natureza fiscal-aduaneira, esta última absorverá a primeira, sendo o seu conhecimento do foro dos tribunais competentes.

Art. 18.º (Legislação revogada)

1 – Fica revogado o Decreto-Lei n.º 97/86, de 16 de Maio, a partir da entrada em vigor do presente diploma, sem prejuízo da aplicação das normas nele contidas às infracções cometidas na sua vigência.

2 – O presente diploma entra em vigor no dia 1 de Abril de 1989.

256 — *Regime Jurídico dos Títulos de Crédito*

b) Guia de transporte

Decreto-Lei n.º 38/99, de 06.02
– arts. 15.º a 18.º e 26.º a 32.º

Art. 15.º – Guia de transporte

1 – Os transportes rodoviários de mercadorias por conta de outrem são descritos numa guia de transporte, que deve acompanhar as mercadorias transportadas.

2 – A guia de transporte deve conter os elementos que vierem a ser definidos por despacho do director-geral de Transportes Terrestres.

Art. 16.º – Documentos que devem estar a bordo do veículo

Durante a realização dos transportes a que se refere o presente diploma, as licenças e autorizações previstas nos artigos 10.º, 12.º e 13.º, bem como as cópias certificadas das licenças comunitárias, devem estar a bordo do veículo e ser apresentadas à entidade fiscalizadora sempre que solicitado.

CAPÍTULO IV – Fiscalização e regime sancionatório

Art. 17.º – Fiscalização

1 – A fiscalização do cumprimento do disposto no presente diploma compete às seguintes entidades:

a) A Direcção-Geral de Transportes Terrestres;
b) Guarda Nacional Republicana;
c) Polícia de Segurança Pública.

2 – As entidades referidas no número anterior podem proceder, junto das pessoas singulares ou colectivas que efectuem transportes rodoviários de mercadorias, a todas as investigações e verificações necessárias para o exercício da sua competência fiscalizadora.

3 – Os funcionários da DGTT com competência na área de fiscalização e no exercício de funções, desde que devidamente credenciados,

Títulos de Transporte 257

têm livre acesso aos locais destinados ao exercício da actividade das empresas.

Art. 18.º – Contra-ordenações

1 – As infracções ao presente diploma constituem contra-ordenações, nos termos dos artigos 20.º a 29.º.

2 – A tentativa e a negligência são puníveis.

Art. 26.º – Falta ou vícios da guia de transporte

1 – A falta da guia de transporte é punível com coima de 50 000$ a 150 000$.

2 – O preenchimento incorrecto ou incompleto da guia de transporte, por erro ou falsidade na declaração, é da responsabilidade do expedidor ou do transportador consoante a respectiva obrigação de preenchimento, e é punível com coima de 50 000$ a 150 000$.

Art. 27.º (Excesso de carga)

1 – A realização de transportes com excesso de carga é punível com coima de 100 000$ a 300 000$, sem prejuízo do disposto nos números seguintes.

2 – Sempre que o excesso de carga for igual ou superior a 25% do peso bruto do veículo a infracção é punível com coima de 250 000$ a 750 000$ e o veículo ficará imobilizado até que a carga em excesso seja transferida, podendo a entidade fiscalizadora ordenar a deslocação e acompanhar o veículo até local apropriado para a descarga.

3 – Sempre que o excesso de carga se verifique no decurso de um transporte em regime de carga completa, a infracção é imputável ao expedidor e ao transportador, em comparticipação.

4 – Nenhum condutor se pode escusar a levar o veículo à pesagem nas balanças ao serviço das entidades fiscalizadoras, que se encontrem num raio de 5 km do local onde se verifique a intervenção das mesmas, sendo punível tal conduta com a coima prevista no n.º 2 deste artigo, sem prejuízo da responsabilidade criminal a que houver lugar.

Art. 28.º – Falta de apresentação de documentos

1 – A não apresentação dos documentos a que se refere o artigo 16.º no acto de fiscalização é punível com as coimas previstas, caso a caso, no presente diploma, salvo se, até ao termo do prazo fixado para a contestação no processo contra-ordenacional, for comprovada a existência do documento não apresentado.

2 – A mera falta de apresentação dos documentos referida no número anterior é punível com coima de 10 000$ a 30 000$.

Art. 29.º – Imputabilidade das infracções

Sem prejuízo do disposto no artigo 21.º, no n.º 2 do artigo 26.º e no n.º 3 do artigo 27.º, as infracções ao disposto no presente diploma são da responsabilidade da pessoa singular ou colectiva que efectua o transporte.

Art. 30.º – Sanções acessórias

1 – Com a aplicação da coima pode ser decretada a sanção acessória de interdição do exercício da actividade se o transportador tiver praticado três infracções ao n.º 2 do art. 27.º, durante o prazo de um ano a contar da data da primeira decisão condenatória, quando definitiva e exequível ou do pagamento voluntário da coima.

2 – Com a aplicação da coima pela infracção prevista na alínea a) do n.º 1 do artigo 21.º, pode ser decretada a sanção acessória de interdição do exercício da actividade, desde que tenha havido anterior condenação pela prática da mesma infracção.

3 – A interdição do exercício da actividade referida nos números anteriores terá a duração máxima de dois anos.

4 – A aplicação da sanção acessória de interdição do exercício da actividade implica necessa-riamente a suspensão e consequentemente o depósito na DGTT das licenças dos veículos de que a empresa infractora seja titular.

Art. 31.º – Infractores não domiciliados em Portugal

1 – Se o infractor não for domiciliado em Portugal e não pretender efectuar o pagamento voluntário, deve proceder ao depósito de quantia igual ao valor máximo da coima prevista para a contra-ordenação.

2 – O pagamento voluntário ou o depósito referidos no número anterior devem ser efectuados no acto de verificação da contra-ordenação, destinando-se o depósito a garantir o pagamento da coima em que o infractor possa vir a ser condenado, bem como das despesas legais a que houver lugar.

3 – Se o infractor declarar que pretende pagar a coima ou efectuar o depósito e não puder fazê-lo no acto da verificação da contra-ordenação, devem ser apreendidos a carta de condução e o livrete e título de registo de propriedade do veículo até à efectivação do pagamento ou do depósito.

4 – No caso previsto no número anterior devem ser emitidas guias de substituição dos documentos apreendidos com validade até ao 1.º dia útil posterior ao dia da infracção.

5 – A falta de pagamento ou do depósito nos termos dos números anteriores implica a apreensão do veículo, que se mantém até ao pagamento ou depósito ou à decisão absolutória.

6 – O veículo apreendido responde nos termos que o depósito pelo pagamento das quantias devidas.

Art. 32.º – Imobilização do veículo

1 – Sempre que da imobilização de um veículo resultem danos para as mercadorias transportadas ou para o próprio veículo cabe à pessoa singular ou colectiva que realiza o transporte a responsabilidade por esses danos, sem prejuízo do direito de regresso.

2 – São igualmente da responsabilidade da pessoa que realiza o transporte os encargos que resultem da transferência para outro veículo no caso de excesso de carga, sem prejuízo do direito de regresso.

2) CONHECIMENTOS DE CARGA

Convenção Internacional para a Unificação de certas regras em matéria de conhecimentos, assinada a 25 de Agosto de 1924 ([1])

Art. 1.º (Definições) ([2])

Na presente Convenção foram empregados, no sentido preciso abaixo indicado, as palavras seguintes:

a) «Armador» é o proprietário do navio ou afretador que foi parte num contrato de transporte com um carregador;

b) «Contrato de transporte» designa somente o contrato de transporte provado por um conhecimento ou por qualquer documento similar servindo de título ao transporte de mercadorias por mar; e aplica-se igualmente ao conhecimento ou documento similar emitido em virtude duma carta-partida, desde o momento em que este título regule as relações do armador e do portador do conhecimento;

([1]) A qual foi convertida em direito interno, pelo Decreto-Lei n.º 37:748, de 01.02.1950, e que se transcreve:

Artigo 1.º (Âmbito de aplicação) - O disposto nos artigos 1 a 8 da Convenção de Bruxelas de 25 de Agosto de 1924, publicada no *Diário do Governo*, 1.ª série, de 2 de Junho de 1932, e rectificada no *Diário do Governo*, 1.ª série, de 11 de Julho do mesmo ano, será aplicável a todos os conhecimentos de carga emitidos em território português, qualquer que seja a nacionalidade das partes contratantes.

§ 1.º É fixado em 12.500$ (*) o limite de responsabilidade a que se referem os artigos 4, n.º 5, e 9 da mesma Convenção.

§ 2.º É reconhecida ao portador do conhecimento a faculdade prevista no n.º 1 do Protocolo de assinatura da Convenção.

Nota: (*) O montante de 12.500$00 referido na versão inicial do § 1.º do art. 1.º, foi, entretanto, elevado para 100.000$00 pelo art. 31.º n.º 1 do Decreto-Lei n.º 352/86, de 21.10.

Artigo 2.º (Faculdade do portador do conhecimento) - O peso ou o volume de mercadoria a granel exarado em conhecimento de carga com base em medição e indicação feitas, segundo os usos ou costumes do comércio dessa mercadoria, por terceiro estranho ao armador e ao carregador não se considera garantido por este, nem constitui presunção contra aquele.

Artigo 3.º (Negociação dos documentos de carga) - Os conhecimentos de carga referidos no artigo 1.º não serão negociáveis se deles não constar a declaração de que se regem pelo presente decreto-lei e disposições da Convenção de Bruxelas de 25 de Agosto de 1924, por este integradas no direito português.

Artigo 4.º (Entrada em vigor) - O presente diploma aplica-se a todo o território da República a partir de 1 de Março de 1950.

([2]) As epígrafes não constam do texto oficial.

Conhecimentos de Carga

c) «Mercadorias» compreende os bens, objectos, mercadorias e artigos de qualquer natureza, excepto animais vivos e a carga que, no contrato de transporte, é declarada como carregada no convés e, de facto, é assim transportada;

d) «Navio» significa todo o barco empregado no transporte de mercadorias por mar;

e) «Transporte de mercadorias» abrange o tempo decorrido desde que as mercadorias são carregadas a bordo do navio até ao momento em que são descarregadas.

Art. 2.º (Responsabilidade do armador – a regra)

Salvo o disposto no artigo 6, o armador, em todos os contratos de transporte de mercadorias por mar, ficará, quanto ao carregamento, manutenção, estiva, transporte, guarda, cuidados e descargas dessas mercadorias, sujeito às responsabilidades e obrigações, e gozará dos direitos e isenções indicados nos artigos seguintes.

Art. 3.º (Responsabilidade do armador e do navio – Deveres do armador)

1 – O armador será obrigado, antes e no início da viagem, a exercer uma razoável diligência para:

a) Pôr o navio em estado de navegabilidade;

b) Armar, equipar e aprovisionar convenientemente o navio;

c) Preparar e pôr em bom estado os porões, os frigoríficos e todas as outras partes do navio em que as mercadorias são carregadas, para a sua recepção, transporte e conservação.

2 – O armador, salvo o disposto no artigo 4.º, procederá de modo apropriado e diligente ao carregamento, manutenção, estiva, transporte, guarda, cuidados e descarga das mercadorias transportadas.

3 – Depois de receber e carregar as mercadorias, o armador, o capitão ou o agente do armador deverá, a pedido do carregador, entregar a este um conhecimento contendo, entre outros elementos:

a) As marcas principais necessárias à identificação das mercadorias tais quais foram indicadas por escrito pelo carregador antes de começar o embarque dessas mercadorias, contanto que essas marcas estejam impressas ou apostas claramente, de qualquer outra maneira, sobre as mercadorias não embaladas ou sobre as caixas ou embalagens que as contêm, de tal sorte que se conservem legíveis até ao fim da viagem;

b) Ou o número de volumes, ou de objectos, ou a quantidade, ou o peso, segundo os casos, tais como foram indicados por escrito pelo carregador;

c) O estado e o acondicionamento aparentes das mercadorias.

Porém, nenhum armador, capitão ou agente do armador será obrigado a declarar ou mencionar, no conhecimento, marcas, número, quantidade ou peso que, por motivos sérios, suspeite não representarem exactamente as mercadorias por ele recebidas, ou que por meios suficientes não pôde verificar.

4 – Um tal conhecimento constituirá presunção, salvo a prova em contrário, da recepção pelo armador das mercadorias tais como foram descritas conforme o § 3, alíneas *a*), *b*) e *c*).

5 – O carregador será considerado como tendo garantido ao armador, no momento do carregamento, a exactidão das marcas, do número, da quantidade e do peso, tais como por ele foram indicados, e indemnizará o armador de todas as perdas, danos e despesas provenientes ou resultantes de inexactidões sobre estes pontos. O direito do armador a tal indemnização não limitará, de modo nenhum, a sua responsabilidade e os seus compromissos, derivados do contrato de transporte, para com qualquer pessoa diversa do carregador.

6 – Salvo o caso de ser dado ao armador ou ao seu agente no porto de desembarque um aviso, por escrito, da existência e da natureza de quaisquer perdas e danos, antes ou no momento de retirada das mercadorias e da sua entrega a pessoa que tem o direito de recebê-las em virtude do contrato de transporte, essa retirada constituirá, até prova em contrário, uma presunção de que as mercadorias foram entregues pelo armador tais como foram descritas no conhecimento.

Se as perdas e danos não são aparentes, o aviso deve ser dado no prazo de três dias a contar da entrega.

As reservas escritas são inúteis se o estado da mercadoria foi contraditoriamente verificado no momento da recepção.

Em todos os casos o armador e o navio ficarão libertados de toda a responsabilidade por perdas e danos, não sendo instaurada a respectiva acção no prazo de um ano a contar da entrega das mercadorias ou da data em que estas deveriam ser entregues.

Em caso de perda ou dano certos ou presumidos, o armador e o destinatário concederão reciprocamente todas as facilidades razoáveis para a inspecção da mercadoria e verificação do número de volumes.

7 – Depois de carregadas as mercadorias, o conhecimento que o armador, o capitão ou o agente do armador entregar ao carregador, será, se este o exigir, um conhecimento com a nota de «embarcado»; mas, se o carregador tiver anteriormente recebido qualquer documento dando direito a essas mercadorias, deverá restituir esse documento em troca do conhecimento com a nota de «embarcado». O armador, o capitão ou o agente terá igualmente a faculdade de anotar, no porto de embarque, no documento entregue em primeiro lugar, o nome ou os nomes dos navios em que as mercadorias foram embarcadas e a data ou datas de embarque, e quando esse documento for assim anotado, se ele contiver também as menções do artigo 3.º, § 3, será considerado, para os fins deste artigo, como constituindo um conhecimento com a nota de «embarcado».

8 – Será nula, de nenhum efeito e como se nunca tivesse existido toda a cláusula, convenção ou acordo num contrato de transporte exonerando o armador ou o navio da responsabilidade por perda ou dano concernente a mercadorias proveniente de negligência, culpa ou omissão dos deveres ou obrigações perceituados neste artigo, ou atenuando essa responsabilidade por modo diverso do preceituado na presente Convenção. Uma cláusula cedendo o benefício do seguro ao armador ou qualquer cláusula semelhante será considerada como exonerando o armador da sua responsabilidade.

Art. 4.º (Responsabilidade do armador e do navio – Exoneração)

1 – Nem o armador nem o navio serão responsáveis pelas perdas ou danos provenientes ou resultantes do estado de inavegabilidade, salvo sendo este imputável a falta de razoável diligência da parte do armador em pôr o navio em estado de navegabilidade ou em assegurar ao navio um armamento, equipamento ou aprovisionamento convenientes, ou em preparar e pôr em bom estado os porões, frigoríficos e todas as outras partes do navio onde as mercadorias são carregadas, de modo que elas sejam aptas à recepção ou transporte e à preservação das mercadorias, tudo conforme o preceituado no artigo 3.º, § 1. Todas as vezes que uma perda ou um dano resultar da inavegabilidade, o ónus da prova no concernente à realização da diligência razoável recairá no armador ou em qualquer outra pessoa que invoque a exoneração prevista neste artigo.

2 – Nem o armador nem o navio serão responsáveis por perda ou dano resultante ou proveniente:

264   *Regime Jurídico dos Títulos de Crédito*

a) De actos, negligência ou falta do capitão, mestre, piloto, ou empregados do armador na navegação ou na administração do navio;

b) De um incêndio, salvo se for causado por facto ou culpa do armador;

c) De perigos, riscos ou acidentes do mar ou de outras águas navegáveis;

d) De casos fortuitos;

e) De factos de guerra;

f) De factos de inimigos públicos;

g) De embargo ou coacção de governo, autoridades ou povo, ou duma apreensão judicial;

h) De uma imposição de quarentena;

i) De um acto ou duma omissão de carregador ou proprietário das mercadorias, ou de seu agente ou representante;

j) De greves ou *lock-outs*, ou de suspensões ou dificuldades postas ao trabalho, seja qual for a causa, parcialmente ou totalmente;

k) De motins ou perturbações populares;

l) De uma salvação ou tentativa de salvação de vidas ou bens no mar;

m) De desfalque de volume ou de peso, ou de qualquer outra perda ou dano resultante de vício oculto, natureza especial ou vício próprio da mercadoria;

n) De uma insuficiência de embalagem;

o) De uma insuficiência ou imperfeição de marcas;

p) De vícios ocultos que escapam a uma razoável diligência;

q) De qualquer outra causa não proveniente de facto ou culpa do armador, ou de facto ou culpa de agentes ou empregados do armador, mas o encargo da prova incumbirá à pessoa que invoca o benefício desta isenção e cumprir-lhe-á mostrar que nem a culpa pessoal, nem o facto do armador, nem a culpa ou o facto dos agentes ou empregados do armador contribuiram para a perda ou dano.

3 – O carregador não será responsável pelas perdas e danos sofridos pelo armador ou pelo navio, qualquer que seja a causa de que provenham ou resultem, desde que não sejam imputáveis a acto, culpa ou negligência do mesmo carregador, de seus agentes ou empregados.

4 – Nenhum desvio de rota para salvar ou tentar salvar vidas ou bens no mar, nem qualquer desvio de rota razoável, será considerado

como infracção à presente Convenção ou ao contrato de transporte, e o armador não será responsável de qualquer perda ou dano que daí resulte.

5 – Tanto o armador como o navio não serão obrigados, em caso algum, por perdas e danos causados às mercadorias ou que lhe digam respeito, por uma soma superior a 100 libras esterlinas por volume ou unidade, ou o equivalente desta soma numa diversa moeda, salvo quando a natureza e o valor destas mercadorias tiverem sido declaradas pelo carregador antes do seu embarque e essa declaração tiver sido inserida no conhecimento.

Esta declaração assim inserida no conhecimento constituirá uma presunção, salva a prova em contrário, mas não obrigará o armador, que poderá contestá-la.

Por convenção entre o armador, capitão ou agente do armador e o carregador, poderá ser determinada uma quantia máxima diferente da inscrita neste parágrafo, contanto que esse máximo convencional não seja inferior à cifra acima fixada.

Nem o armador nem o navio serão responsáveis, em caso nenhum, pelas perdas e danos causados às mercadorias ou que lhes sejam concernentes, se no conhecimento o carregador houver feito, conscientemente, uma falsa declaração da sua natureza ou do seu valor.

6 – As mercadorias de natureza inflamável, explosiva ou perigosa, cujo embarque o armador, o capitão ou o agente do armador não consentiriam, se conhecessem a sua natureza ou o seu carácter, poderão ser, a todo o momento, antes da descarga, desembarcadas em qualquer lugar, ou destruídas ou tornadas inofensivas pelo armador, sem indemnização; e o carregador dessas mercadorias será responsável por todo o dano e pelas despesas provenientes ou resultantes, directa ou indirectamente, do embarque delas. Se alguma dessas mercadorias, embarcadas com o conhecimento e consentimento do armador, se converter em perigo para o navio ou para a carga, poderá ser da mesma maneira desembarcada ou destruída ou tornada inofensiva pelo armador, sem responsabilidade para este, salvo a que resultar de avarias comuns, havendo-as.

Art. 5.º (Responsabilidade do armador – Renúncia)

O armador tem a faculdade de renunciar, no todo ou em parte, aos direitos e isenções ou de agravar as suas responsabilidades e obrigações tais como se acham previstas, umas e outras, na presente Convenção, contanto que essa renúncia ou esse agravamento seja inserido no conhecimento entregue ao carregador.

266 Regime Jurídico dos Títulos de Crédito

Nenhuma disposição da presente Convenção se aplica às cartas-partidas; mas, se no caso de um navio regido por uma carta-partida forem emitidos conhecimentos, ficarão estes sujeitos aos termos da presente Convenção. Nenhuma disposição destas regras será havida como obstáculo à inserção num conhecimento de qualquer disposição lícita concernente às avarias comuns.

Art. 6.º (Convenção sobre condições gerais de transporte)

Não obstante as disposições dos artigos precedentes, o armador, capitão ou agente do armador e o carregador têm a faculdade de, em relação a determinadas mercadorias, quaisquer que elas sejam, celebrar um contrato qualquer com quaisquer condições concernentes à responsabilidade e às obrigações, assim como aos direitos e isenções do armador a respeito das mesmas mercadorias, ou a respeito das suas obrigações quanto ao estado de navegabilidade do navio, até onde esta estipulação não for contrária à ordem pública, ou em relação às solicitudes ou diligências dos seus empregados ou agentes quanto ao carregamento, manutenção, estiva, transporte, guarda, cuidados e descarga das mercadorias transportadas por mar, contanto que, neste caso, nenhum conhecimento tenha sido ou venha a ser emitido e que as cláusulas do acordo celebrado sejam inseridas num recibo, que será um documento intransmissível e conterá a menção deste carácter.

Toda a convenção assim celebrada terá plena validade legal.

Fica, todavia, convencionado que este artigo não se aplicará aos carregamentos comerciais ordinários, feitos por efeito de operações comerciais ordinárias, mas somente àqueles carregamentos em que o carácter e a condição dos bens a transportar e as circunstâncias, os termos e as condições em que o transporte se deve fazer são de molde a justificar uma convenção especial.

Art. 7.º (Liberdade de estipulação)

Nenhuma disposição da presente Convenção proíbe ao armador ou ao carregador inserir num contrato estipulações, condições, reservas ou isenções relativas às obrigações e responsabilidades do armador, ou do navio, pelas perdas e danos que sobrevierem às mercadorias, ou concernentes à sua guarda, cuidado e manutenção, anteriormente ao carregamento e posteriormente à descarga do navio no qual as mesmas mercadorias são transportadas por mar.

Art. 8.º (Subsidiariedade)

As disposições da presente Convenção não modificam os direitos nem as obrigações do armador tais como resultam de qualquer lei em vigor neste momento relativamente à limitação da responsabilidade dos proprietários de navios de mar.

Art. 9.º (Unidades monetárias)

As unidades monetárias de que na presente Convenção se trata são expressas em valor-ouro.

Os Estados contratantes em que a libra esterlina não é empregada como unidade monetária reservam-se o direito de converter em números redondos, segundo o seu sistema monetário, as somas indicadas em libras esterlinas na presente Convenção.

As leis nacionais podem reservar ao devedor a faculdade de pagar na moeda nacional, conforme o curso do câmbio no dia da chegada do navio ao porto de descarga da mercadoria de que se trata.

Art. 10.º (Âmbito de aplicação)

As disposições da presente Convenção aplicar-se-ão a todo o conhecimento criado num dos Estados contratantes.

Art. 11.º (Ratificação)

Dentro do prazo de dois anos, o mais tardar, a contar do dia da assinatura da Convenção, o Governo belga dirigir-se-á aos Governos das Altas Partes Contratantes que houverem declarado que desejam ratificá-la, a fim de os decidir a pô-la em vigor. As ratificações serão depositadas em Bruxelas, na data que será fixada de comum acordo entre os ditos Governos. O primeiro depósito das ratificações será verificado por uma carta assinada pelos representantes dos Estados que nele tomarem parte e pelo Ministério dos Negócios Estrangeiros da Bélgica.

Os depósitos ulteriores far-se-ão por uma notificação escrita dirigida ao Governo belga e acompanhada do instrumento de ratificação.

Uma certidão da acta relativa ao primeiro depósito, das notificações mencionadas na alínea precedente, assim como dos instrumentos de ratificação que as acompanham será imediatamente, pelos cuidados do Governo belga e pela via diplomática, entregue aos governos que assinaram a presente Convenção ou a ela aderiram. Nos casos visados na alínea precedente, o dito Governo fará conhecer, ao mesmo tempo, a data em que recebeu a notificação.

Art. 12.º (Adesão)

Os Estados não signatários poderão aderir à presente Convenção, quer estivessem, quer não, representados na Conferência Internacional de Bruxelas.

O Estado que deseja aderir notificará por escrito a sua intenção ao Governo belga, transmitindo-lhe o título de adesão, que será depositado nos arquivos do dito Governo.

O Governo belga transmitirá imediatamente a todos os Estados signatários ou aderentes uma certidão da notificação, assim como do título de adesão, indicando a data em que recebeu a notificação.

Art. 13.º (Limitação do âmbito de aplicação)

As Altas Partes Contratantes podem, no momento da assinatura do depósito das notificações ou da sua adesão, declarar que a aceitação que dão à presente Convenção não se aplica seja a certos, seja a nenhum dos domínios autónomos, colónias, possessões, protectorados ou territórios do ultramar que se acham sob a sua soberania ou autoridade. Em consequência, elas podem ulteriormente aderir separadamente, em nome de um ou outro desses domínios autónomos, colónias, possessões, protectorados ou territórios do ultramar, assim excluídos na sua declaração primitiva. Elas podem também, conformando-se com estas disposições, denunciar a presente Convenção separadamente em relação a um ou a alguns dos domínios autónomos, colónias, possessões, protectorados ou territórios do ultramar que se acham sob a sua soberania ou autoridade.

Art. 14.º (Vigência)

Nos Estados que tiverem participado no primeiro depósito de ratificações, a presente Convenção produzirá efeito um ano após a data da acta desse depósito. Quanto aos Estados que a ratificarem ulteriormente ou a ela aderirem, assim como nos casos em que ela for posta em vigor ulteriormente, segundo o artigo 13.º, ela produzirá efeito seis meses depois que as notificações previstas no artigo 11.º, alínea 2.ª, e no artigo 12.º, alínea 2.ª, tiverem sido recebidas pelo governo belga.

Art. 15.º (Denúncia da Convenção)

Se um dos Estados contratantes quiser denunciar a presente Convenção, a denúncia será notificada por escrito ao Governo belga, que enviará imediatamente uma certidão da notificação a todos os outros Estados, fazendo-lhe saber a data em que a recebeu.

A denúncia produzirá os seus efeitos somente em relação ao Estado que a notifica e um ano depois de a notificação ser recebida pelo Governo belga.

Art. 16.º (Nova conferência)

Cada Estado contratante terá a faculdade de provocar a reunião duma nova conferência, a fim de se estudarem os melhoramentos que poderiam ser introduzidos na presente Convenção.

O Estado que fizer uso desta faculdade deverá notificar a sua intenção aos outros Estados com a antecipação de um ano, por intermédio do Governo belga, que se encarregará de convocar a conferência.

3) WARRANTS E CONHECIMENTOS DE DEPÓSITO

a) Emissão, negociação e comercialização de *warrants* autónomos

Decreto-Lei n.º 172/99,
de 20 de Maio [1]

O presente decreto-lei estabelece o regime jurídico dos *warrants* autónomos, regulando a sua emissão no mercado nacional, prevendo a admissão à negociação em mercado de bolsa e a respectiva comercialização, em condições a regulamentar, nos termos gerais, pela Comissão do Mercado de Valores Mobiliários, atenta a natureza dos *warrants* enquanto valores mobiliários.

Quer a evolução registada no panorama nacional pelos *warrants* destacáveis de obrigações quer o aumento do recurso à emissão por empresas portuguesas de *warrants* autónomos em mercados internacionais justificam, entre outros factores, a regulação deste instrumento financeiro por forma a enquadrar a sua utilização no âmbito do mercado nacional, assim se contribuindo, num crescente contexto de concorrência entre os mercados de capitais, para o reforço da competitividade das empresas, das instituições financeiras, do mercado e da economia portuguesa. As experiências de mercados estrangeiros desenvolvidos neste domínio não deixaram, naturalmente, de ser tomadas em consideração.

Optou-se, atenta a diferente génese dos instrumentos, por não fazer aplicar o regime ora estabelecido aos *warrants* destacáveis de obrigações, já regulado, em especial, no Código das Sociedades Comerciais, antes se admitindo a aplicabilidade de aspectos significativos daquele regime aos *warrants* autónomos sobre valores mobiliários próprios.

Optou-se, de igual modo, por restringir o conjunto de activos subjacentes – valores cotados, índices sobre esses valores, taxas de juro e divisas. Permitiu-se, contudo, antecipando o desenvolvimento possível do mercado e a sua aproximação a congéneres estrangeiros, que o Ministro das Finanças, por portaria, possa alargar o rol de activos subjacentes quando se entender oportuno e adequado.

---

[1] Rectificado pela Declaração de Rectificação n.º 10-AS/99, de 30.06, DR n.º 150/99, I-A, 2.º Supl., p. 4048-(8).

Considerando a natureza dos *warrants* como valores mobiliários – aplicando-se-lhes o respectivo regime geral –, não se deixou de prever os normais mecanismos de limitação e controlo das emissões, já aplicáveis às sociedades comerciais e às instituições financeiras.

As matérias objecto de regulação circunscrevem-se a um núcleo reputado essencial, conferindo-se competências regulamentares que, para além das já existentes em termos gerais no domínio do mercado de valores mobiliários, permitirão, no quadro legal fixado, dotar o regime jurídico dos *warrants* autónomos de flexibilidade suficiente para acompanhar as evoluções do mercado e as necessidades de supervisão desse mercado e de algumas das entidades que, com maior amplitude, os poderão emitir.

Foi ouvido o Banco de Portugal, a Comissão de Mercado de Valores Mobiliários e o Instituto de Gestão do Crédito Público.

Assim:

Nos termos da alínea *a)* do n.º 1 do artigo 198.º da Constituição, o Governo decreta, para valer como lei geral da República, o seguinte:

Art. 1.º (Âmbito de aplicação)

O presente decreto-lei aplica-se aos *warrants* autónomos emitidos, negociados ou comercializados em Portugal.

Art. 2.º (Noção)

Warrants autónomos são valores mobiliários que, em relação a um dos activos subjacentes referidos no artigo 3.º, conferem, alternativa ou exclusivamente, algum dos seguintes direitos:

a) Direito a subscrever, a adquirir ou a alienar o activo subjacente, mediante um preço, no prazo e nas demais condições estabelecidas na deliberação de emissão;

b) Direito a exigir a diferença entre o preço do activo subjacente fixado na deliberação de emissão e o preço desse activo no momento do exercício.

272   *Regime Jurídico dos Títulos de Crédito*

Art. 3.º (Activo subjacente)

1 – Os *warrants* autónomos podem ter como activo subjacente:

a) Valores mobiliários cotados em bolsa;

b) Índices sobre valores mobiliários cotados em bolsa;

c) Taxas de juro;

d) Divisas;

e) Outros activos de natureza análoga que o Ministro das Finanças, por portaria, venha a estabelecer.

2 – AComissão do Mercado de Valores Mobiliários poderá fixar, por regulamento, as características que devem revestir os activos subjacentes.

3 – Deverá ser solicitado parecer ao Banco de Portugal e ao Instituto de Gestão do Crédito Público antes de serem exercidas as competências previstas na alínea *e*) do n.º 1 e no n.º 2 quando o activo subjacente se encontre, de algum modo, relacionado com as respectivas atribuições.

Art. 4.º (Entidades emitentes)

1 – Podem emitir *warrants* autónomos:

a) Os bancos;

b) A Caixa Económica Montepio Geral;

c) ACaixa Central de Crédito Agrícola Mútuo;

d) As sociedades de investimento;

e) Outras instituições de crédito e as sociedades financeiras de corretagem, sem prejuízo das normas legais e regulamentares que regem as respectivas actividades, desde que previamente autorizadas pelo Banco de Portugal;

f) O Estado;

g) As sociedades anónimas, se se tratar de *warrants* sobre valores mobiliários próprios.

2 – O Banco de Portugal estabelecerá, por aviso, as condições em que poderá ser concedida a autorização referida na alínea *e*) do n.º 1.

Art. 5.º (Deliberação de emissão)

1 – Se o contrato de sociedade não a impedir ou se não dispuser de modo diferente, a emissão de *warrants* autónomos pode ser deliberada pelo órgão de administração.

2 – Só podem ser emitidos *warrants* autónomos sobre valores mobiliários próprios se o contrato de sociedade o autorizar.

3 – A deliberação deve conter as seguintes menções:

a) Identificação do activo subjacente;
b) Número de *warrants* a emitir;
c) Preço de subscrição;
d) Preço de exercício;
e) Condições temporais de exercício;
f) Natureza pública ou particular da emissão;
g) Critérios de rateio.

Art. 6.º (Limite de emissão)

1 – À emissão de *warrants* autónomos sobre valores mobiliários próprios por sociedades anónimas que não revistam a natureza de instituições de crédito nem de sociedades financeiras aplica-se, com as necessárias adaptações, o disposto no artigo 349.º do Código das Sociedades Comerciais.

2 – A Comissão do Mercado de Valores Mobiliários pode, por regulamento, fixar outros limites para a emissão de *warrants* autónomos sobre valores mobiliários, designadamente em função da capitalização bolsista dos valores que lhes servem de activo subjacente.

Art. 7.º (Vicissitudes dos activos subjacentes)

1 – A Comissão do Mercado de Valores Mobiliários regulamentará:

a) Os termos em que, nas deliberações de emissão de *warrants* autónomos, poderão ser previstas condições a aplicar caso se verifiquem vicissitudes relevantes em relação ao activo subjacente;
b) Os termos em que poderá autorizar a liquidação financeira antecipada ou a alteração das condições de emissão em caso de verificação de alteração anormal de circunstâncias.

2 – Antes de exercer a competência referida no n.º 1, a Comissão do Mercado de Valores Mobiliários solicitará parecer ao Banco de Portugal e ao Instituto de Gestão do Crédito Público quando o activo subjacente se encontre, de algum modo, relacionado com as respectivas atribuições.

Art. 8.º (Menções obrigatórias)

Quando os *warrants* autónomos assumam forma titulada, os respectivos títulos devem conter, além das referidas nas alíneas *a*), *c*), *d*) e *e*) do artigo 5.º, as seguintes menções:

a) A identificação completa da entidade emitente;
b) A indicação do número de *warrants* que incorpora cada título;
c) O número sequencial do título;
d) As assinaturas de quem vincula a entidade emitente, que podem ser feitas por chancela.

Art. 9.º (Exercício de direitos)

O exercício de direitos inerentes a *warrants* autónomos é feito perante um intermediário financeiro autorizado pela Comissão do Mercado de Valores Mobiliários a proceder ao registo, guarda e administração de valores mobiliários designado por contrato entre este e a entidade emitente.

Art. 10.º (Negociação em bolsa)

Os *warrants* autónomos podem ser admitidos à negociação em bolsa.

Art. 11.º (*Warrants* autónomos sobre valores mobiliários próprios)

1 – São *warrants* autónomos sobre valores mobiliários próprios aqueles que tenham como activo subjacente valores mobiliários emitidos pela própria entidade emitente do *warrant* ou por sociedade que, nos termos do Código das Sociedades Comerciais, consigo se encontre em relação de domínio ou de grupo.

2 – Aos *warrants* sobre acções próprias ou sobre valores mobiliários que confiram direito à sua subscrição, aquisição ou alienação aplicam-se, com as necessárias adaptações, os artigos 325.º-A, 366.º, 367.º, 368.º, 369.º, n.º 2, 370.º, 371.º, 372.º e 487.º do Código das Sociedades Comerciais.

Art. 12.º (Qualificação da oferta)

Considerar-se-á pública a oferta de subscrição de *warrants* autónomos sobre acções ou sobre valores mobiliários que confiram direito à subscrição, aquisição ou alienação de acções sempre que a entidade emitente das acções seja sociedade de subscrição pública, ainda que a subscrição seja reservada aos respectivos accionistas.

Art. 13.º (*Warrants* autónomos sobre valores mobiliários alheios)

1 – Imediatamente após ser deliberada a emissão de *warrants* autónomos sobre valores mobiliários alheios, a entidade emitente dos *warrants* deve informar a Comissão do Mercado de Valores Mobiliários e a entidade emitente do valor mobiliário subjacente, devendo proceder à publicação do respectivo anúncio, nos termos do artigo 339.º do Código do Mercado de Valores Mobiliários.

2 – Os *warrants* autónomos sobre valores mobiliários alheios conferem sempre ao respectivo emitente a faculdade de se exonerar através de liquidação financeira, nos termos da alínea b) do artigo 2.º.

Art. 14.º (Emissão de *warrants* autónomos pelo Estado)

O regime dos *warrants* autónomos a emitir pelo Estado será estabelecido nos termos da Lei n.º 7/98, de 3 de Fevereiro.

Art. 15.º (Direito subsidiário)

Aos *warrants* autónomos regulados no presente decreto-lei aplicam-se:

a) O Código do Mercado de Valores Mobiliários; ([1])
b) Com as necessárias adaptações, os artigos 355.º a 359.º do Código das Sociedades Comerciais.

([1]) Revogado pelo Decreto-Lei n.º 486/99, de 13.11, que aprovou o novo Código dos Valores Mobiliários.

Art. 16.º (Isenção de taxas e emolumentos)

Ficam isentas de quaisquer taxas e emolumentos todas as escrituras públicas e registos de alteração de contrato de sociedade que tenham por objecto, exclusivamente, introduzir a proibição ou as restrições previstas no n.º 1 do artigo 5.º ou a autorização prevista no n.º 2 do mesmo artigo e sejam efectuadas no prazo de cinco anos contados da data de entrada em vigor do presente decreto-lei.

Warrants e Conhecimentos de Depósito 277

b) REGULAMENTO DOS ARMAZÉNS GERAIS AGRÍCOLAS

Decreto n.º 206, de 07.11.1913
– arts. 1.º, 23.º a 47.º (¹)

Usando da faculdade que me confere o n.º 3 do artigo 47.º da Constituição Política da República Portuguesa, tendo em vista as disposições do Código Comercial, Código do Processo Comercial e decretos regulamentares de 19 de Junho de 1901 e de 27 de Fevereiro de 1905, e em harmonia com o que se acha determinado nos artigos 49.º, 50.º, 254.º, 256.º e 302.º da Lei n.º 26, de 9 de Julho de 1913:

Hei por bem, sob proposta do Ministro do Fomento, aprovar o regulamento dos armazéns gerais agrícolas, que faz parte integrante deste decreto. (…)

Regulamento dos armazéns gerais agrícolas

CAPÍTULO I – **Fins dos armazéns gerais agrícolas**

Artigo 1.º (Fins dos armazéns gerais agrícolas)

Nos termos do artigo 49.º da Lei n.º 26, de 9 de Julho de 1913, haverá na sede de cada direcção dos serviços agrícolas um armazém, denominado armazém geral agrícola, com o fim de:

a) Receber em depósito mercantil, ou sob o regime de armazém geral, produtos, adubos, alfaia e máquinas agrícolas;

b) Emitir, sobre as mercadorias depositadas, títulos transmissíveis por endosso denominados *conhecimentos de depósito e warrants*, nas condições expressas no título XIV do livro II do Código Comercial.

§ 1.º O depósito mercantil consiste na guarda de mercadorias destinadas a qualquer acto de comércio que possa realizar-se no armazém geral agrícola.

(¹) As epígrafes não constam do texto oficial.

§ 2.º O depósito de armazém geral consiste na guarda de mercadorias destinadas a garantir títulos transmissíveis por endosso, nos termos da lei e deste regulamento.

CAPÍTULO III – Conhecimentos de depósitos e *warrants*

Art. 23.º (Conhecimentos de depósitos e *warrants*)

O depositante de mercadorias sob o regime de armazém geral tem a faculdade de requisitar a entrega dum *conhecimento de depósito e warrant* anexo (modelo n.º 4).

Art. 24.º (Conteúdo dos conhecimentos de depósito)

Os conhecimentos de depósito terão números de ordem, serão extraídos de livretes, também numerados e com talões, e indicarão (modelo n.º 5):

a) O nome, estado, profissão e domicílio do depositante;
b) A data e o número de entrada no armazém geral agrícola;
c) A natureza e a quantidade da mercadoria, e quaisquer circunstâncias necessárias à sua identificação e avaliação;
d) O número, a natureza, o peso e as marcas dos volumes;
e) A importância do seguro.

Art. 25.º (*Warrant*)

O *warrant* é o título referido no § 1.º do artigo 408.º do Código Comercial e nele se repetirão as mesmas indicações que no conhecimento do depósito (modelo n.º 5).

Art. 26.º (Requisitos formais)

O conhecimento de depósito e o *warrant* terão as assinaturas do director e do chefe de armazém e serão autenticados com o selo branco do armazém geral agrícola.

Art. 27.° (Isenção do imposto de selo)

Os conhecimentos de depósitos e os *warrants* passados pelos armazéns gerais agrícolas são isentos do imposto do selo.

Art. 28.° (Emissão dos títulos)

O conhecimento de depósito e o *warrant* podem ser passados em nome do depositante ou de um terceiro por ele indicado.

Art. 29.° (Unicidade dos títulos)

O conhecimento de depósito e o *warrant* não podem respeitar a mais duma espécie de mercadorias.

Art. 30.° (Títulos parciais)

O portador do conhecimento de depósito e do *warrant* tem o direito de pedir, à sua custa, a divisão em lotes da mercadoria depositada e que por cada um dos lotes se lhe entreguem títulos parciais em substituição dos títulos primitivos que serão anulados (modelo n.° 6).

Art. 31.° (Transmissibilidade de títulos)

O conhecimento de depósito e o *warrant* são transmissíveis, junta ou separadamente, por endosso, com a data do dia em que for feito.

§ único. O endosso produzirá os seguintes efeitos:

1.° Sendo os dois títulos, transferirá a propriedade das mercadorias depositadas;

2.° Sendo só do conhecimento de depósito, transmitirá a propriedade das mercadorias depositadas, com ressalva dos direitos do portador do *warrant*;

3.° Sendo só do *warrant*, conferirá ao endossado o direito de penhor sobre as mercadorias depositadas.

Art. 32.º (Endosso em branco)

O conhecimento de depósito e o *warrant* podem ser conjuntamente endossados em branco, conferindo tal endosso ao portador os mesmos direitos do endossante.

§ único. Os endossos dos títulos referidos não ficam sujeitos a nulidade alguma com fundamento na insolvência do endossante, salvo provando-se que o endossado tinha conhecimento desse estado, ou presumindo-se que o tinha nos termos das disposições especiais à falência.

Art. 33.º (Primeiro endosso do *warrant*)

O primeiro endosso do *warrant* mencionará a importância do crédito a cuja segurança foi feito, a taxa do juro e a época do vencimento, e será registado em livro especial do armazém geral agrícola, indicando-se nesse registo a importância devida pela armazenagem, conservação das mercadorias e outras despesas, incluindo o seguro.

§ 1.º No *warrant* será feito o seguinte lançamento:

«Visto e transcrito no livro de registo n.º ... a fl. ... Fica debitado por ... centavos. Data e assinaturas do director e do chefe de armazém».

§ 2.º No conhecimento de depósito transcrever-se-á o endosso a que se refere este artigo, sendo a transcrição assinada pelo endossado.

Art. 34.º (Penhora, arresto e penhor)

As mercadorias depositadas nos armazéns gerais agrícolas não podem ser penhoradas, arrestadas, dadas em penhor ou por outra forma obrigadas, a não ser nos casos de perda do conhecimento de depósito e do *warrant*, e de contestação sobre direitos de sucessão e de quebra.

§ único. Podem, contudo, os credores do portador do warrant penhorar, arrestar ou por outra forma obrigar o referido título.

Art. 35.º (Levantamento da mercadoria antecipadamente)

O portador do conhecimento de depósito pode retirar toda ou parte da mercadoria, mesmo antes do vencimento do crédito assegurado pelo *warrant*, desde que deposite na tesouraria da Direcção dos Serviços Agrícolas, a que o armazém geral agrícola pertencer, a importância total do crédito, incluídos os respectivos juros, ou a quantia proporcional a esse crédito e à quantidade da mercadoria a retirar.

§ 1.º Quando for retirada parte da mercadoria, a quantidade levantada e o seu valor serão averbados no conhecimento de depósito.

§ 2.º A importância depositada será satisfeita ao portador do *warrant* mediante a restituição deste.

Art. 36.º (Protesto do *warrant*)

O portador do *warrant* não pago no dia do vencimento pode fazê-lo protestar, como as letras.

§ 1.º Feito o protesto do *warrant*, se este não for pago no prazo de dez dias a contar da data do protesto, o portador poderá pedir à administração do armazém geral agrícola a venda em leilão da mercadoria depositada.

§ 2.º O endossante que pagar ao portador fica subrogado nos direitos deste e poderá do mesmo modo fazer proceder à venda do penhor.

Art. 37.º (Venda em leilão)

A administração do armazém geral agrícola, logo que receba o pedido a que se refere o artigo antecedente e verifique que o protesto foi legalmente feito, mandará proceder à venda em leilão nas condições referidas no capítulo IV deste regulamento.

Art. 38.º (Efeitos da falta de protesto)

O portador do *warrant* perde todo o direito contra os endossantes, não tendo feito o devido protesto, ou não tendo feito proceder à venda das mercadorias no prazo legal, mas conserva direito contra o devedor.

Art. 39.º (Direitos do portador do *warrant*)

O portador do *warrant* não pode executar os bens do devedor ou dos endossantes sem se achar exausta a importância da mercadoria sobre a qual foi emitido.

Art. 40.º (Prescrição de acções contra os endossantes)

A prescrição de acções contra os endossantes começará a correr do dia da venda das mercadorias depositadas.

Art. 41.º (Operações sobre as mercadorias)

A nenhum dos membros da administração ou empregado do armazém geral agrícola é permitido, por si ou por interposta pessoa, realizar quaisquer operações sobre as mercadorias depositadas ou sobre os respectivos títulos.

Art. 42.º (Sinistro)

No caso de sinistro, a importância do seguro substitui as mercadorias na garantia do *warrant* e as quantias em dívida ao armazém geral agrícola, devendo entregar-se o saldo ao segurado.

Art. 43.º (Desconto dos *warrants*)

São autorizadas a Caixa Geral de Depósitos e Instituições de Previdência e as Caixas de Crédito Agrícola a descontar, sem encargo para o Estado, os *warrants* emitidos sobre as mercadorias depositadas em regime de armazém geral, até uma importância que não poderá ser inferior a 50 por cento do valor das mesmas mercadorias.

§ 1.º O prazo mínimo do desconto do *warrant* será de três meses e o máximo de um ano.

§ 2.º É permitido ao depositante, quando o *warrant* haja sido descontado por menos dum ano, pedir o adiamento da liquidação do desconto até atingir esse prazo, não podendo ser por menos de três meses esse adiamento se não ultrapassar o ano.

§ 3.º O adiamento será pedido ao portador do *warrant* quinze dias antes do vencimento, e somente poderá ser concedido se a mercadoria estiver segurada até o fim do adiamento e se o interessado nada dever ao armazém geral agrícola.

§ 4.º Para este efeito, o portador do *warrant* comunicará o pedido ao director de armazém, o qual, se estiverem satisfeitas as condições do parágrafo anterior, mandará passar novo título em substituição do vencido, que será inutilizado com os dizeres «substituído pelo n.º ...» e arquivado.

§ 5.º A importância do juro, relativa ao adiamento, poderá o depositante entregá-la na tesouraria da Direcção dos Serviços Agrícolas, que se encarregará de a pagar ao portador do *warrant* mediante a agência do $01 por 1$ ou fracção sobre essa importância.

Art. 44.º (Juros e encargos dos descontos)

Os juros e encargos totais dos descontos de *warrants* feitos pela Caixa Geral de Depósitos e Instituições de Previdência, pelas Caixas de Crédito Agrícola e por quaisquer outras entidades, não poderão exceder os estipulados por elas em operações semelhantes.

Art. 45.º (Reforço do depósito)

Se, durante o prazo de validade do *warrant*, as cotações das mercadorias depositadas baixarem de modo a haver entre o valor realizável e a quantia mutuada uma margem inferior a 20%, será o depositante intimado pelo armazém geral agrícola a reforçar o depósito, em género ou dinheiro, para que essa margem se mantenha.

§ único. Para os efeitos deste artigo, o armazém geral agrícola informar-se-á semanalmente das cotações, nos principais mercados do país, das mercadorias depositadas em regime de armazém geral.

Art. 46.º (Liquidação do desconto do *warrant*)

A liquidação do desconto do *warrant* poderá ser feita na tesouraria da Direcção dos Serviços Agrícolas respectiva, que se encarregará de remeter ao portador do *warrant* a importância liquidada.

§ 1.º Por esta operação, a tesouraria da Direcção dos Serviços Agrícolas cobrará do depositante, sobre a importância total do empréstimo, a agência de 01$ por cada 1$ ou fracção.

§ 2.º Se o portador do *warrant* residir fora da sede do armazém geral agrícola, o depositante terá de pagar a mais o prémio de transferência.

Art. 47.º (Reforma dos títulos) ([1])

A entrega de novos títulos, por se haverem destruído ou perdido os primitivos, será feita nos termos dos artigos 151.º a 157.º do Código do Processo Comercial.

([1]) Matéria agora regulada nos arts. 1069.º a 1073.º do C.P. C..

284   *Regime Jurídico dos Títulos de Crédito*

c) Regulamento dos Armazéns Gerais Industriais

Decreto-Lei n.º 783, de 21.08.1914 ([1])
– arts. 1.º, 20.º a 40.º

Usando da faculdade que me confere a Lei n.º 275, de 8 do corrente, e tendo em vista as disposições do decreto n.º 766, de 18 deste mês, hei por bem, sob proposta do Ministro do Fomento, aprovar o regulamento dos armazéns gerais industriais que faz parte integrante deste decreto.

Regulamento dos Armazéns Gerais Industriais

CAPÍTULO I – **Fins dos armazéns gerais industriais**

Art. 1.º (Âmbito de aplicação)

Nos termos do decreto n.º 766, publicado em 18 do corrente, os armazéns gerais industriais ficarão subordinados ao presente regulamento.

CAPÍTULO III – **Conhecimentos de depósitos e «warrants»**

Art. 20.º (Conhecimentos de depósitos e warrant)

O depositante de mercadorias sob o regime de armazém geral tem a faculdade de requisitar a entrega dum *conhecimento de depósito* e *warrant* anexo (modelo n.º 4).

Art. 21.º (Conteúdo dos conhecimentos de depósito)

Os conhecimentos de depósito terão números de ordem, serão extraídos de livretes, também numerados e com talões, e indicarão (modelo n.º 5):

([1]) As epígrafes não constam do texto oficial.

a) Nome e domicílio do fabricante que fez o depósito;

b) Data e o número de entrada no Armazém Geral Industrial;

c) Natureza e quantidade da mercadoria e quaisquer circunstâncias necessárias à sua identificação e avaliação;

d) Número, natureza, peso e marcas dos volumes;

e) Importância do seguro.

Art. 22.º (*Warrant*)

O *warrant* é o título referido no § 1.º do artigo 408.º do Código Comercial e nele se repetirão as mesmas indicações que no conhecimento do depósito (modelo n.º 5).

Art. 23.º (Requisitos formais)

O conhecimento de depósito e o *warrant* terão as assinaturas do engenheiro chefe dos serviços técnicos da indústria ou do seus adjunto, em quem ele delegar o encargo de velar pelos Armazéns Gerais Industriais da circunscrição e do chefe de armazém e serão autenticados com o selo branco do Armazém Geral Industrial.

Art. 24.º (Unicidade dos títulos)

O conhecimento de depósito e o *warrant* só podem referir-se a uma única espécie de mercadorias.

Art. 25.º (Títulos parciais)

O portador do conhecimento de depósito e do *warrant* tem o direito de pedir, à sua custa, a divisão, em lotes, da mercadoria depositada e que por cada um dos lotes se lhe entreguem títulos parciais em substituição dos títulos primitivos, que serão anulados (modelo n.º 6).

Art. 26.º (Transmissibilidade de títulos)

O conhecimento de depósito e o *warrant* são transmissíveis, junta ou separadamente, por endosso, com a data do dia em que for feito.

286 Regime Jurídico dos Títulos de Crédito

§ único. O endosso produzirá os seguintes efeitos:

1.º Sendo dos dois títulos, transferirá a propriedade das mercadorias depositadas;

2.º Sendo só do conhecimento de depósito, transmitirá a propriedade das mercadorias depositadas, com ressalva dos direitos do portador do *warrant*;

3.º Sendo só do *warrant*, conferirá ao endossado o direito de penhor sobre as mercadorias depositadas.

Art. 27.º (Endosso em branco)

O conhecimento de depósito e o *warrant* podem ser conjuntamente endossados em branco, conferindo tal endosso ao portador os mesmos direitos do endossante.

§ único. Os endossos dos títulos referidos não ficam sujeitos a nulidade alguma com fundamento na insolvência do endossante, salvo provando-se que o endossado tinha conhecimento desse estado, ou presumindo-se que o tinha nos termos das disposições especiais à falência.

Art. 28.º (Primeiro endosso do *warrant*)

O primeiro endosso do *warrant* mencionará a importância do crédito a cuja segurança foi feito, a taxa do juro e a época do vencimento, e será registado em livro especial do Armazém Geral Industrial, indicando-se nesse registo a importância devida pela armazenagem, conservação das mercadorias e outras despesas, incluindo o seguro.

§ 1.º No *warrant* será feito o seguinte lançamento:

«Visto e transcrito no livro de registo n.º ... a fl. ... Fica debitado por ... centavos. Data e assinaturas do engenheiro chefe dos serviços técnicos da indústria ou do seu delegado e do chefe de armazém».

§ 2.º No conhecimento de depósito transcrever-se-á o endosso a que se refere este artigo, sendo a transcrição assinada pelo endossado.

Art. 29.º (Levantamento da mercadoria antecipadamente)

O portador do conhecimento de depósito pode retirar toda ou parte da mercadoria, mesmo antes do vencimento do crédito assegurado pelo *warrant*, desde que deposite na Caixa Geral de Depósitos e Instituições de Previdência ou na sua delegação, concernente à área a que pertencer o armazém geral, a importância total do crédito, incluídos os respectivos juros, ou a quantia proporcional a esse crédito e à quantidade da mercadoria a retirar.

§ 1.º Quando for retirada parte da mercadoria, a quantidade levantada e o seu valor serão averbados no conhecimento de depósito.

§ 2.º A importância depositada será satisfeita ao portador do *warrant* mediante a restituição deste.

Art. 30.º (Protesto do *warrant*)

Feito o protesto do *warrant*, nos termos do artigo 13.º do decreto n.º 766, de 18 deste mês, se este não for pago no prazo de dez dias, a contar da data do protesto, o portador poderá pedir à administração do Armazém Geral Industrial a venda em leilão da mercadoria depositada.

§ único. O endossante que pagar ao portador fica subrogado nos direitos deste e poderá do mesmo modo fazer proceder à venda do penhor.

Art. 31.º (Venda em leilão)

A administração do Armazém Geral Industrial, logo que receba o pedido a que se refere o artigo antecedente e verifique que o protesto foi legalmente feito, mandará proceder à venda em leilão nas condições referidas no capítulo IV deste regulamento.

Art. 32.º (Efeitos da falta de protesto)

O portador do *warrant* perde todo o direito contra os endossantes, não tendo feito o devido protesto, ou não tendo feito proceder à venda das mercadorias no prazo legal, mas conserva o direito contra o devedor.

Art. 33.º (Direitos do portador do *warrant*)

O portador do *warrant* não pode executar os bens do devedor ou dos endossantes sem se achar exausta a importância da mercadoria sobre a qual foi emitido.

Art. 34.º (Prescrição de acções contra os endossantes)

A prescrição de acções contra os endossantes começará a correr do dia da venda das mercadorias depositadas.

Art. 35.º (Sinistro)

No caso de sinistro, a importância do seguro substitui as mercadorias na garantia do *warrant* e as quantias em dívida ao Armazém Geral Industrial, devendo entregar-se o saldo ao segurado.

Art. 36.º (Desconto dos *warrants*)

É autorizada a Caixa Geral de Depósitos e Instituições de Previdência a descontar, sem encargo para o Estado, os *warrants* emitidos sobre as mercadorias depositadas em regime de armazém geral, até uma importância que não poderá ser superior a 50 por cento do valor das mesmas mercadorias, conforme o prescrito no artigo 14.º do decreto n.º 766, de 18 do corrente.

§ 1.º O prazo mínimo do desconto do *warrant* será de três meses e o máximo de um ano.

§ 2.º É permitido ao depositante, quando o *warrant* haja sido descontado por menos dum ano, pedir o adiamento da liquidação do desconto até atingir esse prazo, não podendo ser por menos de três meses esse adiamento se não ultrapassar o ano.

§ 3.º O adiamento será pedido ao portador do *warrant* quinze dias antes do vencimento, e somente poderá ser concedido se a mercadoria estiver segurada até o fim do adiamento e se o interessado nada dever ao Armazém Geral Industrial.

§ 4.º Para este efeito, o portador do *warrant* comunicará o pedido ao engenheiro chefe dos serviços técnicos da indústria da respectiva circunscrição, o qual, se estiverem satisfeitas as condições do parágrafo anterior, mandará passar novo título em substituição do vencido, que será inutilizado com os dizeres «substituído pelo n.º ...» e arquivado.

§ 5.º A importância do juro, relativa ao adiamento, poderá o depositante entregá-la na tesouraria da Caixa Geral de Depósitos e Instituições de Previdência, que se encarregará de a pagar ao portador do *warrant* mediante a agência do $01 por 1$ ou fracção sobre essa importância.

Art. 37.º (Juros e encargos dos descontos de *warrants*)

Os juros e encargos totais dos descontos de *warrants* feitos pela Caixa Geral de Depósitos e Instituições de Previdência, e por quaisquer outras entidades, não poderão exceder os estipulados por elas em operações semelhantes.

Art. 38.º (Reforço do depósito)

Se, durante o prazo de validade do *warrant*, as cotações das mercadorias depositadas baixarem de modo a haver entre o valor realizável e a quantia mutuada uma margem inferior a 20 por cento, será o depositante intimado pelo Armazém Geral Industrial a reforçar o depósito, em género ou em dinheiro, para que essa margem se mantenha.

§ único. Para os efeitos deste artigo, o Armazém Geral Industrial informar-se-á semanalmente das cotações, nos principais mercados do país, das mercadorias depositadas em regime de armazém geral.

Art. 39.º (Liquidação do desconto do *warrant*)

A liquidação do desconto do *warrant* poderá ser feita na tesouraria da Caixa Geral de Depósitos e Instituições de Previdência, ou na delegação respectiva, que se encarregará de remeter ao portador do *warrant* a importância liquidada.

§ 1.º Por esta operação, a tesouraria da Caixa Geral de Depósitos e Instituições de Previdência cobrará do depositante, sobre a importância total do empréstimo, a agência de 01$ por cada 1$ ou fracção.

§ 2.º Se o portador do *warrant* residir fora da sede do Armazém Geral Industrial, o depositante terá de pagar a mais o prémio de transferência.

Art. 40.º (Reforma dos títulos) [1]

A entrega de novos títulos, por se haverem destruído ou perdido os primitivos, será feita nos termos dos artigos 151.º a 157.º do Código do Processo Comercial.

---

[1] Matéria agora regulada nos arts. 1069.º a 1073.º do C.P. C..

4) FACTURAS

a) Extracto de factura

**Decreto-Lei n.º 19 940,
de 21.03.1931** [2]

Art. 1.º (Extracto de factura)

Nos contratos de compra e venda mercantil a prazo celebrados entre comerciantes domiciliados no continente e ilhas adjacentes, sempre que o preço não seja representado por letras, deve, no acto da entrega real, presumida ou simbólica da mercadoria, passar-se uma factura ou conta, que será acompanhada de um extracto, nos termos do art. 3.º.

§ 1.º O comprador ficará com a factura e o vendedor com o extracto, depois de por aquele conferido e aceito.

§ 2.º Não sabendo o comprador escrever, o extracto será assinado a seu rogo, com intervenção de duas testemunhas. Estas e a pessoa que assinar a rogo indicarão, em seguida às assinaturas, o respectivo estado, profissão e morada.

§ 3.º Com respeito às compras e vendas parcelarmente realizadas entre os mesmos comerciantes, dentro de um período semanal, decendial, quinzenal ou mensal, poderão passar-se simples notas de remessa em dois exemplares, dos quais um ficará em poder do comprador e o outro será devolvido ao vendedor, com a assinatura ou rubrica e carimbo daquele. O vendedor deverá passar no último dia do respectivo período uma factura geral, que mencionará apenas os números das notas de remessa e as importâncias totais de cada uma, e será acompanhada do competente extracto.

§ 4.º Na hipótese do parágrafo anterior, as compras e vendas realizadas a contar do dia 20 de cada mês poderão ser incluídas na primeira factura do mês imediato. Neste caso a nota de remessa respectiva conterá, com referência a este mês, a declaração: «valor para o dia 1 de...».

---

[2] As epígrafes não constam do texto oficial.

Art. 2.º (Venda a prestações)

Quando o preço haja de ser pago em prestações, deverá o vendedor passar, em vez de um só extracto relativo à importância global da venda, tantos quantas forem as prestações ajustadas e indicará em cada um o número da prestação a que corresponde.

Art. 3.º (Conteúdo do extracto)

O extracto passado na conformidade do presente decreto ou instrumento do protesto nos termos do artigo 11.º é a base indispensável de qualquer procedimento judicial destinado a tornar efectivos os direitos do vendedor, e deve conter:

a) O número de ordem da factura;
b) A data de emissão;
c) O nome e domicílio do vendedor;
d) O nome e domicílio do comprador;
e) O saldo líquido da factura original, em algarismos e por extenso, ou, na hipótese do artigo 2.º, a importância da prestação a que corresponde;
f) O número do copiador e respectivos fólios;
g) A época do pagamento;
h) O lugar onde este deve ser efectuado;
i) A assinatura do vendedor.

§ 1.º Todo o extracto passado nos termos deste decreto envolve necessariamente a cláusula à ordem.

§ 2.º Se o extracto não indicar o lugar do pagamento, será pagável no domicílio do vendedor.

Art 4.º (Envio do extracto ao comprador)

Nos oito dias seguintes àquele em que o extracto deva ter sido passado nos termos do art. 1.º e seus §§ 3.º e 4.º deverá o vendedor enviá-lo ao comprador em carta registada ou por emissário.

§ 1.º Quando enviado por emissário, será o extracto acompanhado de um verbete, que o comprador assinará, com a declaração do dia em que tenha recebido o mesmo extracto.

292   *Regime Jurídico dos Títulos de Crédito*

§ 2.º Para o efeito do disposto neste artigo são considerados emissários do vendedor o portador do extracto, seus agentes, representantes e empregados.

Art. 5.º (Devolução do extracto aceito ao vendedor)

O extracto aceito pelo comprador será devolvido de modo que esteja em poder do vendedor ou do portador dentro:

a) De oito dias, quando o comprador e vendedor sejam estabelecidos no continente ou na mesma ilha;

b) De vinte e cinco dias em qualquer outro caso.

§ 1.º Estes prazos contam-se do dia em que o comprador haja recebido extracto.

§ 2.º A devolução do extracto será feita por carta registada ou por emissário.

§ 3.º Sob pena de responderem por perdas e danos, o vendedor ou portador acusarão o recebimento do extracto aceito pelo comprador:

a) No prazo de cinco dias, quando lhes tenha sido devolvido em carta registada;

b) Imediatamente, mediante declaração entregue ao emissário do comprador, quando a devolução tenha sido feita por emissário.

Art. 6.º (Recusa de aceitação)

Quando o comprador entender que tem motivos legítimos para não assinar o extracto, deverá, não obstante, devolvê-los nos prazos marcados no artigo antecedente. Nesse caso será o extracto acompanhado da exposição dos motivos invocados, feita em carta registada.

Art. 7.º (Apresentação a pagamento)

O legítimo possuidor do extracto devidamente aceito deve apresentá-lo a pagamento no dia do vencimento ou no seguinte primeiro dia útil, se aquele for feriado.

§ único. O portador é obrigado a fazer ao vendedor, em tempo oportuno, as comunicações relativas ao aceite ou devolução do extracto

Extracto de Factura 293

ou à falta de pagamento da importância respectiva, sob pena de responder pelas perdas e danos a que der causa.

Art. 8.º (Pagamento e quitação)

O comprador pode, nos prazos designados no artigo 5.º, pagar a importância constante do extracto. Neste caso devolvê-lo-á independentemente de assinatura ao portador, que dará a competente quitação no próprio extracto.

Art. 9.º (Reforma proibida)

O extracto não é reformável. Deixando de ser pago, pode porém, por acordo dos interessados, ser substituído por uma ou mais letras com os vencimentos e mais condições em que se acordar.

Art. 10.º (Protesto)

O extracto pode ser protestado:

a) Por falta de aceite ou devolução;
b) Por falta de pagamento.

§ 1.º O protesto por falta de aceite ou devolução far-se-á nos vinte dias subsequentes aos prazos marcados no artigo 5.º.

§ 2.º O protesto por falta de pagamento realizar-se-á nos cinco dias subsequentes ao vencimento.

§ 3.º Não depende do protesto a responsabilidade dos aceitantes do extracto, nem a dos respectivos dadores de aval.

Art. 11.º (Forma e lugar do protesto)

O protesto por falta de aceite ou de pagamento será lavrado mediante apresentação do extracto; o protesto por falta de devolução, mediante a apresentação de uma segunda via passada pelo vendedor, e que conterá a seguinte declaração: «2.ª via emitida para efeito do protesto por falta de devolução da 1.ª».

§ único. O protesto poderá ser feito no lugar designado para o aceite ou pagamento, e ainda no domicílio do comprador, do vendedor ou do portador, à escolha deste.

Art. 12.º (Acções fundadas em extractos)

As acções fundadas em extractos começarão por penhora como a acção executiva do artigo 615.º do Código de Processo Civil. Feita a penhora, será o réu citado e observar-se-ão os termos do pro-cesso ordinário ou sumário, conforme o valor. Quando o réu não deduza oposição, ou esta seja julgada improcedente, seguir-se-ão no mesmo processo os termos da execução posteriores à penhora.

Art. 13.º (Prescrição)

A acção a que se refere o artigo anterior caduca passados cinco anos a contar da data do vencimento ou do último acto judicial, sem prejuízo do recurso aos meios ordinários.

Art. 14.º (Acção contra o comprador)

Contra o comprador que não tenha devolvido o extracto, ou que o tenha devolvido sem a sua assinatura, tem o portador legítimo acção ordinária ou sumária, conforme o valor do crédito.

§ 1.º O comprador que não tenha devolvido o extracto nos prazos destinados no artigo 5.º, ou que o tenha devolvido sem a sua assinatura, fora os termos do artigo 6.º, será sempre condenado, salvo prova de força maior, a multa, como litigante de má fé, e numa indemnização de perdas e danos a favor do autor. Esta indemnização será de 10 000$ se a dívida for igual ou superior à mesma quantia; no caso contrário, será igual à importância em dívida.

§ 2.º Presume-se a má fé do comprador quando a sua recusa de assinar o extracto não seja havida pelo tribunal como justificada. Sendo havido o comprador como litigante de má fé, observar-se-á o disposto no parágrafo precedente.

§ 3.º Quando o comprador seja condenado como litigante de má fé nos termos dos parágrafos anteriores, e for declarado em quebra antes de terem passado dois anos sobre o trânsito em julgado da sentença, presumir-se-á fraudulenta a falência.

Art. 15.º (Livros)

Aos comerciantes que façam vendas ou por grosso ou a revendedores indispensáveis, além dos livros mencionados no art. 31.º do Código Comercial:

Um copiador de facturas relativas a vendas a prazo;

Um registo de extractos

§ 1.º Estes livros ficam respectivamente sujeitos a um quarto da taxa de selo dos artigos 115.º e 114.º da tabela aprovada pelo Decreto n.º 16 304, de 28 de Dezembro de 1928.

§ 2.º Ao registo dos extractos é aplicável o disposto no artigo 32.º do Código Comercial.

Art. 16.º (Copiador de facturas)

O copiador de facturas a que se refere o artigo anterior, servirá para nele trasladarem na íntegra, cronologicamente, as facturas respeitantes a mercadorias vendidas a prazo a comerciantes.

Art. 17.º (Livro de registo de extractos)

O livro de registo de extractos servirá para nele se registarem cronologicamente todos os extractos passados, com o número de ordem, a data e o valor da factura originária ou da prestação a que corresponda, a data da sua expedição, a data do aceite do extracto e a do protesto por falta de aceite ou devolução (Modelo n.º 1).

Art. 18.º (Falência culposa)

Sempre que se verifique que o falido não tinha regularmente escriturados os livros a que se referem os artigos anteriores, será a falência havida como culposa.

Art. 19.º (Modelo do extracto)

O extracto será conforme ao modelo n.º 2 anexo a este decreto e deve ser selado com o selo de tinta de óleo da taxa de $50 na Casa da Moeda e Valores Selados.

§ 1.º As taxas dos extractos, calculadas sobre a importância da factura original, são as seguintes:

Até 250$ $50
De mais de 250$ 2%

§ 2.º Estas taxas serão completadas com selo fiscal de estampilha, que será inutilizado pelo vendedor no acto da emissão.

Art. 20.º (Aplicação subsidiária)

São aplicáveis aos extractos selados de facturas todas as disposições do Código Comercial relativas a letras e não contrárias ao preceituado no presente decreto.

Art. 21.º (Entrada em vigor)

Este decreto começará a vigorar em 15 de Abril de 1931.

MODELO N.º 1

Número e ordem	Data da factura original	Valor	Data da expedição	Data do aceite	Data do protesto		Observações
					Por falta de aceite	Por falta de devolução	

Nota:

Os Anexos II e III da Tabela Geral do Imposto do Selo (respectivamente, em escudos e em euros), do Código do Imposto do Selo aprovado pela Lei n.º 150/99, de 11.09 fixou as taxas aplicáveis nos seguintes valores:

"23.4 – Extractos de facturas e farturas conferidas – sobre o respectivo valor, com o mínimo de 100$ .... 0,5%"

(Anexo II)

"23.4 – Extractos de facturas e facturas conferidas – sobre o respectivo valor, com o mínimo de 0,5 .... 0,5%"

(Anexo III)

MODELO N.º 2

Mercadorias vendidas a prazo

———

Extracto de factura n.º ....   Escudos ......$ ...
... de ... de 19...

Vendedor (a) ...
Comprador (a) ...
Valor de factura desta data ..., a fl. ...
*   do copiador n.º ..., (b) ...*
Pagável em ..... a (c) .....

(a) Nome e domicílio.
(b) Quantia por extenso.
(c) Data ou prazo do vencimento.

b) Equiparação entre a factura emitida em suporte papel e a factura electrónica

Decreto-Lei n.º 375/99, de 18 de Setembro

A Resolução do Conselho de Ministros n.º 115/98, de 1 de Setembro, que criou a Iniciativa Nacional para o Comércio Electrónico, estabelece como um dos objectivos a concretizar no seu âmbito a definição de um quadro legislativo e regulamentar que crie as condições necessárias ao pleno desenvolvimento do comércio electrónico. Um dos diplomas que, neste contexto, expressamente se refere como devendo ser adoptado é o definidor do regime jurídico aplicável às facturas electrónicas.

Por seu lado, a Resolução do Conselho de Ministros n.º 119/97, de 14 de Julho, que adoptou as bases gerais da reforma fiscal para o século XXI, preconiza a implementação das novas tecnologias da comunicação nos sistemas tributários.

O comércio electrónico implica uma profunda transformação das práticas comerciais tradicionais e, com ela, do quadro legislativo que as regula. De facto, importa que ao nível legislativo se criem as condições para que o comércio electrónico se possa desenvolver harmoniosamente. Há, por isso, que legislar no sentido de criar um ambiente favorável à actuação no quadro da economia digital, removendo-se as barreiras ao pleno desenvolvimento do comércio electrónico e estimulando a confiança que nele devem ter os diferentes agentes económicos.

Um dos objectivos que, neste âmbito, importa assegurar é o do reconhecimento da factura electrónica. Num mundo em que as transacções se processam de computador para computador não faz sentido exigir que as facturas sejam passadas para papel e arquivadas nesse suporte. É hoje possível assegurar a fidedignidade e integridade dos documentos electrónicos por meios que asseguram uma qualidade muito superior aos existentes para o suporte papel.

Nestas condições, a desmaterialização da factura e a correspondente introdução no ordenamento jurídico português do princípio de equiparação entre as facturas emitidas em suporte papel e as facturas electrónicas aparece como uma condição essencial ao desenvolvimento do comércio electrónico. Com esta medida beneficiarão ainda toda a actividade económica e o comércio, entendido aqui no seu sentido mais amplo.

Optou-se por seguir o exemplo que, nesta matéria, nos vem do direito comparado, especialmente dos países com os quais partilhamos raízes jurídicas. Assim, com o presente diploma consagra-se, fundamentalmente, o princípio básico da equiparação da factura electrónica à factura em papel, remetendo-se para diploma complementar os aspectos regulamentares de teor mais técnico. Sendo óbvio que, para além de contribuir para a afirmação da sociedade da informação no nosso país, o presente diploma tem uma óbvia vertente fiscal, a opção por uma construção faseada do regime jurídico aplicável à factura electrónica tem a manifesta vantagem de permitir à administração fiscal criar estruturas, adaptar procedimentos, preparar serviços, formar pessoal e escolher meios. Em suma, faculta-lhe um período de adaptação, que obviamente não poderá ser muito prolongado, mas que se afigura essencial à plena e efectiva aplicação do regime agora consagrado.

Assim:

Nos termos da alínea a) do n.º 1 do artigo 198.º da Constituição, o Governo decreta, para valer como lei geral da República, o seguinte:

Art. 1.º (Transmissão da factura ou equivalente por via electrónica)

1 – A factura ou documento equivalente poderá ser transmitida por via electrónica.

2 – O documento electrónico assim transmitido equivale, para todos os efeitos legais, aos originais das facturas ou documentos equivalentes emitidos em suporte papel, desde que lhe seja aposta uma assinatura digital nos termos do Decreto-Lei n.º 290-D/99, de 2 de Agosto.

3 – A Direcção-Geral dos Impostos pode exigir, em qualquer momento, a quem emite ou recebe uma factura ou documento equivalente transmitidos nos termos do presente artigo o acesso ao seu conteúdo com possibilidade de legibilidade em linguagem natural, bem como a sua reprodução em suporte papel.

Art. 2.º (Adesão ao sistema de facturação electrónica)

1 – Os sujeitos passivos de relação fiscal que, no âmbito da sua actividade económica e para efeitos fiscais, estejam interessados em utilizar o sistema de facturação electrónica devem solicitá-lo à Direcção-Geral dos Impostos, indicando os elementos que comprovem que o sistema de criação, transmissão, recepção e conservação das facturas ou documentos

equivalentes cumpre os requisitos legalmente exigidos, nos termos da regulamentação deste diploma e da legislação complementar aplicável.

2 – A Direcção-Geral dos Impostos responderá ao pedido formulado nos termos do número anterior num prazo não superior a três meses a contar da data da recepção do pedido, considerando-se tacitamente autorizado se a resposta não sobrevier dentro desse prazo.

3 – No caso de a Direcção-Geral dos Impostos considerar necessária a junção de outros documentos ou a prestação de esclarecimentos pelo requerente, considera-se suspenso o prazo referido no número anterior até à recepção desses documentos ou prestação dos esclarecimentos.

4 – As modificações no sistema previamente declarado devem, do mesmo modo, ser comunicadas à Direcção-Geral dos Impostos, considerando-se tacitamente aceites se esta não se pronunciar no prazo de três meses a contar da data da sua comunicação pelo requerente.

5 – Durante qualquer dos procedimentos a que se referem os números anteriores, a Direcção-Geral dos Impostos poderá realizar as verificações nos estabelecimentos e equipamentos do requerente, do prestador de serviços de câmara de compensação de mensagens ou de outra entidade que preste serviço de recepção, registo, guarda e encaminhamento de mensagens.

6 – Após ser concedida a autorização pela Direcção-Geral dos Impostos, o requerente deverá comunicar-lhe o início de utilização do sistema de transmissão por via electrónica das facturas ou documentos equivalentes.

7 – Caso o início de utilização não se verifique dentro do prazo de um ano, considera-se caducada a autorização da Direcção-Geral dos Impostos.

Art. 3.º (Conservação de facturas em suporte papel)

1 – As facturas ou documento equivalente a que se refere o presente diploma devem conservar-se com o seu conteúdo original acessível por ordem cronológica da sua emissão pelo emissor e da sua recepção pelo receptor nos prazos e condições fixados na legislação fiscal aplicável à conservação de facturas em suporte papel.

2 – É obrigatória a conservação em suporte papel durante os prazos referidos no número anterior de uma lista sequencial das facturas, documentos equivalentes e outras mensagens emitidas e recebidas e das correcções ou eventuais anomalias, podendo a administração fiscal fundamentadamente determinar a conservação de cópias digitais em suportes independentes.

Art. 4.º (Fiscalização)

1 – ADirecção-Geral dos Impostos poderá em qualquer momento, nos termos da legislação fiscal aplicável, comprovar nas instalações dos contribuintes, bem como nas dos prestadores dos serviços de câmara de compensação de mensagens ou nas de outras entidades que prestem serviço de recepção, registo, guarda e encaminhamento de mensagens, que o sistema cumpre os requisitos legalmente exigidos, mediante as operações técnicas necessárias para constatar a sua fiabilidade.

2 – Sem prejuízo de outras sanções determinadas na lei, a recusa de facultar o acesso nos termos do número anterior bem como a resistência ou obstrução à fiscalização determinam a cessação automática da autorização de utilização de um sistema de transmissão por via electrónica de facturas ou documentos equivalentes.

3 – O incumprimento das condições estabelecidas no presente diploma e na regulamentação complementar para o funcionamento dos sistemas de transmissão por via electrónica determinará a suspensão da autorização, concedendo a Direcção-Geral dos Impostos ao interessado um prazo de três meses para regularizar a situação.

4 – A persistência do incumprimento das condições estabelecidas findo o prazo referido no número anterior determinará a cessação imediata da autorização concedida.

Art. 5.º (Regulamentação)

1 – O presente diploma será objecto de regulamentação complementar, designadamente no que se prende com as condições e os requisitos de criação, transmissão, recepção e conservação a que obedecerão as facturas e documentos equivalentes transmitidos por via electrónica, bem como com os requisitos a que devem obedecer os sistemas de transmissão por via electrónica de facturas e documentos equivalentes e as entidades que prestem serviços de câmara de compensação de mensagens, bem como outras entidades que prestem serviço de recepção, registo, guarda e encaminhamento de mensagens.

2 – A regulamentação a que se refere o número anterior deverá ser publicada no prazo de 120 dias a contar da entrada em vigor do presente diploma.

Art. 6.º (Tutela ministerial)

O Ministro da Ciência e da Tecnologia promoverá, através do Observatório das Ciências e das Tecnologias e em articulação com outros organismos relevantes da Administração, designadamente do Ministério das Finanças, o acompanhamento e avaliação da execução do presente diploma.

PARTE IV

DOCUMENTO ÚNICO DE COBRANÇA

**Portaria n.º 797/99,
de 15 de Setembro**

Nos termos do disposto no n.º 2 do artigo 12.º do regime da tesouraria do Estado, aprovado pelo Decreto-Lei n.º 191/99, de 5 de Junho, estabelece-se que, por portaria do Ministro das Finanças, são aprovados o modelo e as instruções de preenchimento e processamento do documento único de cobrança (DUC).

ODUC constitui, enquanto elemento fundamental na gestão da tesouraria do Estado na perspectiva da entrada de fundos, um factor essencial para o bom funcionamento do sistema de cobranças do Estado, sendo o título pelo qual se exprime a obrigação pecuniária decorrente da relação entre o Estado e o devedor.

A constante evolução verificada nos sistemas informáticos de apoio à gestão das cobranças do Estado e o incremento do recurso a meios electrónicos para a concretização de pagamentos e recebimentos determinam a necessidade de adaptação das normas e procedimentos em vigor na administração financeira do Estado e que relativamente ao DUC constavam da Portaria n.º 1411/95, de 24 de Novembro, alterada posteriormente pela Portaria n.º 79/97, de 3 de Fevereiro.

Deste modo, sem pôr em causa a segurança e comodidade para os cidadãos, importa criar agora um novo regulamento do DUC que, garantindo os níveis de eficácia e eficiência do controlo das cobranças do Estado, se adapte às evoluções verificadas, nomeadamente com a aprovação do novo regime da tesouraria do Estado, e assegure uma fácil aplicabilidade e o necessário alargamento a outros tipos de receitas, privilegiando sempre o recurso a meios electrónicos de recolha, transmissão e tratamento de informação.

Neste sentido, define-se o DUC não apenas como um impresso tipo mas principalmente em função do conjunto normalizado de informação que deve ser objecto de recolha, transmissão e tratamento entre os diversos sistemas envolvidos na gestão das cobranças do Estado.

Este conjunto de informação fundamental, encontra-se assim reunido na linha óptica do DUC cuja localização no talão de leitura permite um tratamento automático no próprio acto de cobrança.

Assim:

Manda o Governo, pelo Ministro das Finanças, nos termos do n.º 2 do artigo 12.º do Decreto-Lei n.º 191/99, de 5 de Junho, o seguinte:

1.º É aprovado o Regulamento do Documento Único de Cobrança, anexo à presente portaria, que dela faz parte integrante.

2.º Mantêm-se válidos os modelos de DUC registados na Direcção-Geral do Tesouro à data da entrada em vigor da presente portaria.

O Ministro das Finanças, *António Luciano Pacheco de Sousa Franco*, em 26 de Agosto de 1999.

ANEXO

Regulamento do Documento Único de Cobrança

Art. 1.º (Âmbito)

1 – O disposto no presente Regulamento aplica-se, no território nacional, a todas as entradas de fundos na tesouraria do Estado, quer sejam relativas a receitas do Estado, quer se relacionem com operações específicas do Tesouro.

2 – O documento único de cobrança poderá ser pago em toda a rede de cobranças do Estado, composta pelas caixas do Tesouro e pelas entidades colaboradoras na cobrança, conforme definido no artigo 6.º do Decreto-Lei n.º 191/99, de 5 de Junho.

Art. 2.º (Aprovação)

1 – Pelo presente Regulamento é aprovado o documento único de cobrança (DUC), bem como as respectivas especificações complementares correspondentes aos diferentes modelos A, B, C e D, as quais constam do anexo ao presente Regulamento, que dele constitui parte integrante.

2 – A linha óptica do DUC, contendo os elementos essenciais ao controlo de cobrança, tem, quando completa, a seguinte composição:

Ano: (2 posições);
Entidade liquidadora/balcão: (8 posições);
Tipo de receita: (1 posição);
Dígito de controlo: (1 posição);
Número sequencial: (11 posições);
Separador: (1 posição);
Entidade controladora da cobrança: (4 posições);
Separador: (1 posição);
Valor: (12 posições);
Dígito de controlo: (2 posições).

Artigo 3.º (Forma)

1 – De acordo com o posicionamento abaixo ilustrado, o modelo tipo do DUC é constituído por três partes destacáveis: o recibo, que será devolvido à entidade que efectua o pagamento após a cobrança, devidamente validado; o talão de controlo, que fica à disposição da entidade cobradora, e o talão de leitura, que fica arquivado na entidade cobradora para ser exibido sempre que solicitado.

Recibo	
Talão de controlo	Talão de leitura

2 – O modelo tipo DUC assume a seguinte forma genérica:

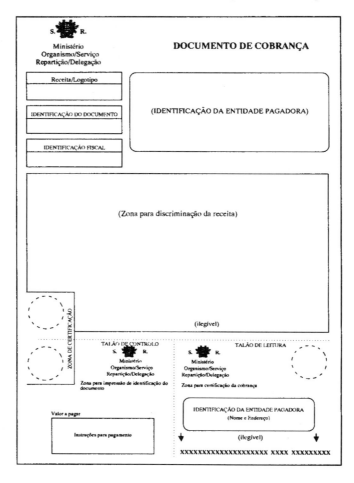

Nota: A publicação no *Diário da República* do modelo do DUC, apresenta-se de dificultosa leitura, assim as palavras *indecifráveis* receberam a menção entre parêntesis de "ilegível".

2.1 – Recibo – é a componente que constituirá o recibo, após certificação pela entidade cobradora; no topo do lado esquerdo contém as seguintes indicações:

Identificação da entidade liquidadora (ministério, organismo/serviço, repartição/delega-ção/balcão);

Identificação da receita/logótipo (zona onde se identifica a receita e se apõe o logótipo, se houver);

Identificação do documento;

Identificação fiscal da entidade pagadora (terá espaço para dois números, a utilizar quando necessário).

No topo do lado direito contém o seguinte:

Título do documento de cobrança e indicação do modelo;

Área reservada para a janela (necessária para a expedição sem envelope) ou identificação da entidade pagadora.

No caso de o impresso conter janela, a identificação da entidade pagadora deve ser aposta na parte superior da zona para discriminação da receita.

Na parte restante desta componente existe uma área para discriminação da receita, adequada à respectiva natureza, havendo obrigatoriamente na parte inferior um espaço para certificação da cobrança, bem como uma zona para indicação da data limite do pagamento e do valor a pagar.

2.2 – Talão de controlo – esta componente, situada na parte inferior esquerda do documento, é a que se destina ao caixa cobrador para documentar a respectiva operação de cobrança; no topo contém uma zona para:

Certificação da cobrança;

Identificação da entidade liquidadora (ministério, organismo/serviço, repartição/delega-ção/balcão)

A seguir existe uma zona para impressão de:

Identificação do documento;
Valor a pagar.

Termina com um espaço destinado a instruções para o pagamento, incluindo por Multibanco, quando tal for possível, e a indicação dos balcões onde possa ser feito o pagamento, caso haja limitações nesse sentido. As instruções de pagamento podem também ser incluídas no verso de todo o documento.

308   *Regime Jurídico dos Títulos de Crédito*

2.3 – Talão de leitura – é a componente que contém a linha óptica para efeito da respectiva recolha automática dos dados da cobrança; a parte superior contém:

Identificação da entidade liquidadora (ministério, organismo/serviço, repartição/delega-ção/balcão);
Zona para certificação da cobrança.

Contém as seguintes zonas para imprimir:

Identificação da receita;
Identificação do documento;
Identificação fiscal da entidade pagadora;
Valor a pagar;
Identificação da entidade pagadora (nome e endereço), posicionada de modo a aparecer, após a sua dobragem para expedição, na janela antes referida, ou em janela do envelope, se for usado este meio para expedição.

Na parte inferior está reservada uma zona para a linha óptica, impressa com caracteres OCRB, que tem a composição referida no n.º 2 do artigo 2.º.

3 – No caso dos modelos em que seja necessária a recolha da informação de detalhe a constar do recibo do modelo C, o DUC é constituído também por um duplicado do recibo, o qual é remetido à entidade que administra a receita, de acordo com o estabelecido no n.º 1 do artigo 5.º, passando o recibo a constituir uma segunda página destacável.

4 – O DUC pode ser desmaterializado através da sua geração por sistemas electrónicos de cobrança que garantam todas as especificações informáticas requeridas.

5 – Quando o pagamento for efectuado por transferência electrónica de fundos ou em terminais de pagamento automático, o respectivo suporte informático deve disponibilizar todos os elementos essenciais ao controlo da cobrança, servindo de recibo o comprovante emitido pelos referidos sistemas de pagamento.

Art. 4.º (Emissão)

1 – O DUC é emitido pelas entidades administradoras ou liquidadoras da receita, através do recurso a meios informáticos para a respectiva emissão, numeração e aposição da linha óptica.

Documento Único de Cobrança 309

2 – Em casos de extravio, furto ou destruição, é emitida pela entidade administradora, a solicitação do devedor e no prazo máximo de cinco dias úteis contados da data do pedido, uma segunda via do DUC.

3 – A ocorrência dos factos referidos no número anterior não suspende nem interrompe os prazos previstos nos regimes legais aplicáveis às respectivas cobranças.

4 – O DUC do modelo D substitui o do modelo A, sendo utilizado e emitido pelas entidades administradoras ou liquidadoras da receita que não disponham, ou que não tenham operacionais, os meios informáticos para a realização da liquidação e emissão do DUC.

Art. 5.º (Envio de informação)

1 – O envio da informação de cobrança do DUC e da respectiva documentação deve ser efec-tuado nos termos e prazos estabelecidos:

a) Para os serviços com funções de caixas do Tesouro, na portaria a que se refere o n.º 2 do artigo 7.º do regime da tesouraria do Estado (RTE);

b) Para as entidades colaboradoras na cobrança, nos contratos celebrados no âmbito do RTE.

2 – Dos recebimentos processados por via electrónica é enviada à entidade responsável pela administração da receita a informação disponibilizada pelo suporte informático.

3 – A remessa da documentação referida no n.º 1 é, sempre que possível, substituída pelo correspondente suporte informático, que para todos os efeitos se considera equivalente àquela.

Art. 6.º (Registo)

1 – A utilização do DUC pelas entidades liquidadoras e adminis-tradoras das receitas e opera-ções específicas do Tesouro depende do registo prévio na Direcção-Geral do Tesouro, ao qual é atribuído um número identificador.

2 – Enquanto não se efectuar o registo referido no número anterior, aplicam-se os procedimentos de cobrança anteriormente existentes.

3 – O registo na Direcção-Geral do Tesouro dos modelos de DUC a utilizar para cada receita, estabelecendo a adaptação da área para

310 *Regime Jurídico dos Títulos de Crédito*

discriminação da receita dos modelos aprovados pelo presente Regulamento, é efectuado mediante despacho do director-geral do Tesouro, o qual é objecto de publicação na 2.ª série do *Diário da República*, sempre que se refira a documentos do modelo C.

4 – No âmbito do processo de registo, a Direcção-Geral do Tesouro aprecia se foram cumpridos os requisitos definidos no presente Regulamento, nomeadamente o adequado posicionamento da linha óptica.

5 – O disposto no presente artigo aplica-se, com as necessárias adaptações, aos documentos de cobrança desmaterializados previstos no n.º 4 do artigo 3.º.

ANEXO

Modelo A

Este modelo, que é emitido pela entidade administradora ou liquidadora, contém pré-impressa a linha óptica completa, bem como a identificação da entidade pagadora e o valor a pagar.

Modelo B

Este modelo, que é emitido pela entidade liquidadora, não contém na linha óptica as posições relativas ao valor a pagar e ao respectivo dígito de controlo, cabendo à entidade pagadora, cuja identificação está pré-impressa, a inscrição do montante a pagar nas respectivas áreas.

No recibo deve ainda existir urna área para o preenchimento pela entidade pagadora do valor a pagar por extenso.

Modelo C

O DUC do modelo C é pré-numerado, identificando a receita e o serviço que a administra ou liquida e destina-se à autoliquidação, retenção na fonte ou pagamento por conta.

Este modelo, que é preenchido pela entidade pagadora, incluindo a sua própria identificação nas respectivas áreas, é constituído por duas páginas. A primeira página contém três componentes: o duplicado do recibo, o talão de controlo e o talão de leitura óptica; a segunda página

Documento Único de Cobrança 311

(duplicado, obtido por decalque) abrange apenas a parte do recibo com o posicionamento e a forma como se descrevem no n.º 3 do artigo 3.º.

Este modelo, que é emitido pela entidade liquidadora, não contém na linha óptica as posições relativas ao valor a pagar e ao respectivo dígito de controlo, cabendo à entidade pagadora a inscrição daquele valor nas respectivas áreas.

No recibo deverá ainda existir uma área para o preenchimento pela entidade pagadora do valor a pagar por extenso.

De forma a viabilizar a recolha directa por meios informáticos, podem ser introduzidos no duplicado do recibo elementos que viabilizem a respectiva leitura óptica integral, nomeadamente quadrículas e marcas ópticas respeitando as características técnicas necessárias para o efeito.

Modelo D

Este modelo, destinado a entidades administradoras ou liquidadoras que não disponham de meios informáticos para a emissão do DUC, não contém na linha óptica, caso esta seja pré-impressa, as posições relativas ao valor a pagar e ao respectivo dígito de controlo.

PARTE V

REGIME APLICÁVEL DO IMPOSTO DO SELO

**Lei n.º 150/99,
de 11 de Setembro**
(que aprova o Código do Imposto do Selo)

Art. 2.º (Abolição das estampilhas fiscais)

1 – São abolidas, a partir de 1 de Setembro de 1999, as estampilhas fiscais.

2 – O pagamento do imposto do selo que, nos termos da Tabela Geral aprovada pelo Decreto n.º 21 916, se devesse efectuar por estampilha passa a fazer-se, desde aquela data, por meio de guia.

3 – Até à entrada em vigor do Código e Tabela Geral anexos, a liquidação e entrega do imposto do selo nas circunstâncias referidas no número anterior cabem:

a) Às pessoas colectivas e, também, às pessoas singulares que actuem no exercício de actividade de comércio, indústria ou prestação de serviços, relativamente aos contratos ou restantes documentos em que intervenham;

b) No caso de não intervenção nos actos, contratos ou documentos de qualquer das entidades referidas na alínea anterior, às entidades públicas a quem os contratos ou os restantes documentos devam ser apresentados para qualquer efeito legal, nos termos da alínea *a)* do artigo 14.º do Código do Imposto do Selo.

4 – A partir da data referida no n.º 1, deixa de acrescer o imposto do selo do artigo 92 da Tabela Geral aprovada pelo Decreto n.º 21 916 a quaisquer contratos especialmente tributados pela mesma Tabela.

Art. 3.º (Regime transitório)

1 – A Tabela Geral anexa aplica-se, sem prejuízo do disposto no número seguinte, aos contratos celebrados a partir de 1 de Janeiro de 2000.

2 – São considerados novos contratos a segunda prorrogação e a prorrogação não automática efectuada após o 30.º dia anterior ao seu termo dos contratos referidos no n.º 1.

3 – A tributação dos negócios jurídicos sobre bens imóveis prevista no n.º 1 da Tabela Geral aplicar-se-ão, até à reforma da tributação do património, as regras de determinação da matéria tributável do Código da Sisa e do Imposto sobre as Sucessões e Doações, aprovado pelo artigo 1.º do Decreto-Lei n.º 41 969, de 24 de Novembro de 1958.

4 – Até à instalação das conservatórias de registo de bens móveis previstas no Código de Registo de Bens Móveis, aprovado pelo artigo 1.º do Decreto-Lei n.º 267/95, de 25 de Outubro, a tributação prevista no n.º 2 da Tabela Geral do Imposto do Selo aplicar-se-á exclusivamente aos registos efectuados na Conservatória do Registo Automóvel.

Código do Imposto do Selo

Art. 3.º (Encargo do imposto)

1 – O imposto constitui encargo das entidades com interesse económico nas realidades referidas no artigo 1.º.

2 – Em caso de interesse económico comum a várias entidades, o encargo do imposto é repartido proporcionalmente por todas elas.

3 – Para efeitos do n.º 1, considera-se que o interesse económico pertence:

i) Nos cheques, ao titular da conta;

j) Nas letras e livranças, ao sacado e ao devedor;

l) Nos títulos de crédito não referidos anteriormente, ao credor;

Regime Aplicável do Imposto do Selo 315

Art. 13.º (Nascimento da obrigação tributária)

Para efeitos das obrigações previstas no presente capítulo, a obrigação tributária considera-se constituída:

c) Nos cheques editados por instituições de crédito domiciliadas em território nacional, no momento da recepção de cada impressão;

d) Nos documentos expedidos ou passados fora do território nacional, no momento em que forem apresentados em Portugal junto de quaisquer entidades;

e) Nas letras emitidas no estrangeiro, no momento em que forem aceites, endossadas ou apresentadas a pagamento em território nacional;

f) Nas letras e livranças em branco, no momento em que possam ser preenchidas nos termos da respectiva convenção de preenchimento;

Art. 14.º (Liquidação e pagamento)

A liquidação e o pagamento do imposto competem às seguintes entidades:

f) Entidades emitentes de letras, livranças e outros títulos de crédito, entidades editantes de cheques ou, no caso de títulos emitidos no estrangeiro, a primeira entidade que intervenha na negociação ou pagamento;

Art. 16.º (Forma de pagamento)

O imposto do selo é sempre pago por meio de guia.

Art. 17.º (Prazo e local do pagamento)

1 – O imposto é entregue pelas entidades a quem incumba essa obrigação nos serviços locais ou qualquer outro local autorizado nos termos da lei até ao final do mês seguinte àquele em que a obrigação tributária se tenha constituído.

2 – Nos documentos, títulos e livros sujeitos a imposto são mencionados o valor do imposto e a data da liquidação.

316 *Regime Jurídico dos Títulos de Crédito*

3 – Sempre que o imposto deva ser liquidado pelos serviços da administração fiscal, o contribuinte será notificado para efectuar o seu pagamento no prazo de 30 dias, no serviço local da área a que pertença o serviço liquidador.

4 – Tratando-se de imposto devido por operações de crédito ou garantias prestadas por um conjunto de instituições de crédito ou de sociedades financeiras, a liquidação do imposto pode ser efectuada global-mente por qualquer daquelas entidades, sem prejuízo da responsabilidade, nos termos gerais, de cada uma delas em caso de incumprimento.

Art. 21.º (Relação de cheques e vales do correio passados ou de outros títulos)

As entidades que passem cheques e vales de correio, ou outros títulos a definir por despacho do Ministro das Finanças, devem remeter aos serviços regionais da administração fiscal da respectiva área, até ao último dia do mês de Março de cada ano, relação do número de cheques, vales de correio, ou dos outros títulos acima definidos, passados no ano anterior.

Art. 24.º (Títulos de crédito passados no estrangeiro)

Os títulos de crédito passados no estrangeiro não podem ser sacados, aceites, endossados, pagos ou por qualquer modo negociados em território nacional sem que se mostre cobrado o respectivo imposto.

Art. 25.º (Legalização dos livros)

Não podem ser legalizados os livros sujeitos a imposto do selo enquanto não for cobrado o respectivo imposto.

Art. 29.º (Cheques)

1 – A impressão dos cheques é feita pelas instituições de crédito para uso das entidades emitentes que nelas tenham disponibilidades, podendo as entidades privadas que não sejam instituições de crédito mandar imprimir os seus próprios cheques, por intermédio dessas instituições e de acordo com as normas aprovadas.

Regime Aplicável do Imposto do Selo

2 – Os cheques são numerados por séries e, dentro destas, por números.

3 – Em cada instituição de crédito haverá um registo dos cheques impressos contendo número de série, número de cheques de cada série, total de cheques de cada impressão, data da recepção de cheques impressos, imposto do selo devido e data e local do pagamento.

Art. 30º (Letras e livranças)

1 – As letras emitidas obedecerão aos requisitos previstos na lei uniforme relativa a letras e livranças.

2 – O modelo das letras e livranças e suas características são estabelecidos em portaria do Ministro das Finanças.

3 – As letras serão oficialmente editadas ou, facultativamente, pelas empresas públicas e sociedades regularmente constituídas, desde que o número de letras emitidas durante o ano não seja inferior a 600.

4 – Para efeitos da segunda parte do número anterior, poderão as entidades nele referidas emitir letras no ano de início da sua actividade quando prevejam que o número de letras a emitir nesse ano será igual ou superior ao múltiplo do número de meses de calendário desde o início da actividade até ao final do ano, por 50.

5 – As letras editadas pelas empresas públicas e sociedades regularmente constituídas serão impressas nas tipografias autorizadas para o efeito por despacho do Ministro das Finanças.

6 – As letras referidas no número anterior contêm numeração sequencial impressa tipograficamente com uma ou mais séries, convenientemente referenciadas.

7 – A aquisição das letras é efectuada mediante requisição de modelo oficial que contém a identificação fiscal da entidade adquirente, bem como da tipografia, ficando esta sujeita relativamente ao registo e comunicação às mesmas obrigações aplicáveis à impressão das facturas com as adaptações necessárias.

8 – As entidades que emitam letras devem possuir registo de onde conste o número sequencial, a data de emissão e o valor da letra, bem como o valor e a data de liquidação do imposto.

9 – As letras oficialmente editadas são requisitadas nos serviços locais da administração fiscal da respectiva área ou noutros estabelecimentos que aquela autorize.

10 – As livranças são exclusivamente editadas pelas instituições de crédito e sociedades financeiras.

ANEXO II

Tabela Geral do Imposto do Selo
(em escudos)

4 – Cheques de qualquer natureza, passados no território nacional
— por cada um .... 10$00

23 – Títulos de crédito:
23.1 – Letras – sobre o respectivo valor, com o mínimo de 200$ 0,5%
23.2 – Livranças – sobre o respectivo valor, com o mínimo de 200$ 0,5%
23.3 – Ordens e escritos de qualquer natureza, com exclusão dos cheques, nos quais se determine pagamento ou entrega de dinheiro com cláusula à ordem ou à disposição, ainda que sob a forma de correspondência
– sobre o respectivo valor, com o mínimo de 200$ 0,5%
23.4 – Extractos de facturas e facturas conferidas – sobre o respectivo valor, com o mínimo de 100$ 0,5%

ANEXO III

Tabela Geral do Imposto do Selo
(em euros)

4 – Cheques de qualquer natureza, passados no territorio nacional
– por cada um 0,05
23 – Títulos de crédito:
23.1 – Letras – sobre o respectivo valor, com o mínimo de 1 .... 0,5%

Regime Aplicável do Imposto do Selo 319

23.2 – Livranças – sobre o respectivo valor, com o
mínimo de 1 .... 0,5%

23.3 – Ordens e escritos de qualquer natureza, com
exclusão dos cheques, nos quais se determine
pagamento ou entrega de dinheiro com cláusula à ordem ou à disposição, ainda que sob
a forma de correspondência
— sobre o respectivo valor, com o mínimo
de 1 .... 0,5%

23.4 – Extractos de facturas e facturas conferidas –
sobre o respectivo valor, com o mínimo de
0,5 .... 0,5%

ÍNDICE DE JURISPRUDÊNCIA

1992

— Ac. R.L. de 03.12.92, *in* BMJ, 422, p. 418 (art. 76.º LULL) – p. 76
— Ac. R.E. de 09.12.92, *in* BMJ, 422, p. 448 (art. 11.º RJCP) – p. 169
— Ac. S.T.J. de 17.12.92, *in* BMJ, 422, p. 398 (art. 10.º LULL) – p. 16
— Ac. R.L. de 17.12.92, *in* BMJ 422, p. 418 (art. 76.º LULL) – p. 75
— Assento S.T.J. n.º 4/92, *in* D.R. n.º 290, de 17.12.92, I-A, p. 5819
  (13.07.92) e BMJ, 419, p. 75 (art. 48.º LULL) – p. 57

1993

— Ac. S.T.J. de 07.01.93, *in* BMJ, 423, p. 554 (art. 44.º LULL) – p. 54
— Ac. R.C. de 07.01.93, *in* BMJ, 423, p. 608 (art. 11.º RJCP) – p. 190
— Ac. R.C. de 12.01.93, *in* CJ, Ano XVIII, T. I, p. 21 (art. 71.º LULL) –
  p. 70
— Ac. R.C de 13.01.93, *in* BMJ, 423, p. 608 (art. 1.º LUC) – p. 91
— Ac. R.P. de 20.01.93, *in* BMJ, 423, p. 595 (art. 11.º-A RJCP) – p. 225
— Ac. R.P. de 20.01.93, *in* CJ, Ano XVIII, T. I, p. 245 (art. 11.º-A RJCP) –
  p. 225
— Ac. S.T.J. de 02.02.93, *in* CJ, Ano I, T. I, p. 112 (art. 70.º LULL) – p. 69
— Ac. R.C. de 03.02.93, *in* BMJ, 424, p. 745 (art. 11.º-A RJCP) – p. 225
— Ac. S.T.J. de 03.02.93, *in* BMJ, 424, p. 351 (art. 11.º RJCP) – p. 205
— Ac. R.C. de 16.02.93, *in* CJ, Ano XVIII, T. I, p. 51 (art. 3.º LUC) – p. 107
— Ac. R.C. de 16.02.93, *in* BMJ, 424, p. 744 (art. 40.º LUC) – p. 125
— Ac. R.C. de 25.02.93, *in* BMJ, 424, p. 744 (art. 11.º RJCP) – p. 157
— Ac. R.C. de 25.02.93, *in* CJ, Ano XVIII; T. I, p. 73 (art. 11.º RJCP) – p. 168
— Ac. R.P. de 10.03.93, *in* CJ, Ano XVIII, T. II, p. 233 (art. 11.º-A RJCP) –
  p. 224
— Ac. S.T.J. de 23. 03.93, *in* BMJ, 425, p. 573 (art. 75.º LULL) – p. 73
— Ac. STJ de 23.03.93 *in* C.J., Ano I, T. II, p. 27 (art. 46.º C.P.C.) – p. 69
— Ac. R.C. de 24.03.93, *in* BMJ, 425, p. 631 (art. 11.º – A RJCP) – p. 224
— Ac. STJ de 25.03.93, *in* BMJ, 425, p. 310 (art. 11.º RJCP) – p. 159
— Ac. S.T.J. de 30.03.93, *in* BMJ, 425, p. 586 (art. 3.º LUC) – p. 107

— Ac. R.E. de 01.04.93, *in* BMJ, 426, p. 550 (art. 46.º C.P.C.) – p. 68
— Ac. R.C. de 15.04.93, *in* BMJ, 426, p. 534 (art. 11.º RJCP) – p. 190
— Ac. S.T.J. de 28.04.93, *in* BMJ, 426, p. 257 (art. 11.º RJCP) – p. 153
— Ac. R.C. de 05.05.93, *in* BMJ, 427, p. 596 (art. 11.º-A RJCP) – p. 224
— Ac. R.C. de 11.05.93, *in* BMJ, 427, p. 599 (art. 25.º LULL) – p. 30
— Ac. R.C. de 11.05.93, *in* CJ, Ano XVIII, T. III, p. 33 (art. 17.º LULL) –
p. 22
— Ac. R.C. de 12.05.93, *in* BMJ, 427, p. 595 (art. 11.º RJCP) – p. 150
— Ac. R.C. de 19.05.93, *in* BMJ, 427, p. 596 (art. 2.º LUC) – p. 96
— Ac. R.P. de 26.05.93, *in* CJ, Ano XVIII, T. III, p. 245 (art. 11.º RJCP) –
p. 168
— Ac. R.P. de 26.05.93, *in* CJ, Ano XVIII, T. III, p. 248 (art. 11.º– A RJCP)
– 224
— Ac. RC de 02.06.93, *in* BMJ, 428, p. 690 (art. 2.º LUC) – p. 96
— Ac. R.L. de 03.06.93, *in* BMJ, 428, p. 668 (art. 17.º LULL) – p. 24
— Ac. R.L. de 03.06.93, *in* CJ, Ano XVIII, T. II, p. 121 (art. 21.º LULL) –
p. 29
— Ac. R.L. de 03.06.93, *in* BMJ 428, p. 668 (art. 34.º LULL) – p. 41
— Ac. STJ de 08.06.93, *in* BMJ, 428, p. 521 (art. 46.º CPC) – p. 132
— Ac. RP de 09.06.93, *in* BMJ, 428, p. 677 (art. 11.º RJCP) – p. 168
— Ac. R.P. de 14.06.93, *in* BMJ, 428, p. 682 (art. 21.º LULL) – p. 28
— Ac. STJ de 23.06.93, *in* BMJ, 428, p. 324 (art. 12.º RJCP) – p. 233
— Ac. R.L. de 24.06.93, *in* BMJ, 428, p. 662 (art. 76.º LULL) – p. 75
— Ac. R. L. de 01.07.93, *in* CJ, Ano XVIII, T. III, p. 146 (art. 3.º LUC) –
p. 107
— Ac. R.L. de 07.07.93, *in* BMJ, 429, p. 864 (art. 76.º LULL) – p. 75
— Ac. R.P. de 21.09.93, *in* BMJ, 429, p. 875 (art. 1.º LUC) – p. 91
— Ac. R.C. de 23.09.93, *in* BMJ, 429, p. 893 (art. 13.º LUC) – p. 112
— Ac. R.C. de 28.09.93, *in* BMJ, 429, p. 897 (art. 71.º LULL) – p. 70
— Ac. R.L. de 07.10.93, *in* CJ, Ano XVIII, T. IV, p. 144 (art. 21.º LULL) –
p. 28
— Ac. R.E. de 12.10.93, *in* BMJ, 430, p. 539 (art. 11.º-A RJCP) – p. 227
— Ac. STJ de 13.10.93, *in* BMJ, 430, p. 462 (art. 30.º LULL) – p. 32
— Ac. S.T.J. de 19.10.93, *in* BMJ, 430, p. 466 (art. 3.º LUC) – p. 106
— Ac. S.T.J. de 19.10.93, *in* CJ, Ano I, T. III, p. 69 (art. 11.º RJCP) – p. 185
— Ac. R.E. de 19.10.93, *in* BMJ, 430, p. 539 (art. 11.º RJCP) – p. 205
— Ac. S.T.J. de 27.10.93, *in* BMJ, 430, p. 272 (art. 11.º RJCP) – p. 153
— Ac. S.T.J. de 27.10.93, *in* BMJ, 430, p. 272 (art. 13.º RJCP) – p. 235
— Ac. S.T.J. de 04.11.93, *in* BMJ, 431, p. 488 (art. 32.º LULL) – p. 39
— Ac. S.T.J. de 10.11.93, *in* CJ, Ano I, T. III, p. 130 (art. 3.º LUC) – p. 106
— Ac. S.T.J. de 10.11.93, *in* BMJ, 431, p. 495 (art. 43.º LULL) – p. 51
— Ac. S.T.J. de 10.11.93, *in* CJ, Ano I, T. III, p. 127 (art. 43.º LULL) –
p. 52

Índice de Jurisprudência 323

— Ac. R.P. de 17.11.93, *in* BMJ, 431, p. 553 (art. 11.º RJCP) – p. 182
— Ac. R.P. de 17.11.93, *in* CJ, Ano XVIII, T. V, p. 257 (art. 11.º-A RJCP) – p. 222 e 224
— Ac. R.C. de 23.11.93, *in* CJ, Ano XVIII, T. V, p. 38 (art. 31.º LULL) – p. 35
— Ac. STJ de 30.11.93, *in* BMJ, 431, p. 280 (art. 11.º RJCP) – p. 184
— Ac. R.P. de 02.12.93, *in* BMJ, 432, p. 429 (art. 38.º LULL) – p. 43
— Ac. STJ de 06.12.93, *in* BMJ, 432, p. 176 (art. 1.º LULL) – p. 10
— Ac. STJ de 09.12.93, CJ, Ano I, T. II, p. 178 (art. 16.º LULL) – p. 18
— Ac. R.E. de 09.12.93, *in* BMJ, 432, p. 451 (art. 43.º LULL) – p. 52
— Ac. R.C. de 14.12.93, *in* BMJ, 432, p. 440 (art.44.º LULL) – p. 54

1994

— Ac. R. P. de 06.01.94, *in* CJ, Ano XIX, p. 200 (art. 32.º LUC) – p. 121
— Ac. R. C. de 06.01.94, *in* BMJ, 433, p. 631 (art. 32.º LULL) – p. 38
— Ac. R.C. de 06.01.94, *in* CJ, Ano XIX, T. I, p. 5 (art. 21.º LULL) – p. 28
— Ac. S.T.J. de 12.01.94, *in* CJ, Ano II, T. I, p. 40 (art. 3.º LUC) – p. 105
— Ac. S.T.J. de 12.01.94, *in* CJ, Ano II, T. I, p. 36 (art. 11.º RJCP) – p. 218
— Ac. R.L. de 12.01.94, *in* BMJ, 433, p. 604 (art. 11.º-A RJCP) – p. 227
— Ac. R.P. de 12.01.94, *in* BMJ, 433, p. 616 (art. 11.º RJCP) – p. 204
— Ac. R.P. de 12.01.94, *in* BMJ, 433, p. 613 (art. 11.º-A RJCP) – p. 223
— Ac. R.P. de 19.01.94 *in* B.M.J., 433, p. 615 (art. 11.º RJCP) – p. 167
— Ac. S.T.J. de 26.01.94, *in* BMJ, 433, p. 336 (art. 2.º LUC) – p. 96
— Ac. R.C. de 27.01.94, *in* CJ, Ano XIX, T. I, p. 52 (art. 11.º RJCP) – p. 187 e 222
— Ac. R.E. de 01.02.94, *in* BMJ, 434, p. 713 (art. 11.º-A RJCP) – p. 221
— Ac. R.C. de 09.02.94, *in* CJ, Ano XIX, T. I, p. 58 (art. 29.º LUC) – p. 120
— Ac. R.C. de 17.02.94, *in* BMJ, 434, p. 698 (art. 11.º RJCP) – p. 204
— Ac. R.C. de 24.02.94, *in* BMJ, 434, p. 698 (art. 11.º RJCP) – p. 167
— Ac. R.P. de 02.03.94, *in* BMJ, 435, p. 897 (art. 11.º RJCP) – p. 167
— Ac. R.C. de 15.03.94, *in* BMJ, 435, P. 109 (art. 1.º LUC) – p. 91
— Ac. R.E. de 15.03.94, *in* CJ, Ano XIX, T. II, p. 271 (art. 11.º RJCP) – p. 150
— Ac. R.L. de 17.03.94, *in* CJ, Ano XIX, T. II, p. 89 (art. 48.º LULL) – p. 57
— Ac. R.P. de 23.03.94, *in* BMJ, 435, p. 896 (art. 11.º RJCP) – p. 167
— Ac. R.E. de 05.04.94, *in* BMJ, 436, p. 466 (art. 11.º-A RJCP) – p. 221 e 223
— Ac. R.E. de 12.04.94, *in* BMJ, 436, p. 465 (art. 11.º-A RJCP) – p. 227
— Ac. R.E. de 12.04.94, *in* BMJ, 436, p. 465 (art. 11.º e 13.º-A RJCP) – p. 150

324 *Regime Jurídico dos Títulos de Crédito*

— Ac. R.E. de 12.04.94 *in* B.M.J., 436, p. 465 (art. 11.º-A RJCP) – p. 223
— Ac. R.E. de 12.04.94, *in* CJ, Ano XIX, T. II, p. 277 (art. 11.º RJCP) – p. 167
— Ac. R.P. de 13.04.94, *in* BMJ, 436, p. 438 (art. 11.º RJCP) – p. 187
— Ac. R.P. de 13.04.94, *in* BMJ, 436, p. 436 (art. 11.º RJCP) – p. 172
— Ac. R.C. de 20.04.94, *in* BMJ, 436, p. 452 (art. 13.º-A RJCP) – p. 238
— Ac. R.C. de 20.04.94, *in* BMJ, 436, p. 438 (art. 11.º RJCP) – p. 166
— Ac. R.L. de 21.04.94, *in* CJ, Ano XIX, T. II, p. 126 (art. 34.º LULL) – p. 41
— Ac. R.C. de 04.05.94, *in* BMJ, 437, p. 596 (art. 2.º LUC) – p. 95
— Ac. R.C. de 04.05.94, *in* CJ, Ano XIX, T. III, p. 44 (art. 11.º RJCP) – p. 187
– Ac. S.T.J. de 05.05.94, *in* BMJ, 437, p. 525 (art. 13.º LUC) – p. 111
— Ac. R.P. de 09.05.94, *in* BMJ, 437, p. 574 (art. 44.º LULL) – p. 54
— Ac. R.P. de 11.05.94, *in* BMJ, 437, p. 581 (art. 12.º LUC) – p. 109
— Ac. R.P. de 11.05.94, *in* BMJ, 437, p. 581 (art. 11.º RJCP) – p. 204
— Ac. R.C. de 11.05.94, *in* CJ, Ano XIX, T. III, p.47 (art. 11.º – A RJCP) – p. 221
— Ac. R.P. de 11.05.94, *in* CJ, Ano XIX, T. III, p. 248 (art. 11.º RJCP) – p. 204
— Ac. R.L. de 19.05.94, *in* BMJ, 437, p. 565 (art. 11.º RJCP) – p. 217
— Ac. R.P. de 19.05.94, *in* BMJ, 437, p. 586 (art. 44.º LULL) – p. 54
— Ac. R.C. de 24.05.94, *in* BMJ, 437, p. 597 (art. 38.º LULL) – p. 43
— Ac. R.C. de 03.06.94, *in* BMJ, 438, p. 561 (art. 11.º RJCP) – p. 149
— Ac. S.T.J. de 08.06.94, *in* CJ, Ano II, T. II, p. 244 (art. 11.º RJCP) – p. 203
— Ac. R.P. de 14.06.94, *in* CJ, Ano XIX, T. III, p. 232 (art. 10.º LULL) – p. 15
— Ac. R.P. de 14.06.94, *in* BMJ, 438, p.552 (art. 10.º LULL) – p. 15
— Ac. R.C. de 15.06.94, *in* BMJ, 438, p. 561 (art. 11.º RJCP) – p. 157
— Ac. R.P. de 06.07.94, *in* BMJ, 439, p. 650 (art. 11.º RJCP) – p. 157 e 203
— Ac. R.P. de 06.07.94 *in* C.J., Ano XIX, T.IV, p. 223 (art. 11.º RJCP) – p. 157
— Ac. R.P. de 08.07.94, *in* CJ, Ano XIX; T. IV, p. 177 (art. 2.º LULL) – p. 11
— Ac. S.T.J. de 27.09.94, *in* BMJ, 439, p. 605 (art. 17.º LULL) – p. 23
— Ac. R.L. de 06.10.94, *in* CJ, Ano XIX, T. V, p. 100 (art. 44.º LULL) – p. 53
— Ac. R.P. de 24.10.94, *in* BMJ, 440, p. 539 (art. 46.º CPC) – p. 132
— Ac. R.C. de 03.11.94, *in* BMJ, 441, p. 406 (art. 11.º RJCP) – p. 203
— Ac. R.P. de 09.11.94, *in* BMJ, 441, p. 395 (art. 11.º RJCP) – p. 166
— Ac. R.P. de 09.11.94 *in* B.M.J., 441, p. 395 (art. 11.º RJCP) – p. 181
— Ac. R.P. de 09.11.94, *in* CJ, Ano XIX, T. V, p. 247 (Art. 11.º RJCP) – 203
— Ac. R.L. de 10.11.94, *in* BMJ, 441, p. 388 (art. 43.º LULL) – p. 51

Índice de Jurisprudência

— Ac. R.L. de 23.11.94, *in* CJ, Ano XIX, T. V, p. 156 (art. 13.º-A RJCP) –
p. 238
— Ac. R.C. de 29.11.94, *in* CJ, Ano XIX, T. V, p. 55 (art. 48.º LULL) –
p. 57
— Ac. R.P. de 30.11.94, *in* BMJ, 441, p. 396 (art. 11.º-A RJCP) – 226
— Ac. R.P. de 14.12.94, *in* BMJ, 442, p. 259 (art. 11.º RJCP) – p. 159
— Ac. R:P. de 21.12.94, *in* BMJ, 442, p. 259 (art. 11.º RJCP) – p. 217

1995

— Ac. R.P. de 04.01.95, *in* BMJ, 443, p. 446 (art. 11.º RJCP) – P. 172
— Ac. R.E. de 24.01.95, *in* BMJ, 443, p. 465 (art. 11.º-A RJCP) – p. 223
— Ac. R.P. de 01.02.95, BMJ, 444, p. 703 (art. 11.º RJCP) – p. 172
— Ac. R.L. de 14.02.95 *in* BMJ, 444, p. 688 (art. 46.º CPC) – p. 132
— Ac. R.E. de 14.02.95 *in* CJ, Ano XX, T. I, p. 286 (art. 13-A RJCP) – p. 237
— Ac. R.C. de 21.02.95, BMJ, 444, p. 719 (70.º LULL) – p. 68
— Ac. R.C. de 22.02.95 *in* C.J., Ano XX, T. I, p. 63 (art. 11.º RJCP) – p. 166
— Ac. R.P. de 01.03.95 *in* BMJ, 445, p. 616 (art.11.º RJCP) – p. 175
— Ac. R.P. de 15.03.94 *in* BMJ, 445, p. 615 (art. 11.º RJCP) – p. 181
— Ac. R.P. de 15.03.94 *in* BMJ, 445, p. 615 (art. 11.º RJCP) – p. 181
— Ac. R.P. de 15.03.95 *in* BMJ, 445, p. 615 (art. 11.º RJCP) – p. 181
— Ac. R.C. de 15.03.94 *in* BMJ, 445, p. 625 (art. 11.º RJCP) – p. 175
— Ac. R.L. de 22.03.95 *in* CJ, Ano XX, T. II, p. 148 (art..11.º RJCP) – p. 181
e 189
— Ac. R.C. de 22.03.95 *in* CJ, Ano XX, T.II, p. 40 (art. 11.º RJCP) – p. 180
— Assento STJ 5/95 de 28.03.95 *in* BMJ, 445, p. 52 e D.R. n.º 113/95 de
20.05.95, I série (art. 71.º LULL) – p. 70
— Ac. R.L. de 28.03.95 *in* CJ, Ano XX, T. II, p. 154 (art. 13.º-A RJCP) – p. 237
— Ac. R.P. de 28.03.95 *in* B.M.J. 445, p. 616 (art.3.º LUC) – p. 105
— Ac. R.P. de 29.03.95 *in* CJ, Ano XX, T. II, p. 231 (art. 13.º-A RJCP) – p. 237
— Ac. STJ de 04.04.95 *in* CJ, Ano III, T. II, p. 27 (art. 3.º LUC) – p. 105
— Ac. STJ de 05.04.95 *in* CJ, Ano III, T. I, p. 238 (art. 11.º RJCP) – p. 166
— Ac. R.L. de 06.04.95, *in* BMJ, 446, p. 342 (art. 47.º LULL) – p. 56
— Ac. R.E. de 18.04.95 *in* BMJ, 445, p. 374 (art. 3.º LUC) – p. 104
— Ac. R.P. de 19.04.95 *in* BMJ, 446, p. 350 (art. 11.º RJCP) – p. 157 e 202
— Ac. R.C. de 20.04.95 *in* BMJ, 446, p. 364 (art. 11.º RJCP) – p. 175
— Ac. STJ de 26.04.95 *in* BMJ, 446, p. 296 (art. 17.º LULL) – p. 22
— Ac. R.L. de 26.04.95 *in* BMJ, 446, p. 342 (art. 21.º LULL) – p. 28
— Ac. R.L. de 26.04.95, *in* CJ, Ano XX, T. II, p. 159 (art. 11.º LUC) – p. 175
— Ac. STJ de 03.05.95 *in* BMJ, 447, p. 515 (art.21.º LULL) – p. 28
— Ac. R.P. de 03.05.95, *in* BMJ, 447, p. 565 (art. 11.º RJCP) – p. 202
— Ac. R.P. de 03.05.95, *in* BMJ, 447, p. 565 (art. 11.º RJCP) – p. 202

— Ac. R.C. de 04.05.95 *in* BMJ, 447, p. 583 (art. 11.º RJCP) – p. 189
— Ac. R.P. de 09.05.95 *in* CJ, Ano XX, T. III, p. 208 (art. 38.º LUC) – p. 123
— Ac. R.P. de 10.05.95 *in* BMJ, 447, p. 566 (art.13.º RJCP) – p. 235
— Ac. R.C. de 10.05.95 *in* CJ, Ano XX, T. III, p. 64 (art.11.º RJCP) – p.180
— Ac. R.P. de 17.05.95 *in* BMJ, 447, p. 565 (art. 11.º RJCP) – 147
— Ac. R.E. de 18.05.95 *in* CJ, Ano XX, T. III, p. 302 (art.11.º RJCP) – p. 175
— Assento STJ n.º 5/95, de 20.05, *in* DR n.º 117, I-B, p. 3125 (art. 71.º LULL)
   – p. 70
— Ac. R.C. de 24.05.95 *in* CJ, Ano XX, T. III, p. 66 (art.11.º RJCP) – p. 147
   e 171
— Ac. R.E. de 06.06.95 *in* BMJ, 448, p. 459 (art. 11.º RJCP) – p. 149
— Ac. R.C. de 08.06.95, *in* BMJ, 448, p. 447 (art. 11.º RJCP) – p. 209
— Ac. S.T.J. de 14.06.95, *in* CJ, Ano III, T. II, p. 235 (art. 11.º RJCP) –
   p. 153
— Ac. R.P. de 14.06.95 *in* BMJ, 448, p. 434 (art. 11.º RJCP) – p.189
— Ac. R.E. de 20.06.95 *in* BMJ, 448, p. 459 (art. 11.º RJCP) – p. 149
— Ac. R.P. de 21.06.95 *in* BMJ, 448, p. 434 (art. 2.º LUC) – p. 95
— Ac. R.P. de 21.06.95 *in* BMJ, 448, p. 434 (art. 29.º LUC) – p. 120
— Ac. R.P. de 21.06.95 *in* BMJ, 448, p. 433 (art.11.º RJCP) – p. 171
— Ac. R.P. de 21.06.95 *in* CJ, Ano XX, T. III, p. 265 (art.11.º RJCP) – p. 166
— Ac. R.L. de 22.06.95 *in* BMJ, 448, p. 423 (art. 48.º LULL) – p. 57
— Ac. R.L. de 27.06.95 *in* CJ, Ano XX, T. III, p. 141 (art. 32.º LULL) – p. 38
— Ac. R.C. de 28.06.95 *in* CJ, Ano XX, T. III, p. 73 (art. 11.º RJCP) – p. 152
— Ac. R.P. de 04.07.95 *in* BMJ, 449, p. 441 (art. 49.º LULL) – p. 58
— Ac. R.E. de 04.07.95 *in* CJ, Ano XX, T. IV, p. 284 (art. 11.º-A RJCP) –
   p. 230
— Ac. R.P. de 05.07.95 *in* BMJ, 449, p. 436 (art. 11.º RJCP) – p. 175
— Ac. R. P. de 05.07.95, *in* BMJ, 449, p. 436 (art. 11.º RJCP) – p. 202
— Ac. R.P. de 11.07.95, *in* BMJ, 449, p. 461 (art. 11.º RJCP) – p. 202
— Ac. R.P. de 12.07.95 *in* CJ, Ano XX, T. IV, p. 227 (art. 11.º RJCP) – p. 180
— Ac. R.L. de 13.07.95 *in* BMJ, 449, p. 429 (art. 17.º LULL) – p. 23
— Ac. R.P. de 20.09.95 *in* BMJ, 449, p. 437 (art.11.º RJCP) – p. 188
— Ac. R.P. de 20.09.95 *in* BMJ, 449, p. 436 (art. 11.º RJCP) – p. 171
— Ac. R.E. de 26.09.95 *in* BMJ, 449, p. 462 (art.11.º RJCP) – p. 149
— Ac. R.E. de 26.09.95 *in* BMJ, 449, p. 462 (art.11.º RJCP) – p. 171
— Ac. R.E. de 26.09.95, *in* BMJ, 449, p. 461 (art. 11.º-A RJCP) – p. 221
— Ac. R.P. de 04.10.95 *in* BMJ, 450, p. 557 (art. 3.º LUC) – p. 104
— Ac. R.P. de 12.10.95 *in* BMJ, 450, p. 561 (art. 43.º LULL) – p. 52
— Ac. R.P. de 25.10.95, *in* BMJ, 450, p. 558 (art. 11.º RJCP) – p. 152
— Ac. R.P. de 08.11.95 *in* BMJ, 451, p. 507 (art.11.º RJCP) – p. 180
— Ac. R.P. de 08.11.95 *in* CJ, Ano XX, T. V, p. 245 (art. 11.º-A RJCP) – p. 230
— Ac. R.P. de 08.11.95 *in* CJ, Ano XX, T. V, p. 247 (art. 11.º RJCP) – p. 201
— Ac. R.L. de 09.11.95 *in* BMJ, 451, p. 494 (art. 44.º LULL) – p. 53

Índice de Jurisprudência

— Ac. STJ de 15.11.95 *in* BMJ, 451, p. 440 (art. 3.º LUC) – p. 105
— Ac. R.L. de 15.11.95 *in* BMJ, 451, p. 493 (art. 11.º RJCP) – p. 165
— Ac. R.P. de 15.11.95 *in* BMJ, 451, p. 508 (art. 11.º RJCP) – p. 157 e 201
— Ac. R.P. de 15.11.95 *in* CJ, Ano XX, T. V, p. 255 (art. 11.º RJCP) – p. 165
— Ac. R.E. de 21.11.95 *in* CJ, Ano XX, T. V, p. 299 (art. 13.º RJCP) – p. 235
— Ac. R.E. de 28.11.95 *in* BMJ, 451, p.531 (art. 11.º RJCP) – p. 149
— Ac. R.P. de 29.11.95 *in* BMJ, 451, p. 507 (art. 11.º RJCP) – p. 180
— Ac. R.P. de 29.11.95 *in* BMJ, 451, p. 508 (art. 11.º RJCP) – p. 158
— Ac. R.P. de 04.12.95 *in* BMJ, 452, p. 489 (art. 43.º LULL) – p. 51
— Ac. R.P. de 06.12.95 *in* BMJ, 452, p. 488 (art. 11.º RJCP) – p. 158
— Ac. R.L. de 07.12.95 *in* CJ, Ano XX, T. V, p. 138 (art. 71.º LULL) – p. 69
— Ac. R.E. de 12.12.95 *in* CJ, Ano XX, T. V, p. 303 (art. 11.º RJCP) – p. 188 e 190
— Ac. R.P. de 13.12.95 *in* BMJ, 452, p. 488 (art. 11.º RJCP) – p. 170
— Ac. R.L. de 14.12.95 *in* BMJ, 452, p. 480 (art. 21.º LULL) – p. 28
— Ac. R.P. de 18.12.95 *in* BMJ, 452, p. 490 (art. 46.º C.P.C.) – p. 68
— Ac. R.L. de 19.12.95 *in* CJ, Ano XX, T. V, p. 172 (art. 11.º RJCP) – p. 165

1996

— Ac. R.P. de 10.01.96 *in* BMJ, 453, p. 559 (art. 29.º LUC) – p. 119
— Ac. R.P. de 10.01.96 *in* BMJ, 453, p. 560 (art. 11.º RJCP) – p. 149
— Ac. R.L. de 16.01.96 *in* CJ, Ano XXI, T. I, p. 148 (art. 11.º RJCP) – p. 165
— Ac. R.L. de 18.01.96 *in* CJ, Ano XXI, T. I, p. 98 (art. 1.º LULL) – p. 10
— Ac. R.E. de 23.01.96 *in* BMJ, 453, p. 581 (art. 11.º RJCP) – p. 179
— Ac. STJ de 25.01.96 *in* CJ, Ano IV, T. I, p. 189 (art. 11.º RJCP) – p. 217
— Ac. STJ de 30.01.96 *in* BMJ, 453, p. 509 (art. 75.º LULL) – p. 73
— Ac. R.C. de 31.01.96 *in* CJ, Ano XXI, T. I, p. 47 (art. 11.º RJCP) – p. 148
— Ac. R.P. de 01.02.96 *in* BMJ, 454, p. 793 (art. 46.º C.P.C.) – p. 131
— Ac. R.L. de 06.02.96 *in* BMJ, 454, p. 780 (art. 11.º RJCP) – p. 170
— Ac R.L. de 07.02.96 *in* BMJ, 454, p. 787 (art. 13.º-A RJCP) – p. 237
— Ac. R.P. de 07.02.96 *in* BMJ, 454, p. 794 (art. 3.º LUC) – p. 104
— Ac. R.C. de 14.02.96 *in* BMJ, 454, p. 808 (art. 11.º RJCP) – p. 179
— Ac. R.P. de 14.02.96, *in* BMJ, 454, p. 795 (art. 11.º RJCP) – p. 152
— Ac. R.L. de 21.02.96 *in* BMJ, 454, p. 787 (art. 13.º-A RJCP) – p. 236
— Ac. R.P. de 27.02.96 *in* BMJ, 454, p. 795 (art. 3.º LUC) – p. 103
— Ac. R.C. de 06.03.96 *in* BMJ, 455, p. 579 (art. 11.º RJCP) – p. 156 e 201
— Ac. R.P. de 13.03.96 *in* BMJ, 455, p. 568 (art. 11.º RJCP) – p. 179
— Ac. R.E. de 19.03.96 *in* BMJ, 455, p. 591 (art. 11.º RJCP) – p. 148
— Ac. STJ de 26.03.96 *in* BMJ 455, p. 522 (art. 39.º LULL) – p. 44
— Ac. R.E. de 16.04.96 *in* BMJ, 456, p. 517 (art. 11.º RJCP) – p. 148
— Ac. R.C. de 17.04.96 *in* BMJ, 456, p. 510 (art. 11.º RJCP) – p. 179

Regime Jurídico dos Títulos de Crédito

— Ac. R.L. de 23.04.96 *in* CJ, Ano XXI, T. II, p. 113 (art.75.º LULL) – p. 72
— Ac. STJ de 24.04.96 *in* BMJ, 456, p. 457 (art. 31.º LULL) – p. 35
— Ac. R.P. de 24.04.96 *in* BMJ, 456, p. 499 (art. 11.º RJCP) – 156
— Ac. R.P. de 24.04.96 *in* BMJ, 456, p. 499 (art. 1.º LUC) – p. 90
— Ac. R.C. 26.04.96 *in* BMJ, 456, p. 511 (art.11.º RJCP) – p. 164
— Ac. R.E. de 30.04.96 *in* BMJ, 456, p. 517 (art. 11.º RJCP) – p. 154
— Ac. R.L. de 02.05.96 *in* BMJ, 457, p. 429 (art. 46.º C.P.C.) – p. 131
— Ac. R.P. de 09.05.96 *in* CJ, Ano XXI, T. III, p. 195 (art. 50.º LULL) – p. 59
— Ac. R.C. de 09.05.96 *in* BMJ, 457, p. 456 (art. 11.º RJCP) – p. 156
— Ac. R.E. de 09.05.96 *in* BMJ, 457, p. 469 (art. 32.º LULL) – p. 38
— Ac. STJ de 14.05.96 *in* BMJ, 457, p. 59 (art. 13.º LUC) – p. 111
— Ac. STJ de 14.05.96 *in* BMJ, 457, p. 387 (art. 32.º LULL) – p. 37
— Ac. R.P. de 15.05.96 *in* BMJ, 457, p. 444 (art. 11.º RJCP) – p. 183
— Ac. R.L. de 16.05.96 *in* CJ, Ano XXI, T. III, p. 92 (art. 10.º LULL) – p. 14
— Ac. R.C. de 16.05.96, *in* CJ, Ano XXI, T. III, p. 44 (art. 11.º-A e 13.º RJCP) – p. 111 e 230
— Ac. STJ de 21.05.96 *in* CJ, Ano IV, T. II, p. 82 (art.3.º LUC) – p. 103
— Ac. R.C. de 21.05.96 *in* BMJ, 457, p. 456 (art. 3.º LUC) – p. 103
— Ac. R.P. de 22.05.96 *in* BMJ, 457, p. 445 (art. 11.º RJCP) – p. 156 e 200
— Ac. R.L. de 23.05.96 *in* BMJ, 457, p. 434 (art. 32.º LULL) – p. 39
— Ac. STJ de 28.05.96 *in* BMJ, 457, p. 393 (art. 17.º LULL) – p. 22
— Ac. STJ de 28.05.96 *in* BMJ, 457, p. 401 (art. 10.º LULL) – p. 14
— Ac. R.P. de 29.05.96 *in* BMJ, 457, p. 444 (art. 11.º e 13.º RJCP) – p. 156 e 234
— Ac. R.C. de 29.05.96 *in* BMJ, 457, p. 453 (art. 11.º RJCP) – p. 187
— Ac. R.P. de 29.05.96 *in* CJ, Ano XXI, T. III, p. 234 (art. 11.º RJCP) – p. 174
— Ac. R.C. de 29.05.96 *in* BMJ, 457, p. 456 (art. 11.º RJCP) – p. 170
— Ac. R.C. de 30.05.96, *in* BMJ, 457, p. 453 (art. 11.º RJCP) – p. 209
— Ac. S.T.J. de 05.06.96, *in* CJ, Ano IV, T. II, p. 193 (art. 13.º RJCP) – p. 234
— Ac. R.P. de 05.06.96 *in* BMJ, 458, p. 394 (art. 11.º RJCP)– p. 179
— Ac. R.L. de 25.06.96 *in* CJ, Ano XXI, T. III, p. 154 (art. 11.º RJCP) – p. 189 e 216
— Ac. R.L. de 27.06.96 *in* BMJ, 458, p. 386 (art. 34.º LULL) – p. 41
— Ac. R.P. de 03.07.96 *in* CJ, Ano XXI, T. IV, p. 237 (art. 11.º RJCP) – p. 186
— Ac. R.P. de 09.07.96 *in* BMJ, 459, p. 625 (art. 11.º RJCP) – p. 164
— Ac. R.P. de 10.07.96 *in* BMJ, 459, p. 605 (art. 11.º RJCP) – p. 164
— Ac. R.P. de 10.07.96 *in* BMJ 459, p. 605 (art. 11.º RJCP) – p. 179
— Ac. R.C. de 19.09.96, *in* CJ, Ano XXI, T. IV, p. 69 (art. 11.º RJCP) – p. 189
— Ac STJ de 01.10.96 *in* CJ, Ano IV, T. III, p. 29 (art. 14.º LUC) – p. 113
— Ac. RL de 02.10.96, *in* BMJ, 460, p. 791 (art. 11.º RJCP) – p. 170

Índice de Jurisprudência 329

— Ac. R.C. de 03.10.96, *in* BMJ, 460, p. 816 (art. 11.º RJCP) – p. 152
— Ac. R.P. de 07.10.96 *in* BMJ, 460, p. 802 (art. 32.º LULL) – p. 39
— Ac. R.P. de 07.10.96 *in* BMJ, 460, p. 808 (art. 48.º LULL) – p. 57
— Ac. R.P. de 07.10.96, *in* CJ, Ano XXI, T. IV, p. 261 (art. 9.º RJCP) – p. 144
— Ac. RP de 21.10.96, *in* CJ, Ano XXI, T. V, p. 183 (art. 17.º LULL) – p. 21
— Ac. R.L. de 29.10.96 *in* CJ, Ano XXI, T. IV, p. 168 (art.11.º RJCP) – p. 155
— Ac. R.E. de 05.11.96 *in* BMJ, 461, p. 542 (art. 11.º RJCP) – p. 148
— Ac. STJ de 06.11.96 *in* CJ, Ano IV, T. III, p. 185 (art.11.º RJCP) – p. 216
— Ac. R.L. de 06.11.96 *in* CJ, Ano XXI, T. V, p. 143 (art. 11.º RJCP) – p. 179
— Ac. R.P. de 06.11.96 *in* CJ, Ano XXI, T. V, p. 228 (art. 11.º – A RJCP) – p. 230
— Ac. R.P. de 12.11.96 *in* BMJ, 461, p. 521 (art. 3.º LUC) – p. 103
— Ac. R.P. de 13.11.96 *in* BMJ, 461, p. 519 (art. 11.º RJCP) – p. 178
— Ac. R.P. de 13.11.96, *in* BMJ, 461, p. 519 (art. 11.º RJCP) – p. 200
— Ac. R.E. de 14.11.96 *in* BMJ, 461, p. 543 (art. 17.º LULL) – p. 21
— Ac. R.P. de 18.11.96 *in* BMJ, 461, p. 515 (art. 32.º LUC) – p. 121
— Ac. R.C. de 20.11.96 *in* BMJ, 461, p. 531 (art. 11.º RJCP) – p. 184
— Ac. R.L. de 21.11.96, *in* BMJ, 461, p. 531 (art. 11.º RJCP) – p. 209
— Ac. R.L. de 26.11.96, *in* BMJ, 461, p. 505 (art. 1.º LUC) – p. 90
— Ac. R.E. de 26.11.96 *in* BMJ, 461, p. 542 (art. 11.º RJCP)– p. 170
— Ac. R.P. de 27.11.96 *in* BMJ, 461, p. 518 (art. 11.º RJCP) – p. 183
— Ac. R.P. de 27.11.96 *in* BMJ, 461. p. 519 (art. 11.º RJCP) – p. 173
— Ac. R.C. de 28.11.96 *in* CJ, Ano XXI, T. V, p. 56 (art. 13.º LUC) – p. 110
— Ac. R.C. de 03.12.96 *in* BMJ, 462, p. 499 (art. 3.º LUC) – p. 102
— Ac. STJ de 04.12.96 *in* CJ, Ano IV, T. III, p. 124 (art. 44.º LULL) – p. 53
— Ac. R.P. de 09.12.96 *in* BMJ, 462, p. 486 (art. 46.º CPC) – p. 131
— Ac. R.P. de 18.12.96 *in* BMJ, 462, p. 486 (art. 11.º RJCP) – p. 155
— Ac. R.P. de 18.12.96 *in* BMJ, 462, p. 488 (art. 11.º RJCP) – p. 164
— Ac. R.E. de 21.12.96 *in* BMJ, 462, p. 546 (art. 39.º LULL) – 44

1997

— Ac. R.L. de 07.01.97 *in* BMJ, 463, p. 625 (art. 11.º RJCP) – p. 178
— Ac. R.C. de 08.01.97 *in* BMJ, 463, p. 648 (art. 11.º RJCP) – p. 163
— Ac. R.E. de 14.01.97 *in* BMJ, 463, p. 660 (art. 11.º-A RJCP) – p. 226
— Ac. R.L. de 21.01.97 *in* BMJ, 463, p. 625 (art. 11.º RJCP) – p.178
— Ac. R.L. de 05.02.97 *in* BMJ, 464, p. 606 (art. 11.º RJCP) – p. 151
— Ac. R.C. de 06.02.97 *in* BMJ, 464, p. 625 (art. 11.º RJCP) – p. 178
— Ac. R.P. de 19.02.97 *in* BMJ, 464, p. 615 (art. 11.º RJCP) – p. 163
— Ac. R.P. de 19.02.97 *in* BMJ, 464, p. 615 (art. 11.º RJCP) – p. 174
— Ac. R.L. de 20.02.97 *in* CJ, Ano XXII, T. I, p. 131 (art. 31.º LULL) – p. 35
— Ac. STJ de 25.02.97 *in* BMJ, 464, p. 49 (art. 32.º LULL) – p. 37

330 Regime Jurídico dos Títulos de Crédito

— Ac. R.P. de 12.03.97 *in* BMJ, 465, p. 642 (art. 11.º RJCP) – p. 188
— Ac. R.C. de 12.03.97, *in* BMJ, 465, p. 653 (art. 2.º LUC) – p. 95
— Ac. R.P. de 17.03.97 *in* BMJ, 465, p. 647 (art. 32.º LULL) – p. 39
— Ac. R.E. de 18.03.97 *in* BMJ, 465 , p. 661 (art. 11.º RJCP) – p. 169
— Ac. R.P. de 20.03.97, *in* BMJ, 465, p. 646 (art. 31.º LULL) – p. 34
— Ac. R.P. de 02.04.97, *in* BMJ, 466, p. 586 (art. 11.º RJCP) – p. 182
— Ac. R.L. de 08.04.97 *in* BMJ, 466, p. 572 (art. 11.º RJCP) – p. 151
— Ac. R.P. de 08.04.97 *in* BMJ, 466, p. 589 (art. 10.º LULL) – p. 15
— Ac. R.L. de 17.04.97 *in* CJ, Ano XXII, T. II, p. 108 (art. 17.º LULL) – p. 21
— Ac. R.L. de 22.04.97 *in* CJ, Ano XXII, T. II, p. 113 (art. 78.º LULL) – p. 77
— Ac. R.P. de 30.04.97 *in* BMJ, 466, p. 586 (art. 11.º RJCP) – p. 184
— Ac. R.P. de 05.05.97 *in* BMJ, 467, p. 635 (art. 21.º LULL) – p. 27
— Ac. S.T.J. de 08.05.97 *in* DR n.º 138, I-A, p. 2939 e BMJ, 467, p. 73 (art. 11.º RJCP) – p. 177
— Sentença do T. de C. de Tomar de 12.05.97 *in* CJ , Ano XXII, T. III, p. 299 (art. 75.º LULL) – p. 72
— Ac. R.L. de 14.05.97 *in* BMJ, 467, p. 610 (art. 11.º RJCP) – p. 177
— Ac. R.P. de 14.05.97 *in* BMJ, 467, p. 627 (art. 11.º RJCP) – p. 186
— Ac. R.P. de 14.05.97 *in* CJ, Ano XXII, T. III, p. 228 (art. 11.º RJCP) – p. 186
— Ac. R.L. de 20.05.97 *in* BMJ, 467, p. 622 (art. 11.º-A RJCP) – p. 220
— Ac. R.E. de 20.05.97 *in* BMJ, 467, p. 649 (art. 11.º RJCP) – p. 177
— Ac. R.L. de 21.05.97 *in* CJ, Ano XXII, T. III, p. 144 (art. 11.º RJCP) – p. 174
— Ac. R.C. de 22.05.97 *in* CJ, Ano XXII, T. III, p. 47 (art. 11.º RJCP) – p. 163
— Ac. R.P. de 28.05.97 *in* BMJ, 467, p. 628 (art. 11.º RJCP) – p. 182
— Ac. R.C. de 03.06.97 *in* CJ, Ano XXII, T. III, p. 150 (art. 11.º RJCP) – p. 163
— Ac. R.P. de 04.06.97 *in* BMJ, 468, p. 486 (art. 11.º RJCP) – p. 188
— Ac. R.P. de 05.06.97 *in* BMJ, 468, p. 470 (art. 21.º LULL) – p. 27
— Ac. R.P. de 05.06.97 *in* BMJ, 468, p. 478 (art. 11.º LULL) – p. 16
— Ac. R.P. de 05.06.97 *in* BMJ, 468, p. 478 (art. 18.º LULL) – p. 24
— Ac. R.L. de 11.06.97 *in* BMJ, 468, p. 475 (art. 11.º RJCP) – p. 177
— Ac. R.E. de 12.06.97, *in* BMJ, 468, p. 496 (art. 17.º LULL) – p. 20
— Ac. R.L. de 24.06.97 *in* BMJ, 468, p. 458 (art. 17.º LULL) – p. 20
— Ac. R.L. de 24.06.97 *in* BMJ, 468, p. 461 (art. 11.º RJCP) – p. 176
— Ac. R.C. de 24.06.97 *in* BMJ, 468, p. 461 (art. 11.º RJCP) – p. 177
— Ac. R.P. de 17.09.97 *in* CJ, Ano XXII, T. IV, p. 236 (art. 11.º RJCP) – p. 162
— Ac. R.E de 18.09.97 *in* BMJ, 469, p. 676 (art. 10.º LULL) – p. 15
— Ac. STJ de 30.09.97 *in* BMJ, 469, p. 611 (art. 17.º LULL) – p. 19

Índice de Jurisprudência

— Ac. STJ de 14.10.97 *in* CJ, Ano V, T. III, p. 68 (art. 31.º LULL) – p. 34
— Ac. STJ de 14.10.97 *in* CJ, Ano V, T. III, p. 637 (art. 31.º LULL) – p. 34
— Ac. R.L. de 21.10.97 *in* BMJ, 470, p. 665 (art. 17.º LULL) – p. 19
— Ac. R.C. de 24.10.97 *in* BMJ, 470, p. 692 (art. 11.º RJCP) – p. 216
— Ac. R.P. de 27.10.97, *in* BMJ, 470, p. 678 (art. 78.º LULL) – p. 77
— Ac. STJ de 28.10.97 *in* CJ, Ano V, T. III, p. 105 (art. 14.º LUC) – p. 112
— Ac. R.L. de 29.10.97 *in* BMJ, 470, p. 668 (art. 11.º RJCP) – p. 176
— Ac. R.P. de 12.11.97 *in* CJ, Ano XXII, T. V, p. 226 (art. 11.º RJCP) – p. 158
— Ac. R.P. de 18.11.97 *in* BMJ, 471, p. 446 (art. 11.º RJCP) – p. 169
— Ac. R.L. de 20.11.97 *in* CJ, Ano XXII, T. V, p. 93 (art. 21.º LULL) – p. 27
— Ac. R.L. de 25.11.97 *in* BMJ, 471, p. 447 (art. 11.º RJCP) – p. 176
— Ac. R.L. de 26.11.97 *in* BMJ, 471, p. 446 (art. 11.º RJCP) – p. 162
— Ac. R.P. de 26.11.97 *in* BMJ, 471, p. 456 (art. 11.º– A RJCP) – p. 220
— Ac. R.L. de 18.12.97 *in* CJ, Ano XXII, T. V, p. 129 (art. 29.º LUC) – p. 119

1998

— Ac. R.L. de 06.01.98 *in* BMJ, 473, p. 548 (art. 13.º-A RJCP) – p. 236
— Ac. STJ de 14.01.98 *in* BMJ, 473, p. 511 (art. 32.º LULL) – p. 38
— Ac. RP, de 14.01.98, *in* CJ, Ano XXIV, Tomo I, p. 183 (art. 3.º LUC) – p. 102
— Ac. STJ de 20.01.98 *in* CJ, Ano VI, T. I, p. 168 (art. 11.º RJCP) – p. 155
— Ac. STJ de 27.01.98 *in* CJ, Ano VI, T. I, p. 40 (art. 17.º LULL) – p. 23
— Ac. R.L. de 27.01.98 *in* BMJ, 473, p. 552 (art. 75.º LULL) – p. 72
— Ac. R.L. de 27.01.98 *in* CJ, Ano XXIII, T. I, p. 95 (art. 78.º LULL) – p. 77
— Ac. R.P. de 27.01.98 *in* BMJ, 473, p. 563 (art. 2.º LULL) – p. 11
— Ac. R.P .de 03.02.98 *in* BMJ, 474, p. 539 (art. 11.º RJCP) – p. 186
— Ac. R.C. de 03.02.98 *in* BMJ, 474, p. 557 (art. 32.º LULL) – p. 37
— Ac. STJ de 05.02.98 *in* BMJ, 474, p. 497 (art. 2.º LULL) – p. 11
— Ac. R.L. de 05.02.98 *in* BMJ, 474, p. 534 (art. 31.º LULL) – p. 33
— Ac. R.C. de 12.02.98 *in* BMJ, 474, p. 558 (Art. 13.º RJCP) – p. 234
— Ac. STJ de 03.03.98 *in* BMJ, 475, p. 710 (art. 3.º LUC) – p. 102
— Ac. R.L. de 03.03.98 *in* CJ, Ano XXIII, T. II, p. 142 (art. 13.º LUC) – p. 110
— Ac. R.P. de 03.03.98 *in* BMJ, 475, p. 772 (art. 21.º LULL) – p. 27
— Ac. R.P. de 04.03.98, *in* BMJ, 465, p. 643 (art. 3.º LUC) – p. 102
— Ac. R.C. de 05.03.98 *in* BMJ, 475, p. 782 (art. 11.º RJCP) – p. 162
— Ac. R.E. de 10.03.98 *in* BMJ, 475, p. 795 (art. 11.º RJCP) – p. 182
— Ac. R.C. de 11.03.98 *in* BMJ, 475, p. 783 (art. 3.º LUC) – p. 101
— Ac. STJ de 26.03.98 *in* BMJ, 475, p. 718 (art. 21.º LULL) – p. 26
— Ac. R.L. de 26.03.98 *in* CJ, Ano XXIII, T. II, p. 114 (art. 76.º LULL) – p. 74

— Ac. R.P. de 31.03.98 *in* BMJ, 475, p. 769 (art. 32.º LULL) – p. 37
— Ac. STJ de 02.04.98 *in* BMJ, 476, p. 59 (art. 11.º RJCP) – p. 200
— Ac. STJ de 02.04.98 *in* CJ, Ano VI, T. II, p. 179 (art. 11.º RJCP) – p. 215
— Ac. R.L. de 02.04.98 *in* CJ, Ano XXIII, T. II, p. 124 (art. 10.º LULL) – p. 14
— Ac. R.P. de 15.04.98 *in* CJ, Ano XXIII, T.II, p. 248 (art. 11.º RJCP) – p. 200
— Ac. R.P. de 06.05.98 *in* BMJ, 477, p. 564 (art. 11.º RJCP) – p. 183
— Ac. R.P. de 07.05.98 *in* BMJ, 477, p. 570 (art. 46.º C.P.C.) – p. 131
— Ac. R.L. de 12.05.98 *in* BMJ, 477, p. 551 (art. 11.º RJCP) – p. 173
— Ac. R.E. de 16.05.98 *in* CJ, Ano XXIII, T. III, p. 282 (art. 11.º RJCP) – p. 215
— Ac. R.P. de 27.05.98 *in* CJ, Ano XXIII, T. III, p. 233 (art. 11.º RJCP) – p. 161
— Ac. R.C de 27.05.98 *in* BMJ, 477, p. 574 (art. 2.º LUC) – p. 94
— Ac. R.C de 27.05.98 *in* BMJ, 477, p. 574 (art. 2.º LUC) – p. 95
— Ac. RP, de 02.06.98, *in* BMJ, 478, p. 459 (art. 70.º LULL) – p. 68
— Ac. RC, de 03.06.98, *in* BMJ, 478, p. 462 (art. 2.º LUC) – p. 94
— Ac. R.P. de 15.06.98 *in* CJ, Ano XXIII, T. III, p. 194 (art. 43.º LULL) – p. 51
— Ac. RP, de 15.06.98, *in* BMJ, 478, p. 453 (art. 70.º LULL) – p. 68
— Ac. RC de 17.06.98, *in* BMJ, 478, p. 462 (art. 2.º LUC) – p. 94
— Ac. R.C de 17.06.98 *in* CJ, Ano XXIII, T. III, p. 57 (art. 11.º RJCP) – p. 185 e 215
— Ac. RP, de 25.06.98, *in* BMJ, 487, p. 450 (art. 52.º LUC) – p. 131
— Ac. RE, de25.06.98, *in* BMJ, 478, p. 465 (art. 11.º RJPC) – p. 174
— Ac. RP, de 07.07.98, *in* BMJ, 479, p. 715 (art. 10.º LULL) – p. 14
— Ac. RC, de 07.07.98, in BMJ, 479, p. 725 (art. 49.º LULL) – p. 58
— Ac. STJ, de 09.07.98, in BMJ, 479, p. 494 (art. 52.º LUC) – p. 131
— Ac. RE, de 14.07.98, in BMJ, 479, p. 735 (art. 2.º LUC) – p. 94
— Ac. RE, de 15.07.98, in BMJ, 479, p. 709 (art. 2.º LUC) – p. 93
— Ac. RE, de 17.09.98, in BMJ, 479, p. 738 (art. 3.º LUC) – p. 101
— Ac. RP, de 24.09.98, in BMJ, 479, p. 715 (art. 2.º LULL) – p. 11
— Ac. STJ, de 01.10.98, in BMJ, 480, p. 482 (art. 10.º LULL) – p. 14
— Ac. RL, de 14.10.98, in BMJ, 480, p. 527 (art. 2.º LUC) – p. 93
— Ac. Rh, de 29.10.98, in CY, A XXIII, T. IV, p. 131 (art. 1.º LUC) – p. 90
— Ac. RP, de 29.10.98, in BMJ, 480, p. 547 (art. 29.º LUC) – p. 119
— Ac. R.L. de 03.11.98 *in* CJ, Ano XXIII, T. V, p. 135 (art. 11.º RJCP) – p. 185
— Ac. STJ de 05.11.98 *in* CJ, Ano VI, T.III, p. 215 (art.11.º RJCP) – p. 200
— Ac. R.P. de 09.11.98 *in* CJ, Ano XXIII, T.V, p. 179 (art. 21.º LULL) – p. 26
— Ac. R.L. de 10.11.98 *in* CJ, Ano XXIII, T.V, p. 87 (art. 13.º LULL) – p. 17

Índice de Jurisprudência

— Ac. R.P. de 18.11.98 *in* CJ, Ano XXIII, T.V, p. 225 (art. 11.º RJCP) –
p. 215
— Ac. R.P. de 24.11.98 *in* CJ, Ano XXIII, T.V, p. 201 (art. 21.º LULL) –
p. 26
— Ac. STJ de 26.11.98. *in* CJ, Ano VI, T.III, p. 223 (art. 11.º RJCP) – p. 199
— Ac. RC de 02.12.98. *in* BMJ, 482, p. 302 (art. 2.º LUC) – p. 93
— Ac. RC de 02.12.98. *in* BMJ, 482, p. 303 (art. 2.º LUC) – p. 93
— Ac. STJ, de 03.12.98, in BMJ, 482, p. 250 (art. 70.º LULL) – p. 67
— Ac. RC, de 03.12.98, in CJ, Ano XXIII, T. V, p. 33 (art. 52.º LUC) –
p. 130
— Ac. RL, de 03.12.98, in CJ, Ano XXIII, T. V, p. 33 (art. 52.º LUC) –
p. 26
— Ac. RC, de 03.12.98, in CJ, Ano XXIII, T. V, p. 33 (art. 46.º CPC) –
p. 130
— Ac. RC, de 03.12.98, in BMJ, 482, p. 306 (art. 52.º LUC) – p. 130
— Ac. TCE, de 09.12.98, in BMJ, 4782, p. 316 (art. 2.º LUC) – p. 92
— Ac. STJ, de 15.12.98, in BMJ, 482, p. 181 (art. 70.º LULL) – p. 67

1999

— Ac. STJ, de 02.01.99, in BMJ, 483, p. 232 (art. 3.º LUC) – p. 100
— Ac. RP, de 05.01.99, in BMJ, 483, p. 275 (art. 32.º LULL) – p. 37
— Ac. RC, de 07.01.99, in BMJ, 483, p. 281 (art. 11.º RJCP) – p. 199
— Ac. STJ, de 12.01.99, in CJ, Ano VII, T. I, p. 25 (art. 3.º LUC) – p. 100
— Ac. RP, de 13.01.99, in CJ, Ano XXIV, Tomo I, p. 230 (art. 11.ºº RJCP)
– p. 199
— Ac. RC, de 13.01.99, in BMJ, 483, p. 280 (art. 2.º LUC) – p. 92
— Ac. RE, de 14.01.99, in CJ, Ano XXIV, T. I, p. 259 (art. 39.º LULL) –
p. 44
— Ac. STJ, de 20.01.99, in CJ, Ano VII, T. I, p. 48 (art. 3.º LUC) – p. 100
— Assento STJ, n.º 4/99, de 04.02., DR, I-A, n.º 75, de 30.03.99 (art. 11.º
RJCP) – p. 147
— Ac. RL, de 10.02.99, in CJ, Ano XXIV T. I, p. 144 (art. 11.º-A RJCP) –
p. 220
— Ac. RP, de 22.02.99, in BMJ, 484, p. 440 (art. 70.º LULL) – p. 67
— Ac. RP, de 23.02.99, in BMJ, 484, p. 439 (art. 3.º LUC) – p. 100
— Ac. RL, de 25.02.99, in CJ, Ano XXIV, Tomo I, p. 126 (art. 3.º RJCP) –
p. 139
— Ac. STJ, de 02.03.99, in BMJ, 485, p. 117 (art. 11.º RJCP) – p. 161
— Ac. STJ, de 02.03.99, in CJ, Ano VII, T. I, p. 127 (art. 3.º LUC) – p. 99
— Ac. STJ, de 02.03.99, in CJ, Ano VII, T. I, p. 133 (art. 11.º RJCP) – p. 161
— Ac. RP, de 02.03.99, in BMJ, 485, p. 485 (art. 32.º LULL) – p. 37

Ac. RC, de 09.03.99, in CJ, Ano XXIV T. II, p. 19 (art. 2.º LUC) – p. 92
— Ac. RC, de 16.03.99, in CJ, Ano XXIV T. II, p. 21 (art. 3.º LUC) – p. 99
— Ac. RL, de 25.03.99, in BMJ, 485, p. 479 (art. 32.º LULL) – p. 36
— Ac. RC, de 13.04.99, in BMJ, 486, p. 371 (art. 14.º LULL) – p. 18
— Ac. STJ, de 14.04.99, in BMJ, 486, p. 279 (art. 38.º LUC) – p. 124
— Ac. STJ, de 14.04.99, in CJ, Ano VII, T. II, p. 52 (art. 3.º LUC) – p. 98
— Ac. RL, de 15.04.99, in CJ, Ano XXIV, T. II, p. 104 (art. 3.º LUC) – p. 98
— Ac. RL, de 20.04.99, in CJ, Ano XXIV, T. II, p. 109 (art. 3.º LUC) – p. 98
— Ac. STJ, de 21.04.99, in BMJ, 486, p. 128 (art. 11.º RJCP) – p. 151
— Ac. RL, de 22.04.99, in BMJ, 486, p. 359 (art. 29.º LUC) – p. 119
— Ac. STJ, de 27.04.99, CJ, Ano VII, T. II, p. 69 (art. 32.º LULL) – p. 36
— Ac. RP, de 28.04.99, in BMJ, 486, p. 366 (art. 1.º LUC) – p. 90
— Ac. RP de 29.04.99, in 8MJ, 486, p. 365 (art. 29.º LUC) – p. 118
— Ac. STJ, de 04.05.99, in BMJ, 487, p. 240 (art. 29.º LUC) – p. 118
— Ac. STJ, de 04.05.99, in BMJ, 487, p. 237 (art. 70.º LULL) – p. 67
— Ac. STJ, de 04.05.99, in CJ, Ano VII, T.II, p. 82 (art. 29.º LUC) – p. 118
— Ac. STJ, de 1 1.05.99, in CJ, Ano VII, T. II, p. 88 (art. 52.º LUC) – p. 130
— Ac. STJ, de 18.05.99, in BMJ, 487, p. 334 (art. 31.º LULL) – p. 33
— Ac. RP, de 18.05.99, in BMJ, 487, p. 364 (art. 32.º LUC) – p. 121
— Ac. RP, de 20.05.99, in BMJ, 487, p. 364 (art. 11.º LUC) – p. 109
— Ac. RC, de 18.05.99, in BMJ, 487, p. 371 (art. 21.º LULL) – p. 25
— Ac. RL, de 20.05.99, BMJ, 487, p. 355 (art. 11.º RJCP) – p. 173
— Ac. RP, de 20.05.99, in BMJ, 487, p. 364 (art. 11.º LUC) – p. 109
— Ac. RP, de 20.05.99, CJ, Ano XXIV, T. III, p. 196 (art. 29.º LUC) – p. 117
— Ac. STJ, de 17.06.99, in CJ, Ano VII, T. II, p. 152 (art. 3.º LUC) – p. 97
— Ac. STJ, de 22.06.99, in CJ, Ano VII, T. II, p. 159 (art. 21.º LULL) –
   p. 25
— Ac. STJ, de 07.07.99, in CJ, Ano VII, T. III, p. 21 (art. 9.º RJCP) – p. 143
— Ac. STJ, de 07.07.99, in CJ, Ano VII, T. III, p. 14 (art. 30.º LULL) –
   p. 32
— Ac. RC, de 14.07.99, in CJ, Ano XXIV, T. III, p. 61 (art. 11.º RJCP) –
   p. 215
— Ac. RC, de 07.10.99, in CJ, Ano XXIV, T. IV, p. 118 (art. 3.º LUC) –
   p. 98
— Ac. STJ, de 13.10.99, in CJ, Ano VII, T. III, p. 169 (art. 29.º LUC) – p. 117
— Ac. RC, de 02.11.99, in CJ, Ano XXIV, T. IV, p. 55 (art. 50.º LULL) –
   p. 59
— Ac. RL, de 03.11.99, in CJ, Ano XXIV, T. IV, p. 135 (art. 11.º RJCP) –
   p. 188
— Ac. STJ, de 09.11.99, in CJ, Ano VII, T.III, p. 84 (art. 10.º LULL) – p. 13
— Ac. RL, de 23.11.99, in CJ, Ano XXIV, T. V, p. 98 (art. 17.º LULL) –
   p. 19

Índice de Jurisprudência 335

— Ac. RC, de 23.11.99, in CJ, Ano XXIV, T. V, p. 32 (art. 3.º LUC) – p. 97
— Ac. RL, de 02.12.99, in CJ, Ano XXIV, T. V, p. 114 (art. 23.º LUC) –
p. 115

2000

— Assento n.º 4/2000, DR, I-A, n.º 40, p. 570 (art. 11.º RJCP) – p. 183

ÍNDICE ANALÍTICO-TEMÁTICO

A

Abolição das estampilhas fiscais, 313

Acção
— contra o comprador, 294
— contra os endossantes *(Warrant)*, 280
— fundada em extracto, 294
— por falta de aceite, 50
— por falta de pagamento, 50 (letras), 125 (cheques)

Aceite
— anulação de, 31
— apresentação ao, 25 e 29
— aviso da falta de, 54
— estipulações relativas ao, 29
— falta de (extractos de factura), 290
— forma, 30
— modalidades, 30
— parcial, 59
— por intervenção
— admissibilidade, 62
— efeitos, 62
— forma, 62
— prazos, 29
— proibição de, 107

Aceitante
— obrigações do, 31
— por intervenção (responsabilidade), 62

Acordo de preenchimento, 13 (letras), 76 (livranças), 110 (cheques)

Activo subjacente dos Warrants autónomos, 272

Adesão
— à convenção sobre conhecimentos de carga, 268
— ao sistema de facturação electrónica, 299

Alteração do texto, 66 (letras), 76 (livranças), 129 (cheques)

Âmbito de aplicação
— da amnistia, 196
— da convenção sobre conhecimentos de carga, 267
— do perdão, 193

Amnistia, 193

Aplicação subsidiária do CMVM aos Warrants, 275

Apreensão
— auto de, 252
— de bens e veículos, 252
— levantamento da, 254

Apresentação
— à Câmara de Compensação, 120

338   *Regime Jurídico dos Títulos de Crédito*

— aos intervenientes, 63
— a pagamento, 43 (letras), 116, 185 (cheques), 292 (extractos de factura)
— de documentos (falta), 258
— de letras, 46
— para protesto, 45
— segunda, 29

Aquisição de impressos, 248

Armador, 261

Armazéns Gerais Agrícolas, 277

Armazéns Gerais Industriais, 284

Arresto de mercadorias depositadas, 280

Assinaturas (independência das), 12 (letras), 109 (cheque)

Assistente, 228

Atenuação especial da pena, 190

Auto de apreensão, 252

Autoria no cecsp, 154

Aval
— função, 31 (letras), 76 (livranças), 116 (cheques)
— forma, 31 (letras), 116 (cheques)

Avalista, 36 (letras), 116 (cheques)

Aviso (da falta de aceite ou de pagamento), 45 (letras), 126 (cheques)

B

Banco de Portugal, 137

Banqueiro, 132

Bem jurídico no cecsp, 147

Beneficiário da interrupção da prescrição, 69

Bens em circulação, 242

Burla, 150

C

Cancelamento (dos registos das contra ordenações estradais), 198

Características das letras, 78

Caso julgado, 214

Cheque(s)
— a levar em conta, 124
— avulsos, 140
— cruzado, 122 e 123 (pagamento)
— de garantia, 169
— em branco, 110
— requisitos, 89
— visado (uso obrigatório), 124 (em rodapé)

Comparência em julgamento, 213

Composição das partes, 197

Comunicações (pelas instituições bancárias), 137

Concurso de crimes, 155

Condições
— agravantes, 187
— atenuantes, 187
— de suspensão da pena, 206
— de transporte, 266

Índice Analítico-Temático

Conhecimentos
— de carga, 260
— de depósito
  — parcial, 279 e 285
  — transmissibilidade, 279 e 285

Co-obrigados, 56 (letras), 127 (cheques)

Conservação de facturas em suporte papel, 300

Consignação em depósito, 50

Consumação do cecsp, 150

Constituição de assistente, 228

Contagem do prazo, 71

Conta(s)
— cancelada ou bloqueada, 176
— de depósito, 140

Contestação, 213

Contra-ordenações, 238

Contra-ordenações estradais, 198

Convenção de cheque, 135

Conversão do pedido, 213

Copiador de facturas, 295

Cópias 64 (letras) e 76 (livranças)
— aval de, 65
— direito a, 65
— endosso de, 65
— requisitos, 65

Crime
— continuado, 155
— de burla, 150
— de emissão de cheque sem provisão (cecsp), 144

— de falsificação de documento, 160

Cumulação de infracções, 255

D

Dano (reparação do), 195

Data de emissão (divergência de calendários), 120

Deliberação de emissão de warrants, 272

Denúncia da Convenção, 269

Desconto do Warrant, 282 e 288

Desistência
— do direito de queixa, 225
— do pedido civil, 210

Detentor, 25 (letras), 114 (cheques)

Deveres
— de colaboração na investigação, 235
— de informação (da possibilidade de deduzir pedido cível), 212
— do armador, 261
— do condenado em pena suspensa, 206

Devolução
— de extractos de factura, 292
— de letras, 83

Dias de perdão (inadmissibilidade), 71 (letras) e 133 (cheques)

Direito(s)
— à entrega, 57 (letras) e 121 (cheques)
— de acção, 60 (letras) e 76 (livranças)

340   *Regime Jurídico dos Títulos de Crédito*

— de obtenção de cópias, 65
— de queixa, 218
— de quem pagou, 57 (letras) e 127 (cheques)
— de ressaque, 59
— do interveniente que paga, 63
— do portador contra o demandado, 127
— do portador do *Warrant*, 281 e 287
— inerentes aos *Warrants*, 274

Documento Único de Cobrança, 303
— emissão, 308
— envio de informação, 309
— forma, 305
— registo, 309

Documentos a bordo do veículo, 256

Documentos de transporte
— conteúdo, 243
— exemplares, 245
— impressão, 246
— numeração, 245
— processamento, 248

Dolo, 158

Domicílio de terceiro, 12 (letras), 76 (livranças) e 108 (cheques)

E

Elementos do instrumento de protesto, 47

Elementos do tipo do cecsp, 158

Emissão
— de conhecimento de depósito, 279
— de *Warrants*
  — deliberação, 272
  — limite, 273
  — pelo estado, 275

— do documento único de cobrança, 308

Emolumentos, 276

Encargo do imposto do selo, 314

Endossante
— direito a riscar o seu endosso, 58
— obrigação de reprodução de endossos, 64
— responsabilidade, 18 (letras) e 114 (cheques)

Endosso
— ao portador, 114
— após protesto, 115
— efeitos, 17 (letras) e 113 (cheques)
— eliminação de, 58
— em branco, 17 (letras), 113 (cheques), 280 e 286 (conhecimentos de depósito)
— em garantia, 24
— forma, 17 (letras), 76 (livranças) e 113 (cheques)
— modalidades, 17 (letras) e 113 (cheques)
— por mandato, 115
— por procuração, 24
— posterior ao vencimento, 25
— primeiro, 280 e 286 (conhecimentos de depósito)
— sucessão de, 122

Entidades emitentes de warrants, 272

Envio
— de informação do documento único de cobrança, 309
— de uma das vias (consequências), 64
— do extracto de factura, 291

Estabelecimento bancário, 48

Índice Analítico-Temático 341

Excepções inoponíveis ao portador, 19
(letras) e 114 (cheques)

Excesso de carga, 256

Exclusões do perdão, 193

Exemplares, 64 (letras), 129 (dos cheques) e 245 (dos documentos de transporte)

Exequibilidade provisória, 214

Exoneração da responsabilidade do armador e do navio, 263

Extinção
— da responsabilidade criminal, 191
— do direito de acção, 60
— do direito de queixa, 225

Extracto de factura
— conteúdo, 291
— devolução, 292
— envio, 291
— modelo, 295
— recusa de aceitação, 292

Extravio, 183

F

Factura em suporte papel, 298

Facturação electrónica, 298

Falência culposa, 295

Falsificação de documento, 160

Falta
— de apresentação de documentos, 257
— de aceite, 52

— de cumprimento das condições da suspensão da pena, 208
— de guias de transporte, 257
— de mandato, 222
— de protesto do *warrant*, 281 e 287
— de provisão, 173

Fiscalização, 249 e 301

Força maior, 60 (letras) e 128 (cheques)

Forma(s)
— de crime, 155
— de protesto (extracto de factura), 293
— do documento único de cobrança, 305

G

Guias de transporte, 256

H

Habitualidade, 189

Homologação da desistência de queixa, 227

I

Imobilização de veículo, 259

Imposto do selo, 313

Impressão dos documentos de transporte, 246 e 247 (revogação da autorização)

342 · Regime Jurídico dos Títulos de Crédito

Imputabilidade das infracções, 258

Indemnização civil, 210

Independência das assinaturas, 12 (letras) e 109 (cheques)

Infracções, 255

Infractores não domiciliados em Portugal, 259

Instrumento de protesto, 31

Insuficiência do mandato, 222

Intervenção
— aceite por, 61
— modalidades, 61

Interveniente(s), 61

Irregularidade
— do mandato, 222
— do saque, 182

Isenção
— de emolumentos, 276
— de taxas, 276
— do imposto do selo, 279

J

Julgamento, 213

Juros
— das letras, 12
— das livranças, 76
— dos cheques, 108
— dos descontos dos *warrants*, 282 e 288

L

Legitimidade
— do portador, 18 (letra) e 114 (cheque)
— nos crimes semi-públicos, 218
— para constituição de assistente, 228
— para deduzir pedido de indemnização civil, 211

Letras
— a certo termo de data, 40
— a certo termo de vista, 40
— em branco, 13
— retiradas, 47

Levantamento das mercadorias (antecipadamente), 280 e 286

Levantamento da apreensão, 254

Liberdade de estipulação (Convenção de Bruxelas), 266

Limite de emissão de warrants, 273

Liquidação
— do desconto do *warrant*, 283 e 289
— do imposto do selo, 315
— em execução de sentença, 214

Livranças
— a certo termo de data, 76
— a certo termo de vista, 76
— disposições aplicáveis, 76
— em branco, 76

Livros de registo de extractos, 295
Local do pagamento do imposto do selo, 315

Logótipo (das letras e livranças), 84

M

Mandato, 115 e 222

Mandato sem poderes (assinatura de cheques), 109

Mandatário, 222

Menções obrigatórias nos warrants, 274

Mercadorias (levantamento da), 280 e 286

Mercadorias vendidas a prazo, 297

Modalidades
— da intervenção, 61
— do cheque, 107 e 122 (cruzado)
— do endosso, 112
— do saque, 11 (letras) e 108 (cheques)
— do vencimento, 40

Modelo das letras, 78

Modelo das livranças, 80

Modelo dos extractos de factura, 296

Moeda de pagamento, 49 (letras), 122 (cheques)

Montante (divergência na indicação), 13 (letras), 76 (livranças) e 108 (cheques)

Movimentação de contas de depósito, 140

N

Natureza do cecsp, 147

Negociação em bolsa de warrants, 274

Notificações
— às instituições de crédito sacadas, 140
— pelo notário, 47
— pelos estabelecimentos bancários, 48

Numeração dos documentos, 245

O

Objectos perdidos a favor do estado, 196

Obrigação de verificar a regularidade da sucessão de endossos, 122

Obrigação tributária, 315

Oferta de subscrição de warrants, 275

Operações sobre as mercadorias, 282

P

Pagamento
— à vista, 116
— antes do vencimento, 45
— aviso da falta de, 54 (letras) e 125 (cheques)
— de cheque cruzado, 122
— de uma das vias (efeitos), 64 (letras) e 129 (cheques)
— do imposto do selo, 315
— falta de, 45 e 137

— lugar de, 30 (letras) e 76 (livranças)
— no domicílio de terceiro, 12 (letras), 76 (livranças) e 108 (cheques)
— no vencimento, 45
— nos extractos de factura, 293
— obrigatoriedade de, 141 (pelo sacado e noutros casos)
— parcial, 43 (letras), 76 (livranças) 121 (cheques)
— pelo sacado, 141
— por intervenção
  — admissibilidade, 61
  — efeito da recusa, 63, 76 (nas livranças)
  — prova, 63
  — total, 59

Pedido
— dever de informação do, 212
— em separado, 211
— formulação do, 212
— renúncia, desistência e conversão do, 213

Pena suspensa, 195 (aplicação da amnistia) e 206 (condenações em)

Penhor, 278 (das mercadorias depositadas)

Penhora, 280 (das mercadorias depositadas)

Perdão
— condicional, 195
— genérico, 193

Pessoa(s)
— com responsabilidade meramente civil, 211
— que paga, 57

Pluralidade de exemplares e de cópias, 64 (letras) e 129 (cheques)

Portador
— dever de apresentação da letra, 61
— dever de entregar cópia da letra à pessoa que paga, 59
— deveres, 43
— direito de tirar cópias da letra, 65
— direitos contra o demandado, 56 (letras) e 127 (cheques)
— direitos de acção do, 50
— endosso ao, 114
— do *warrant* (direitos), 281 e 287
— requisitos de legitimidade, 114

Posição processual do assistente, 228

Prazo(s)
— contagem do, 71 (letras) e 133 (cheques)
— de prescrição, 129
— diferimento do, 46
— de pagamento do imposto do selo, 313
— para apresentação a aceite, 29
— para apresentação a pagamento, 43 (letras) e 116 (cheques)
— para protesto, 45 e 54 (letras) e 125 (cheques)
— prorrogação do, 60 e 70 (letras) e 133 (cheques)

Preferência (entre intervenientes), 63

Prejuízo patrimonial, 161

Pressupostos (da pena suspensa), 206

Prescrição
— da acção fundada em extracto de factura, 294 (contra o comprador)
— das acções, 66 (letras), 76 (livranças) e 129 (cheques)
— das acções contra endossantes nos *warrants*, 281 e 287
— efeitos, 129

Índice Analítico-Temático

— interrupção da, 69
— prazo de, 192

Princípio da adesão, 211

Procedimento dependente de queixa, 218

Processamento dos documentos de transporte, 248

Proibição do aceite de cheques, 107

Protesto(s)
— cláusula que o dispensa, 55 (letras) e 126 (cheques)
— de extracto de factura, 291
— de outros títulos, 49
— de *warrants*, 281 e 287
— endosso após, 115
— falta de, 52 (letras) e 281 e 287 (*warrants*)
— por falta de aceite, 52
— por falta de pagamento, 52 e 61
— letras não admitidas a, 45
— lugar, 45
— prazos, 46 (letras) e 125 (cheques)
— recusa, 46

Prova do pagamento por intervenção, 63

Provas na indemnização cível, 213

Provisão, 96

Prorrogação dos prazos, 60 (letras) e 128 (cheques)

Q

Queixa
— apresentada por mandatário, 222

— direito de, 218
— efeitos da, 219

Quitação (extracto de factura), 293

R

Ratificação (da convenção), 267

Readaptação social, 208

Recibo de entrega de letras, 48

Recusa de aceitação do extracto, 292

Recusa de protesto, 46

Recusa do pagamento por intervenção, 63

Reenvio para os tribunais civis, 214

Reforço do depósito, 283 e 289

Reforma
— de letras, 43
— de cheques, 121
— de livranças, 76
— dos conhecimentos de depósito, 282 e 288
— dos *warrants*, 283 e 289
— proibida dos extractos, 293

Regime especial do perdão, 194

Registo do documento único de cobrança, 309

Regularização da situação autuada, 253

Regras de conduta (do condenado em pena suspensa), 207

346   *Regime Jurídico dos Títulos de Crédito*

Renúncia
— à amnistia, 196
— à responsabilidade do armador, 265
— ao direito de queixa, 225
— do pedido, 213

Reparação
— da vítima, 214
— do dano, 195

Representação, 12 (letras), 76 (livranças), 109 (cheques)

Representação judicial, 212 *e judiciária* 229 (dos assistentes)

Requisitos
— da legitimidade do portador, 18 (letras), 76 (livranças) e 19 (cheques)
— das letras, 9
— das livranças, 71
— dos cheques, 89

Rescisão da convenção de cheque, 135

Responsabilidade
— civil, 210 (emergente de crime) e 193 (factos amnistiados)
— do aceitante por intervenção, 62
— do armador, 261
— do endossante, 18 (letras), 114 (cheques)
— do navio, 261
— do sacador, 13 (letras) 109 (cheques)
— do subscritor, 76
— solidária dos signatários, 55 (letras) e 127 (cheques)

Ressaque, 59

Revogação
— da autorização de impressão dos documentos de transporte, 247

— da suspensão da pena, 208
— do cheque, 120

S

Sacado
— direito à entrega do cheque, 121
— pagamento pelo, 141
— que paga, 43

Sacador
— responsabilidade do, 109
— morte ou incapacidade do, 121

Sanções, 250

Sanções acessórias, 258

Saque
— irregularidade do, 182
— modalidades, 11 (letras) e 108 (cheques)
— por várias vias, 64

Sinistro, 282 e 288

Sub-rogação, 144

Subscritor, 76

Subsidiariedade da convenção sobre conhecimentos de carga, 267

Sucessão de endossos, 122

Sucessão de leis penais, 198

Suspensão da execução da pena, 206

T

Tabela geral do imposto do selo, 318

Taxa de justiça (restituição), 196

Tentativa de composição das partes, 197

Termo de vista
— 40 (letras) e 76 (livranças)

Tipografias autorizadas, 249

Títulos de crédito passados no estrangeiro, 314

Títulos executivos, 66

Transmissibilidade
— das facturas (pela via electrónica), 299
— das letras, 16
— dos cheques, 112
— dos conhecimentos de depósito, 277 e 284
— dos *warrants,* 279 e 285

Tribunal competente, 233

U

Unicidade dos conhecimentos de depósito e dos warrants, 279 e 285

Unidades de conta, 145 (nota de rodapé)

Unidades monetárias, 267

V

Valor do cheque, 172

Várias vias (de saque), 64

Vencimento
— de letra a certo termo de vista, 42
— de letra à vista, 40
— em caso de divergência de calendários, 42, 70 (livranças)
— em dia feriado, 70
— modalidades do, 40
— noutros casos, 42
— em leilão, 279 e 285
— venda a prestações, 291

Veículo (imobilização do), 259

Vícios da guia de transporte, 257

W

Warrant(s)
— activo subjacente, 272
— aplicação subsidiária do CMVM, 275
— descontos, 282 e 288
— direitos inerentes, 274
— emissão, 272
— entidades emitentes, 272 e 275
— juros, 283 e 288
— menções, 274
— negociação em bolsa de, 274
— noção, 271
— oferta de subscrição, 275
— parciais, 279 e 285
— requisitos, 278 e 285
— sobre valores mobiliários, 274 e 275
— taxas, 276
— transmissibilidade, 279 e 285

ÍNDICE GERAL

Prefácio 5

Abreviaturas 7

PARTE I – LETRAS e LIVRANÇAS

1) Lei Uniforme sobre Letras e Livranças (Carta de confirmação e
ratificação de 07.06.1930) 9

2) Normas relativas ao modelo e características da emissão de
Letras e Livranças
(Portaria nº1042/98, de 19.12) 78

PARTE II – CHEQUE

1) Lei Uniforme sobre Cheque (Carta de confirmação e ratificação
de 10.05.1934) 89

2) Regime Jurídico-Penal do Cheque (Decreto-Lei nº 454/91 de 19.11) 134

Notas ao art. 11º :

Título I – Bem jurídico 147
*Título II – Natureza jurídica do crime de emissão de cheque sem
provisão* 147
*Título III – A consumação do crime de emissão de cheque sem
provisão e a sua equiparação ao crime de burla* 150
Título IV – Formas de crime 154
Secção 1.º – Autoria 154
Secção 2.ª – Concurso de crimes e crime continuado 155
Título V – Elementos do tipo 158
Secção 1.ª – O dolo 158

350   *Regime Jurídico dos Títulos de Crédito*

Secção 2.ª – O prejuízo patrimonial 161
  Subsecção única – A figura especial do cheque de garantia 169
Secção 3.ª – O valor 172
Secção 4.ª – A falta de provisão 173
  Subsecção única – Conta cancelada ou bloqueada 176
Secção 5.ª – A irregularidade do saque 182
Secção 6.ª – O extravio 183
Secção 7.ª – A apresentação a pagamento 185
Título VI – Condições gerais agravantes e atenuantes ....
  Secção 1ª – Condições agravantes ....
    Subsecção 1ª – O valor 187
    Subsecção 2 – Habitualidade 189
  Secção 2ª – Condições atenuantes 190
Título VII – Extinção da Responsabilidade Criminal ....
  *Secção 1ª – Extinção da responsabilidade criminal propria-
  mente dita* 191
Título VIII – Suspensão da execução da pena 206
Título XIX – Responsabilidade civil 210

Notas ao art. 11°-A:
  Título I – Queixa ....
    Secção 1ª – Titularidade do direito de queixa 218
    Secção 2ª – Procedimento dependente de queixa 219
    Secção 3ª – Queixa apresentada por mandatário 222
    *Secção 4ª – Extinção, renúncia e desistência do direito de
    queixa* 225
  Título II – A relevância processual da constituição de assistente . 228

PARTE III – TÍTULOS REPRESENTATIVOS DE MERCADORIAS

1) Títulos de Transporte

a) Documentos que devem acompanhar as mercadorias (Decreto-Lei
n.º 45/89, de 11.02) 241
b) Guias de transporte (Decreto-Lei n.º 38/99, de 06.02) 256

2) Conhecimentos de carga

Convenção Internacional para a Unificação de certas regras em
matéria de conhecimentos de carga (Convenção de 25.08.1924) 260

Indice Geral   351

3) Warrants e conhecimentos de depósito

a) Emissão, negociação e comercialização de *warrants* autónomos
   (Decreto-Lei n.º 172/99, de 20 de Maio) 270
a) Regulamento dos Armazéns Gerais Agrícolas
   (Decreto-Lei nº 206 de 07.11.1913) 277
b) Regulamento dos Armazéns Gerais Industriais
   (Decreto-Lei nº 783 de 21.08.1914) 284

4) Facturas

a) Extracto de Factura
   (Decreto n.º 19:490 de 21.03.1931) 290

b) Equiparação entre a factura emitida em suporte papel e a factura
   electrónica
   (Decreto-Lei n.º 375/99, de 18 de Setembro) 298

PARTE IV – DOCUMENTO ÚNICO DE COBRANÇA

(Portaria n.º 797/99, de 15.09) 303

PARTE V – REGIME APLICÁVEL DO IMPOSTO DE SELO

(Lei n.º 150/99, de 11.09) 313

ÍNDICE CRONOLÓGICO DE JURISPRUDÊNCIA 321

ÍNDICE ANALÍTICO-TEMÁTICO 337

ÍNDICE GERAL 349